商思争◎著

会计的本质与职能研究
—— 基于信息处理和通信系统

KUAIJI DE BENZHI YU ZHINENG YANJIU
—— JIYU XINXI CHULI HE TONGXIN XITONG

中国财经出版传媒集团

经济科学出版社
Economic Science Press

图书在版编目（CIP）数据

会计的本质与职能研究：基于信息处理和通信系统 /
商思争著 . —北京：经济科学出版社，2021. 11
ISBN 978 – 7 – 5218 – 3137 – 5

Ⅰ . ①会… Ⅱ . ①商… Ⅲ . ①会计信息 – 财务管理系
统 Ⅳ . ①F232

中国版本图书馆 CIP 数据核字（2021）第 246679 号

责任编辑：杜　鹏　孙倩靖
责任校对：蒋子明
责任印制：邱　天

会计的本质与职能研究
——基于信息处理和通信系统

商思争　著

经济科学出版社出版、发行　新华书店经销
社址：北京市海淀区阜成路甲 28 号　邮编：100142
编辑部电话：010 – 88191441　发行部电话：010 – 88191522
网址：www. esp. com. cn
电子邮箱：esp_bj@ 163. com
天猫网店：经济科学出版社旗舰店
网址：http：//jjkxcbs. tmall. com
固安华明印业有限公司印装
710 × 1000　16 开　17. 5 印张　300000 字
2021 年 11 月第 1 版　2021 年 11 月第 1 次印刷
ISBN 978 – 7 – 5218 – 3137 – 5　定价：98. 00 元
（图书出现印装问题，本社负责调换。电话：010 – 88191510）
（版权所有　侵权必究　打击盗版　举报热线：010 – 88191661
QQ：2242791300　营销中心电话：010 – 88191537
电子邮箱：dbts@ esp. com. cn）

序　言

　　会计哲学是关于会计观的学说，会计观是回答会计是什么的根本性问题，它决定着人们对会计的认识、理解、应用。经过学术界长期探讨和研究，人们对会计的认识越来越深刻、丰富，但会计学的一些基本问题仍然没有很好解决，其中，会计本质与职能就是一个非常棘手但又绕不过去的话题，会计理论研究、会计准则制定和会计实务工作很多"难点""痛点""堵点"多与此相关。近年来，随着"大智移云物区"等现代信息技术的不断创新迭代，智能会计、智慧会计、智能财务等新概念也关系到会计的本质，是会计人必须回答的问题。江苏海洋大学的商思争博士，一心向学，沉思博学，运用规范研究方法，在阅读凝练大量相关文献后，直接回答了会计哲学的这一根本性问题，大胆地对会计本质发出灵魂拷问：会计的本质是什么？尤其在新的研究背景下，会计必须明确回答这一项根本问题，这决定着会计的角色担当和使命职能，甚至决定着会计的发展前景、命运。

　　20世纪80年代初，在我国会计学界发生了一场关于会计本质与职能问题的激烈争论，以阎达五、杨纪琬教授为代表的会计管理活动论派与以余绪缨、葛家澍教授为代表的会计信息系统论派进行了认真而严肃的讨论，后期又出现了以杨时展、郭道扬教授为代表的会计控制系统论学派，分别号称"北派""南派""中派"，三种流派碰撞激起会计思想的层层浪花，极大促进了我国会计理论、会计学科、会计教育和会计实践的繁荣和发展，颇为壮观，影响深远。作者在本书中对此进行了系统梳理和评述，这在会计实证研究大行其道、会计研究理论含量与历史深度都缺乏的当下，无疑是一种弥足珍贵的学术文献和史料补充，这份学术贡献随着时间的延续将会越来越显现其价值。

　　商思争博士运用三段演绎推理进行研究和论证。（1）基于香农的通信理论和美国会计学会的会计定义得出会计从技术上来看是一种信息处理和通信系统，并将财务会计与管理会计融合起来，结合西蒙的决策理论以及科斯等人创立的企业契约理论，分析了会计信息与决策的紧密关系，进而分析了会计通信系统通过影响要素持有者的决策和执行，实现对再生产活动的管理和组织契约维护，从而初步论证了会计通信系统的作用实质上是一种管理活动。（2）基于控制论和会计契约理论，进一步推出会计通信系统是通过影响要素持有者在控制标准制定、执行措施、修正标准、激励和处罚的决策来实现对再生产活动和组织契约的管理，拥有剩余控制权的管理要素持有者所需要的信息由会计剩余控制权拥有者专属提供，从而论证了会计是一种控制系统，进一步揭示了会计管理活动的运行机理和会计管理理论的基本框架。（3）基于马克思主义哲学的实践观和契约理论，认为会计是一种社会实践活动，会计的预测、决策、预算、确认、计量、记录、报告、考核、分析、评价都是会计人的实践活动，最终通过会计通信系统影响决策者（要素持有者）在方案可行性、标准制定、纠偏措施、激励与处罚等控制环节的决策和执行者的执行，实现会计对再生产活动过程的管理和组织契约的维护，所以，会计本质上是一种会计人运用剩余控制权履行要素持有者会计契约的包括规划和控制的管理活动。

商思争博士以辩证唯物主义为指导思想，扎根中国会计实践，并从中国"系统性""有机性"等传统文化中汲取养分，借鉴了西方"三论"、决策科学和新制度经济学理论，采用还原论与整体论、科学推理与哲学思辨、规范研究与案例证明相结合的方法，融合了会计信息系统论、会计管理活动论、会计控制系统论，并将组织与会计的契约属性、财务会计与管理会计、会计对再生产活动的控制与对契约的维护、会计信息提供与会计信息使用结合起来，论证了会计是一种基于信息处理和通信的管理活动，并提出了会计管理活动的框架结构。实践证明，无论是"新三论""旧三论""复杂性科学"或者 AI 科学与技术，都已经表明简单的线性思维、因果思维等已不能满足现实需要，本书的研究方法值得当代会计研究者借鉴。

《会计的本质与职能研究——基于信息处理和通信系统》一书，简述了研究背景，梳理了相关历史文献，论述了会计的本质与职能，构建了会计职能和基本架构，阐述了其科学性和客观性，呈现出以下几个特征：（1）解析了丰富的历史文献，基础坚实。（2）分析推理逻辑严密，自成一体。（3）列举了经典案例，进行自我验证，理论与实践相统一。（4）由表及里，由浅入深，引人深思。（5）前瞻性强，对会计的未来发展作出了相应的判断。（6）论述清晰明了，文字功底扎实。

　　总之，本书的研究内容是近三十年来极为少见的会计灵魂拷问，是一部高品位的会计学术专著，是一部难得的会计哲学上乘之作，特为之序。

王开田

中国商业会计学会副会长

江苏省会计学会副会长

江苏省会计教学研究会会长

南京财经大学博士生导师、教授

2021 年 10 月于南京

前　　言

会计的本质是什么？有哪些职能？这是会计的基本问题，对这个问题的回答既影响会计理论研究的价值取向，也影响会计实践活动的效率和效果。笔者 20 世纪 80 年代读大学时，老师告诉我们会计不是账房先生而是一种管理活动，"管理会计学"与"企业管理"课程很多内容是相通的，苏联体系的"财务管理""经济活动分析"等课程也能明显体现出管理的职能，即便是"会计学原理""工业会计学""商业会计学"等典型会计专业课程也包括会计检查、会计分析、原始凭证传递、岗位分离等管理和内部控制的内容，在企业实习时企业指导老师也经常要求我们下车间去了解、检查资产管理和使用情况以及生产消耗情况，我们还联系生活认为算盘规划、盘算就是管理职能。1993 年会计改革后，大中专会计教科书都基于会计准则编写会计教材，会计记账、算账、报账变成了会计确认、计量、记录、报告，财务会计类课程含有的管理控制内容被"内部控制"课程取代，"经济活动分析"被"财务分析"或"财务报表分析"课程取代，会计检查和稽核被"审计"课程取代，会计学专业也逐渐细分为会计学专业、财务管理专业、审计学专业、资产评估专业等，细分后的会计学课程更加偏向于信息系统，财务会计类课堂上主要讲会计确认、计量、记录和报告，核心是会计分录，这些现象导致笔者对会计本质、职能观点的困惑，但始终未进行过深入思考，直到 2003 ~ 2007 年在财政部财政科学研究所（现为中国财政科学研究院）读博士时才在王世定老师的指导下深入研究了会计的本质，坚定了会计是一种管理活动的观点，这种观点指导了笔者后来的会计研究与教学。但是，"大智移云物区"等信息技术的变化对会计带来极大的冲击，有学者认为"会计可能会消失，但会计精神永存"（黄世忠，2017）；多数人认为智能化时代财务会计将会消失，会计将向管理会计转型；温素彬（2019）认为，在智能化时代，会计不会消失，而且"过程控制和观念总结"的本质和职能也不会改变；王爱国也认为，会计本质不会改变，智能会计仍然"是一种管理活动"（王爱国，

2021）。按照辩证唯物主义观点，本质是某事物内在稳定的特质，是不变的，但是人们对其的认识却可能多种多样，那么会计的本质在新技术时代应如何认识呢？本书尝试从理论上探索"大智移云物区"时代会计的本质和职能，同时间接回答会计存在的必然性。本书认为，会计过去是、现在是、将来仍然是基于信息处理和通信技术的"一种管理活动"，这种本质不会因为技术的变化而变化，更不会因技术的革新而消失。

人类生存和发展需要物质资料，进而需要从事物质资料的生产活动，物质资料的生产活动要消耗劳动或资源，为了以更少的消耗获得更多的产出，就需要对生产活动过程进行管理，全面而又精确的管理就是控制，在充满不确定性的世界中，控制就需要决策，最基本的决策方法是权衡，权衡需要信息，尤其需要可以统一计量的量化信息。无论时空距离多大，人们都只能运用信息进行决策。如果直接面对控制对象，那么这些信息可以依靠自身感官采集并运用大脑进行计算，如果时空距离较远就需要信息传输或通信技术，如果信息量较大还需要专门的信息处理技术。时空越远，从客观世界到形成决策以及从决策到指令中间经过的环节和职能越多，就越需要信息和通信技术，数据量超大时就需要人工智能辅助。统一计量的信息"可以比严格意义上的定性报告传递更多的信息，而且可以按通过数学计算获得更多知识的方法取得更多的信息"（美国会计学会，1991），在商品货币社会里，采用货币计量是最方便易用的统一计量方法，因为货币是唯一可以通约的计量手段，货币也是交换媒介、财富的代表和贮藏手段。所以，以货币计量既是各种要素所有者反映自身利益及进行决策的前提，也是观念总结的基础，但是，货币计量的信息会漏掉大量难以用货币计量的信息，所以，会有大数据挖掘和分析形成其他模型，然而，大数据最后还是要落实到财务数据上，大数据包含财务数据，财务数据是大数据的一种特例，会计确认、计量、记录、报告也是大数据采集、存储、挖掘和可视化的一个特例。另外，复杂系统的反映必须通过模型或仿真才可以实现，也就是说，设计并采用一套符号系统模拟生产经营过程是反映的前提，采用货币计量的复式簿记系统既包含静态又包含动态、既有广度也有深度、既有全局也有局部，目前仍然是最系统、最全面、最连续的符号系统，可以实现全面全过程地反映与控制，"大智移云物区"可以构建更为多样复杂的模型系统，复式簿记模型仍然是最基本的生产经营活动模型。总之，有目的的生产实践活动需要控制，控制需要决策，精准的决策需要货币统一计量的、以统一规则进行规范的、以科目为代表的符号和模型系统构建的信息处理和通信系统，而这种信息处理和通信系统就是会计。所以，会计本质上就是一种信息处理和通信系统，其代表的是对经济活动和经济利益关系的反映职能，信息处理和通信技术的变革不会使会计消失，只会使其反映职能效果更好、效率更高。

无论采用多么先进的信息处理和通信技术，信息的真正发送者和接受者都是人，会计通信系统的信息输入端是制定或执行会计准则的具有一定经济利益诉求的人，会计信息或通信系统的信息输出端是会计信息使用者或者决策者，会计信息处理系统只能提供最佳方案，但是最终拍板者仍然是人，"信息之所以能对决策有作用，它是通过对管理者（人）的信念产生影响来体现的"（张尧庭，2000）。会计通信系统是通过影响要素持有者在控制目标和标准制定、执行措施、标准修正、激励和处罚的决策来实现对生产经营活动的控制，包括事前决策、事中决策、事后决策。事前决策需要采集内外部信息进行预测、决策并编制预算，事中决策需要采集生产经营活动信息并与预算信息进行比较确定偏差，通过"财务分析—经济活动分析—技术分析"等过程采用数据挖掘技术确定偏差点，并将分析结果传输给相关执行部门进行纠偏。事后决策是过程完结后进行激励奖惩的决策，绩效评价需要财务指标和非财务指标信息，在新技术条件下，非财务指标可以通过数据仓库导出实时计算并输出进行考核评价。以上过程可以概括为会计预算、会计反映（核算）、会计分析和反馈职能形成的会计控制闭环。从结构上看，控制系统可以划分为探测器、传输器、评定器（比较分析器）、指令器、执行器五个部分，前三者属于信息处理和通信系统，指令器承担决策职能，所以，以上结构也可以归纳为信息处理和通信系统、决策系统和执行系统，信息处理和通信系统承担着标准制订（如制定计划和预算）、执行记录（如复式簿记）、分析偏差（财务分析）、信息反馈（分析报告）的职能，以上信息处理的结果还需要通过通信媒介传输给决策部门确定标准、下达指令、奖励和处罚，然后交由执行部门进行执行。所以，决策执行系统也是整个信息传输通信系统和控制系统的一部分。无论是线下还是线上，控制是根据执行与标准的偏差信息进行的，所以只要有信息就有控制，有控制就有系统，因此，信息系统就是控制系统，企业是利益相关者的契约和生产经营过程的融合，会计系统反映控制的对象就是利益相关者之间契约及由此产生的生产经营活动过程，这既是财务会计、管理会计、内部控制融合的基础，也是会计成为一种管理活动的基础。另外，"物理世界→信息世界→物理世界"的反映与反馈离不开人的参与。从会计信息系统的反映功能上看，会计通信规则（会计准则）是人与人之间利益关系或契约维护和控制的工具，会计报表系统是反映业务活动和产权变动的模型系统；从决策角度讲，最终拍板定案是人做出的，而且即使在"大智移云物区"时代，很多混沌和模糊的数据和信息，人工智能不如人脑更能准确计算并做出符合自己利益的决策；从控制系统角度看，预算是协商或讨价还价的结果（按协商价格确定的），反映过程中的确认、计量需要人的职业判断，分析是基于管理的需要进行的，线上的纠偏指令只有结合线下的控制流程才能实现对业务的控制，绩效评价也离不开定性评价，激励和处罚掺杂着人的价值观。反之，各级管理人员和利益相关者参考会计信息及时做出合理决策的前提是其拥有一定的会计知识，否则不能理解机器人输出的价值信息的含义，更谈不上利用会计信息帮助决策。所以，会计管理系统仍然是人机结合系统，是业务人员、管理人员、财务人员与电子信息系统的全面融合，从这个意义上说，会计难以被完全的信息系统所取代，现代信息技术的变化也不会让会计消失。会计是有人参与的一种控制系统或者完整控制系统一部分的本质没有发生改变，会计系统的对象是生产经营活动和利益相关者的经济契约，所以，本质上，会计就是一种管理活动。

本书分为以下几部分：

第一章绪论。介绍研究背景和研究意义、研究内容和结构、理论基础（包括实践论、通信理论、控制理论、决策理论、行为理论、契约理论）、研究方法、贡献和不足。

第二章观点的提出。关于会计本质研究的文献综述，系统梳理了"会计管理活动论""会计信息系统论""会计控制系统论"与国内外相关文献，并在对照评析中提出了"会计管理活动论"的观点。

第三章研究基础。阐述概念界定与研究前提，提出会计概念和"会计信息—决策—控制"的关系作为本研究的理论基础。通过论证财务会计与管理会计融合提出了完整具体的会计概念；通过美国会计学会（AAA）的会计定义提出了会计通信系统理论，论证会计信息与决策的双向作用机理；基于控制论原理论证了信息、决策与控制的关系。

第四章理论分析。会计是对再生产过程和组织契约进行反映和管理的一种活动。通过会计发展演变的历史和马克思社会实践论原理从历史和逻辑上提出"会计是一种管理活动"观点，然后基于前文得出的"会计信息→决策→控制"的机理论证了会计对再生产过程的控制，基于契约理论论证了会计对利益关系人的利益从而对组织契约的反映、维护与管理，从理论上论证了会计是对组织契约和再生产过程进行反映、维护与控制的一种管理活动。

第五章应用实务。会计是一种包括预算、反映、分析和反馈的控制循环。以以上理论分析为依据分别从会计预算、会计反映、会计分析与信息反馈四个方面设计了会计对组织契约和再生产过程的管理控制循环。

第六章案例分析。通过对一个培训项目、L市交通运输局、新世纪纺织有限公司调研和分析论证以上结论。

第七章结论。根据理论和案例分析得出比较完善的结论：会计是通过会计通信系统（使要素持有者做出合理决策）和控制系统对组织契约和再生产过程进行反映、控制与维护的一种管理活动。

本书系统梳理了会计本质研究的相关文献，研究了财务会计与管理会计融合动因和会计的通信系统构成，从会计通信系统和契约理论视角，将组织的要素持有者作为各自要素的决策者，论证了会计是一种不完备契约，会计剩余控制权匹配企业剩余控制权，会计作为通信系统影响决策作用于再生产活动，会计作为契约维护和控制企业契约，进一步将会计信息与通信系统和再生产活动融合起来，进而研究了会计的控制系统各环节，从而将组织与会计的契约属性、财务会计与管理会计、会计对再生产活动的控制与对契约的维护、会计信息提供与会计信息使用结合起来，论证了会计是一种管理活动。

本书通过论证会计是一种基于信息处理和通信系统的管理活动正面回答了数字化和智能化时代会计的本质、职能和未来发展，廓清了相关概念，论证了会计管理活动的框架结构，具有较高的创新价值，但是由于笔者能力所限，论证如此深奥的理论问题力有不逮，错误和疏漏之处在所难免，还望读者批评指正！

江苏海洋大学　商思争
2021年10月

目　录

第一章 绪 论

第一节 研究背景和研究意义

一、研究背景

会计本质与职能是会计认识的基本问题，涉及会计的其他理论认识和实务。在我国会计学术界，关于会计本质的观点主要包括"会计信息系统论""会计管理活动论""会计控制系统论"三种观点，尤其是前两者，在 20 世纪 80 年代曾经经历过激烈的论争，促进了会计学术的繁荣和人们对会计本质认识的提高。由于实证研究的兴起，在国内主流学术期刊上，会计本质研究已经沉寂很久了，但是由于"大智移云物"等信息技术的发展，会计信息需求的变化和会计信息多元化，会计的管理职能逐渐被重视与扩展，会计的概念越来越模糊，会计会不会消失？会计到底是什么？具有什么职能？凡此种种问题经常萦绕于会计学术界和实践界的脑海、耳边和眼前，会计的本质与职能有重新审视的必要，由于财务会计与管理会计的融合趋势和"四个自信"的提出等，会计管理活动论似有重温和重新阐释的必要。具体来说，新时期有以下一些变化需要重新思考会计的本质与职能，以期用来指导新的会计实践和会计理论研究。

（一）财务会计信息多元化

独资、合伙企业会计只是在企业内为该企业提供信息用于内部管理和决策。20 世纪 30 年代以后，由于证券市场的发展，对外提供财务报告成为会计的重要职能，最初只报告资产负债表，后陆续增加了财务成果表（损益表）和现金流量表，随着知识经济的发展，人们对财务会计信息的需求越来越广泛，会计在 IT 技术的支持下逐步具备了提供满足多种信息需求的能力，出现了财务会计信息的多元化趋势。1966 年，美国会计学会（AAA）就提出了会计信息的多元化设想，包括历史成本信息与现行成本信息、固定信息和概率信息等，会计也不再局限于财务信息，而是包括一切经济信息。后来，英国会计准则筹划委员会（ASSC，1975）、美国财务会计准则委员会（FASB，1978~2001）、美国注册会计师协会（AICPA，1994）、国际会计准则委员会（IASC，1999）、加拿大特许会计师协会（CICA，2000）等著名会计组织相继进行了改进财务会计信息质量的研究，提出了财务会计应提供非财务信息、采取多种计量属性的信息、未来信息、概率信息、分部信息、中期信息、竞争对手和伙伴的信息、更多无形资产信息等多种信息的措施和办法，另外还有一些如事项会计、多彩报表等改进思想，随着社会责任理论以及利益相关者（要素持有者）理论的发展，内部控制信息、公司治理信息、社会责任信息、资源环境信息以及其他自愿披露信息的需求逐渐增多。财务会计与资本市场研究的主流逐渐陷入发展缓慢、方向不明的状态（陆正飞等，2009），财务会计概念框架的内在矛盾也越来越突出。现在披露的还是会计信息吗？是财务会计信息还是管理会计信息？应基于决策相关目标还是基于受托责任目标提供？其理论依据是管理活动论，信息系统论，还是控制系统论？会计到底是什么？有什么职能？这些问题需要进一步研究。

（二）管理会计外延扩大化

随着 1911 年泰罗（F. W. Taylor）《科学管理原理》的发表及科学管理理论在实践中的广泛应用，"标准成本"（standard cost）、"预算控制"（budget control）和"差异分析"（variance analysis）被引入会计核算系统，成本控制和财务分析绩效评价技术逐渐发展。20 世纪 50 年代，随着行为科学、管理和决策理论的发展，管理会计逐渐演变为决策会计，标准成本计算、预算管理、盈亏临界点分析、差量分析法、变动预算、边际分析等方法相继成型。到 20 世纪 80 年代，随着管理科学的发展，管理会计逐渐进入数学和编程方法的应用，与此同时，由于组织理论和制度经济学的发展，管理会计信息与企业的契约关系逐渐被认识。到 20 世纪 90 年代，随着组织的扁平化和小型化，管理会计逐渐成为价值创造的伙伴，作业成本法、平衡计分卡等管理工具相继诞生，管理会计正在向战略管理、作业管理、公司治理等方面渗透，会计部门除了对外提供财务会计报表以外，成本管理、预算管理、公司整合、业绩考核、激励制度、内控制度、治理结构等问题，都需要管理会计的参与。这一切都说明，会计的管理职能和范围有逐步扩大的趋势。自 20 世纪 70 年代开始，美国管理会计师协会（IMA）发布了近 40 个管理会计公告，内容包括战略成本管理、企业绩效管理、企业风险管理、财务领导力与职业道德、管理会计实务、技能提升六大领域，涵盖了电子商务的实施、作业成本法、目标成本法、精益成本法、价值评估、标杆管理、供应链管理、风险管理框架等重要实务工具。2014 年 11 月，全球最大的管理会计师组织——英国皇家特许会计师公会（CIMA）与全球最大的职业会计师组织——美国注册会计师协会（AICPA）携手发布《全球管理会计原则》（*Global Management Accounting Principles*），由对象、原则、业绩、实践四个方面构成，原则包括"通过沟通提供有影响力的建议""提供相关性的信息""分析对价值的影响""履行受托责任，建立相互信任"，目标是为要素持有者创造价值[①]；2016 年 6 月 22 日，财政部正式发布《管理会计基本指引》，提出管理会计不仅是管理会计工具和方法，还包括应用环境、管理会计活动、工具方法、信息与报告四要素，管理会计活动是单位利用管理会计信息，运用管理会计工具方法，在规划、决策、控制、评价等方面服务于单位管理需要的相关活动。"大智移云物区"促使会计进一步向管理会计转型，管理会计的职能进一步扩大，管理会计工具越来越多，出现"管理会计是个工具筐，什么都能往里装"[②]，管理会计到底是基于管理的会计还是基于会计的管理？管理会计内涵是什么？边界到底在哪里？[③] 这些问题也需要严肃认真地探讨。

（三）财务会计与管理会计的融合趋势

在会计发展几千年的历史上，会计一直都是作为一个完整一体的"管理会计系统而存在"的[④]；财务会计与管理会计的分离是由于证券市场的发展以及管理会计理论体系的形成于 20 世纪 50 年代才真正出现的。随着知识

---

① 沈艺峰，郭晓梅，林涛 . CIMA《全球管理会计原则》背景、内容及影响［J］. 会计研究，2015（10）：37 - 43.

② 贺颖奇 . 管理会计概念框架研究［J］. 会计研究，2020（8）：115 - 127.

③ 张先治 . 论管理会计的内涵与边界［J］. 会计研究，2019（12）：28 - 33.

④ 张朝宓 . 管理会计若干问题的思考［A］. 中国会计学会编 . 管理会计与应用专题：1999［C］. 北京：中国财政经济出版社，2000（3）：147 - 148.

经济和企业组织结构的发展，所有权的职能与经营权的职能在集团公司以及分权组织内部逐渐呈现结合或部分结合趋势；更有大量的非上市公司、中小型企业、虚拟组织、平台企业的会计系统主要是用于内部管理和控制；如前所述，对外披露的财务报告信息也由于外部管理的需要而出现与管理会计信息交叉或趋同的倾向；尤其是 IT 技术的发展带动了会计信息处理技术的发展，实现了财务会计与管理会计的融合，如企业资源计划（enterprise resource planning，ERP）先以市场和顾客需求为导向识别和规划企业各类资源并编制成预算或计划单，然后以计划作为订单或指令下达各执行单位进行执行；在执行过程中，其数据传输和记录系统自动把信息记录下来，并自动形成会计分录、分类账户和报表资料；ERP 还可以及时比较计划数据与执行结果，进行对比分析，检查计划和预算的执行情况以及时发现问题；对于检查的结果、发现的经验与教训，ERP 通过修订计算参数、修订工作流程等方式，再总结到计划或预算模型中去。这样就把财务会计的实际记录与管理会计的事前规划（计划、预算）和事后对比分析职能完全融合在了一起，并实现了会计、管理与业务的融合。在"大智移云物区"时代，基于大数据的智能 ERP 系统提高了预测、决策、预算、核算、考核、分析和评价信息的质量和效率，进一步促进了财务会计、管理会计、内部控制、内部审计基于信息系统的融合。在线下会计实践中，财务会计与管理会计也是不分离的，美国把企业内部会计系统叫做管理会计系统，"编制对外财务报表只是其中一个职能"①；在企业内部会计组织设置上，主计长（controller）也可以翻译为控制长，他既要编辑对外报告的文件，同时也是为各分支机构规划和控制提供帮助的关键的行政主官。那么，财务会计与管理会计融合的理论依据和基础是什么？

（四）"大智移云物区"技术在会计中的应用证明了"会计管理活动论"的生命力

"大智移云物区"等信息技术的变化对会计带来极大的冲击，"会计数据处理将更加实时、多维……管理会计效率提高，会计人员将转型为管理型人才"，② 财务会计主体的内涵和范围、会计要素确认标准、财务报告形式、会

---

① 托马斯·约翰逊，罗伯特·卡普兰. 管理会计兴衰史：相关性遗失 [M]. 金马工作室，译. 北京：清华大学出版社，2004.
② 王海洪，肖洋洋. 大智移云技术对会计影响的文献综述 [J]. 会计之友，2018（24）：63-66.

计质量要求都将发生变化,管理会计将更加强化预测功能、侧重面向过程分析和控制、加强非财务指标解析、注重企业大数据精细化管控(尚君凤、王冰,2019)。基于"大智移云"技术,渝富集团构建了"集解析过去、控制现在、筹谋未来功能于一身的'后视镜+仪表盘+导航仪'管理会计驾驶舱2.0"整合模型,将财务会计、管理会计完全融入管理控制系统之中。①　"在'大智移云物'时代,会计的信息反映职能面临着前所未有的挑战。'管理活动论'所倡导的价值管理职能日益重要,大数据、机器学习、人工智能等技术的发展,也为会计的规划、决策、控制和评价等功能提供了丰富的分析数据。商业模式变革对传统会计活动的冲击,也更加凸显了管理活动论对会计本质的洞察力。会计实践发展和实证研究证据都有力地支持了'会计管理活动论'这一理论的有效性和生命力。"②　会计智能必须建立在会计管理活动论基础之上(周卫华,2019),智能会计在本质上是一项管理活动,"涉及智能会计核算、智能会计预测、智能会计决策、智能会计预算、智能会计控制、智能会计评价和智能财务共享等内容。"③　财务会计与管理会计的融合也应在"会计管理活动论"中得以解释。

(五) 会计理论自信和时代变化呼唤"会计管理活动论"

"会计管理活动论"是我国学者基于辩证唯物主义和政治经济学进行的会计基础理论创新,最早是由著名会计学家杨纪琬和阎达五教授在1980年的《开展我国会计理论研究的几点意见——兼论会计学的科学属性》一文中提出的。他们认为:"无论从理论上还是从实践上看,会计不仅仅是管理经济的工具,它本身就具有管理的职能,是人们从事管理的一种活动。""会计管理的内容是价值运动,会计管理的目的是提高经济效果,会计管理的基本职能是计划和控制。"④　"'会计管理',即依靠会计人员,运用会计方法,对会计对象进行的管理活动。""观念总结和过程控制形成了完整的会计职能,观念总结是基础,是前提,但是要服务和服从于过程控制。二者统一于再生产

---

① 何雪锋,薛霞. "大智移云"下管理会计驾驶舱的构建与应用 [J]. 财会月刊,2019 (24):100 – 104.

② 叶康涛. 会计管理活动论的当代意义 [J]. 会计研究,2020 (1):5 – 15.

③ 引自王爱国2021年1月26日在中国CFO发展中心 (CFODC) 主办的中国企业财务管理大师布道会上的发言《财务智能化转型中CFO对关键环节的把控》。

④ 转引自:郭道扬. 会计史教程:历史现实未来,第一卷 [M]. 北京:中国财政经济出版社,1998:165.

过程，在实际工作中是水乳交融、难分难舍，不应该、也不可能截然划开。"① 其具体职能包括预测、决策、预算、预报、核算、控制、分析、业绩考评（阎达五，2003）；"在空间维度上，扩展为以价值链联盟形式存在的会计管理主体……在时间维度上，以会计实时控制为核心，以管理过程的时间序列为依据，分别以事前管理的统筹规划、事中管理的实时控制和事后管理的分析考评为内容广泛开展全方位、全过程的会计管理。"② 近几年，会计治理职能成为一个重要的研究课题，会计管理活动论有朝纵深发展的趋势。"大智移云物区"等现代信息处理和通信技术"能够使会计更好地提高其管理的基本属性。"③ 智能会计就是一种智能会计管理活动（王爱国，2021）。市场供求的急剧变化，企业竞争加剧，决策所需信息的扩大，信息技术的发展，要求会计在搜集和整理数据的基础上进行更加深入的分析并基于分析信息对企业运营进行更加合理的控制和管理。"会计人员应该……做好会计自信建设工作。"④ "会计管理活动论"是基于马克思主义、继承中国传统会计文化、总结我国社会主义会计理论和实践经验、由我国本土学者做出的重大会计基础理论创新，是"中国特色的会计理论，是中国特色社会主义的产物"⑤，多年来在会计理论、会计法规和会计实践中发挥了重要作用，学界应以此为基础，深入研究会计本质和职能，分析和解答财务会计信息多元化、管理会计外延拓展、二者融合及现代信息技术对会计的影响等问题，回应时代呼唤和实践要求，以便进一步挖掘其理论和应用价值，推动我国会计理论和实践进一步发展，促进我国企业管理水平和经济效益提升，为"一带一路"建设贡献力量，为世界会计理论发展贡献中国智慧。但是由于种种原因，现在很多学者（包括一些研究会计管理活动论的学者）对会计管理活动论存在很多误解（如会计与财务的关系方面），需要正本溯源并深入研究，让会计管理活动论这种本土会计理论创新继续传承下去并发扬光大。

"大智移云物区"技术实际上是现代信息和通信技术，而会计自产生起，就与信息处理和通信技术紧密联系在一起，无论是头脑式会计、手工会计、

---

① 杨纪琬. 关于会计理论发展的几个问题 [A]. 杨纪琬. 社会主义会计理论建设 [C]. 中国财政经济出版社，1988：211，213.
② 阎达五. 价值链会计研究：回顾与展望 [J]. 会计研究，2004（2）：3-8.
③ 袁广达. 大数据技术与会计工作关系探究——基于"老三论"视角 [J]. 会计之友，2020（19）：2-9.
④ 管亚梅，岳静静. "一带一路"倡议下的会计自信 [J]. 会计之友，2020（18）：143-145.
⑤ 杨秋风. 中国特色的会计理论是管理活动论 [J]. 广西会计，2001（7）：3-5.

机械式会计、会计电算化、会计信息化还是会计智能化，会计始终是建立在信息处理和通信技术上的，现代信息处理和通信技术为会计的预测、决策、控制、核算、考核、分析和评价职能提供了颗粒度越来越小的信息，根据香农（Claude Elwood Shannon，1948）通信理论得出的会计通信系统论（AAA，1966）特征愈加显现。所以，本书首先基于香农通信理论、美国会计学会（AAA，1966）的会计定义，论证了会计信息与决策的内在联系，然后结合控制论证了会计决策在控制循环三个环节中的作用，最后基于辩证唯物主义实践观和契约理论，说明了会计控制循环对再生产活动和契约的作用实际上是人参与的会计管理活动，进一步分析了会计控制循环各个环节会计管理职能并结合案例加以验证。

二、研究意义

在现代信息技术革命以及企业等经济组织变革的背景下，财务会计核算职能逐渐被机器人替代，财务会计概念框架的矛盾日益突出，会计的管理职能日渐重要，传统的会计信息系统论难以解释现实，管理会计学术研究和会计的管理乃至治理职能越来越受到重视，我们需要反思会计本质和职能到底是什么的问题。本研究在吸收借鉴最新研究成果的基础上，对具有我国本土特色的"会计管理活动论"进行创新研究，有助于在新的环境下加深对会计本质、职能和作用的认识，促进和改善会计在治理、管理和控制方面作用的发挥，预测未来会计的发展趋势。

（一）理论意义

会计管理活动论有助于进一步探讨会计的本质及职能，促进会计理论的发展与繁荣。对会计本质和职能的认识是会计理论研究者和会计实践工作者都难以绕过去的问题，尽管财务会计概念框架有会计环境起点论、会计假设起点论、会计目标起点论等不同观点，但会计理论研究应以会计本质为研究起点。尤其是在目前技术、组织和市场急剧变革，相关理论以及对财务会计概念框架、会计信息、管理会计职能、财务会计与管理会计关系等认识不断变化的时代，通过正本清源、廓清迷雾、追问会计的本质和职能有助于会计理论研究回到原点再出发，整合不同观点，繁荣发展会计学术研究。"会计管理活动论"比"会计信息系统论"和"会计控制系统论"更能概括会计实践的本质，内涵更丰富，外延更广，解释力也更强。尤其是本研究基于一个广为接受的会计定义探索会计管理活动论，说服力强，逻辑严谨，有助于加深对会计本质的理解，对正确推动会计应用理论研究和分析解决许多会计现象具有重要指导作用。作为本土创新观点，对"会计管理活动论"的研究有助于基于中国实践和文化形成中国会计研究风格、特色和气派，提高会计理论自信和文化自信，进而树立制度自信。

（二）实践意义

会计管理活动论基于中国综合性文化和马克思主义哲学观点，扎根于中国会计实践，借鉴了信息论、控制论和系统论以及相关会计规范和财务会计概念框架理论，反映了中国企业会计实践，易于为中国会计实践工作者接受，促进我国企业会计预测、决策、计划、核算、控制、考核、分析、评价职能的发挥，推动经济发展；本研究立足现代信息处理和通信技术，增强了会计管理理论的说服力，有助于促进会计变革，并推动会计在国家治理、社会治理方面职能的发挥。

第 二 节　内 容 和 结 构

本书基于香农通信理论得出的会计通信系统定义（AAA，1966），详尽分析了会计信息与会计决策、会计决策与会计控制、会计控制与管理实践活动的内在联系，按照"会计信息处理与通信—会计决策—会计控制系统—会计管理实践"逻辑路线，深入论证了会计的本质是一种会计管理活动，并基于该本质论述，详细分析了会计预算、会计反映、会计分析与反馈的概念及其与组织契约和再生产活动的关系。

结构安排按照"提出问题—分析问题—解决问题—案例分析"的思路展开，首先，对"会计管理活动论""会计信息系统论""会计控制系统论"三个学派观点的相关文献综述提出会计是一种管理实践活动的观点；其次，通过两章内容分析会计为什么是一种管理实践活动，一章提出分析问题的概念（财务会计与管理会计融合会计控制循环模型）和理论基础（会计信息与决策、决策与控制、控制与管理实践的关系），另一章从历史和逻辑上论证会计是一种管理实践活动并分析了会计管理的对象；再次，分析了会计控制循环三个环节的内容及其内涵的契约关系；最后，通过三个案例分析验证上述理论分析。本书共分以下七章。

第一章，绪论。主要包括研究的背景和意义、论文结构、可能的贡献与不足，主要介绍选题原因、本书的主要内容和结构以及贡献和不足，起到导读的作用。

第二章，观点的提出。主要是关于会计本质研究的文献综述，包括以下各节："会计管理活动论"文献综述；"会计信息系统论"文献综论；"会计控制系统论"文献综述；文献述评与"会计管理活动论"观点的提出。本章系统梳理了"会计管理活动论""会计信息系统论""会计控制系统论"国内外相关文献，提出了论点。

第三章，研究基础。本章提出本书立论和分析的基础，包括通过对财务会计与管理会计融合的分析提出了会计控制循环模型，还基于实践观、"三论"、契约理论、行为会计理论构建了会计与管理关系的三段演绎推理框架，包括两节：第一节，财务会计与管理会计的融合。先综述了国内外关于财务会计与管理会计融合的相关文献，然后从必要性和现实可行性两方面论述了财务会计与管理会计融合的原因，进一步分析和论证了财务会计与管理会计融合的通信系统模型和控制系统模型。第二节，本书的理论基础和分析框架，分为四个环节。首先，依据西蒙的理论，分析了管理就是决策的原理，其次，依据通信理论基础，分析了会计信息与决策的双向关系，决策是会计信息系统建立的动因和目的，会计信息影响决策。再次，依据控制理论，分析了决策与控制的关系，认为控制循环的每个环节都需要决策者的决策，而每个环节的决策都需要会计信息。最后，依据实践观、契约理论、行为科学认为会计控制循环实际上是人的管理实践活动。

第四章，理论分析。会计是对再生产过程和组织契约进行反映和管理的一种活动，首先，我们从历史和逻辑上初步分析了会计管理的必然性，认为：（1）历史上，会计产生发展史是会计管理职能不断发展、不断完善的历史；（2）逻辑上，会计是一种管理实践活动，包括主体、客体、手段（通信系统和控制系统），预测、决策、预算、确认、计量、记录、报告、分析、考核、评价、反馈都是会计管理实践活动。其次，提出会计管理是对组织契约和再生产活动的全面和全员的管理，包括：（1）组织契约与会计管理：会计预算、会计核算、会计分析都是契约的反映，也是对契约的维护和控制；（2）再生产活动与会计管理：为了实现契约利益，掌握剩余控制权的各层级、各环节的管理者需要利用会计信息制定战略目标、预算、控制、考核和评价，以控制再生产过程。

第五章，应用实务。会计既是一种包括预算、反映、分析和反馈的控制循环，也是包含契约协议的管理实践活动，本章分三节分别介绍各部分的内容及其与会计契约与再生产活动的关系。第一节，会计预算。本章是会计控制循环中会计控制标准的展开，主要回顾了预算的产生和发展、预算的概念和特点（预算作为会计控制标准的原因）、预算在会计控制循环中的地位、预算的分类、预算编制的理论和方法，分析了会计与契约与再生产活动的关系。第二节，会计反映。论证了会计的反映职能以及会计反映职能的重要意义，是会计控制循环中会计反映的展开，包括会计反映的概念和意义、会计反映职能的实现，具体地展示了"观念总结"的含义以及"观念总结"与"过程控制"的辩证关系。第三节，会计分析与信息反馈。本节主要论述了会计分析的概念、意义及与会计控制循环其他环节的关系、会计分析的分类、会计分析的方法、会计信息反馈、以会计分析为基础的绩效评价与激励以及评价与激励的作用，分析了三种类型的反馈：一是通过对比分析（包括因素分析）来制订和修正预算，二是通过对比分析（包括因素分析）结论和评价影响各层级经营管理者的决策来纠正偏差，三是通过重新调整有关经营管理人员和其他激励手段来强化或纠正原有的经营管理措施，包括会计分析的概念与特点、会计分析方法、会计信息反馈、绩效评价与激励。

第六章，案例分析。通过一个培训项目、L市交通局、新世纪纺织有限公司的案例三个典型案例进行理论检验。

第七章，结论。总结本书主要内容，归纳结论和逻辑思路，提出需要进一步研究之处。

第三节　理论基础

规范研究的演绎推理需要理论基础作为起点和指导思想。首先，本书立足于辩证唯物主义实践观，从实践活动的角度关照会计实践活动，认为会计就是人类按照一定目的设计、驱动、操作、维护的系统，自古以来，无论信息处理技术多么先进或落后，会计都是人脑结合辅助工具实现其功能的，人是有情感、价值观和认知的，人的会计实践活动不是僵化的、机械式的，人的行为对会计信息的提供和传递有影响，同样会计信息也对人的决策进而对执行活动有影响，所以需要借鉴行为科学理论分析会计信息与决策、行动的关系，另外，会计本质上也是一种利益相关者的契约，需要协商确定会计目标、准则、科目和评价系统各个要素，所以也会涉及契约理论；其次，世间万物通过信息相互联系、相互影响、相互促进、相互制约并形成一个更大的系统，人们只是为了认识的方便，才把万物整体划分为若干个分支学科，但由于系统论、控制论、信息论的出现使人们重新认识到世界万物通过信息相互联系、相互制约形成一个自控制系统的规律，同样会计也不能孤立地看待，只有基于系统论、信息论和控制论的成果才能准确地认识；最后，会计通过影响决策实现自己的作用，所以还要借鉴决策理论，企业是要素提供者的契约，会计信息影响的是要素提供者的决策，通过要素提供者来影响再生产活动，所以也涉及契约理论。

一、辩证唯物主义实践观

按照辩证唯物主义实践观，没有独立于人而存在的自在之物，即便是自然界也是人类实践的产物，是已经人化的自然，人们认识的事物都是包含人的活动及其结果的事物，实践包含主体、客体和手段三个要素。会计也是如此，没有独立于人而存在的会计，会计不是纯粹机械化的信息系统，也不是独立于人的意志而存在的自然物，而是由人设计、开发、驱动、运行、维护的系统，"会计是一个'人造世界'，是经由人综合而成的"，① 是人类的一种实践活动，会计实践活动与其他活动一样，是人的自觉能动的社会实践活动，是具体的、历史的实践活动，受制于当时的政治、经济、技术、文化等环境的影响，会计是为了满足人类的某种需要而产生的，具有一定的目的、目标、准则和计划，具有一定的客观现实性。会计实践包括会计主体、客体和手段三个要素，这是人们认识会计的基础和前提。会计主体是指会计人，包括会计规则制定者和执行者，会计人具有主观能动性，具有自己的利益、情感、意志、信仰、价值观、偏好和需求，当然也必须具有一定的体力、脑力、知

---

① 陈良华，张昉. 会计学是一门设计型科学——会计理论"人工科学"本质的回归 [J]. 会计研究，2011 (5)：3 - 9 +95.

识、技能，是受到一定生产力、生产关系、意识形态等影响的具体的、历史的人（即使如鲁滨孙那样的孤岛一人也不是纯粹的生物人），人们创造并运行会计的目的是创造能够满足人类自身需要的价值。会计主体与其他实践主体一样，也可以分为个人主体、集团主体和社会主体，人在会计系统中的作用是无可替代的，即使是智能会计系统也需要人作为主体承担系统设计、驱动、运行、维护、人际沟通及非结构性决策等工作，可以预见的未来，会计系统仍然是人脑与"智能体"融合的系统；实践客体是主体实践活动所指向的对象的总称，可分为自然客体、社会客体和精神客体，会计实践活动的客体是会计实践活动作用的对象，是人们的生产实践活动，本质上应属于社会客体。如同其他实践手段，会计实践手段也是把会计主体和客体连接起来的工具、程序、方法和规则。按照社会实践观，会计的根本动因一定在人类物质资料的生产实践活动里，具体说是管理和控制再生产活动的需要，会计系统的发展演变除了受技术等其他环境要素影响外，也受到管理需求的影响，会计准则、会计系统等的合理性应以是否有利于管理和控制社会再生产活动、提高经济效益为标准。

马克思主义认为人类的生产活动是最基本的实践活动，是决定其他一切活动的东西，市场经济或商品经济下生产活动是不断循环往复的社会再生产活动。会计反映的对象无论是价值运动、资金运动、生产经营活动或者是再生产活动本质上都是人们的实践活动，不是像自然物一样客观独立的对象。与动物筑巢、觅食等活动不同的是，人类的实践活动都是有规划、有控制的，对生产或再生产活动的规划和控制包括会计参与的预算、决策和纠偏活动等。而会计的预测、决策、预算、核算、考核、分析、评价等既是信息提供过程，也是由会计人参与的管理实践活动。

实践活动是认识世界和改造世界的统一，生产实践必须按照客观规律进行，会计实践活动同样是对再生产活动进行认识和改造活动的统一，是反映和控制的统一，反映是为了控制，控制是反映的目的，会计信息要从对再生产活动现象、片面、外部联系的反映通过分析深入到本质、全面、内部联系的规律性的反映，最后通过提出决策、方案、建议指导决策和执行部门改造与优化生产活动回到实践，循环往复。会计实践活动又是会计理论研究的对象，是关于会计实践活动认识的来源、推动力和检验标准，会计理论反过来预测、指导会计实践活动。

二、决策理论

赫伯特·西蒙（Herbert A. Simon，1959）认为，"决策"一词通常指从多种可能中作出选择和决定，决策贯穿于管理的全过程，管理就是决策，组织就是作为决策者的个人所组成的系统，组织的全部管理活动就是决策。决策是一个过程，包括情报活动、设计活动、抉择活动和审查活动；组织中人的行为是为实现一定目的，具有有限理性的"管理人"的行为；组织的划分必须以所要作出的决策类型为依据；进行经营决策的最佳手段是有效地运用电子计算机进行控制，在组织设计中，要制定决策的人—机系统。人脑和电脑同构，"任何系统如果要表现出智能的话，它就要能执行物理符号系统的六种功能（输入、输出、存储、复制、建立符号结构和条件转移）。同时，他给出了三个推论：人类有智能，因此，人脑是物理符号系统；计算机是物理符号系统，因此，它有智能；计算机可以模拟人的思维过程。"[①] 但是，电脑无法处理情感和社会关系信息，人脑与电脑相结合，提高决策的效力。詹姆斯·马奇（James G. March，1916）认为，人的理性受个人智慧与能力所限，必须借助组织的作用，组织运用权力和沟通的方法，使决策者便于选择有利的行动方案，进而增加决策的理性。而衡量决策者理性的根据，是组织目标而不是个人目标。有限理性人假设也为"智能体"概念的提出和应用提供了理论依据。企业作为主要追求经济目标的组织，会计系统在决策的各个过程中都发挥着自己的作用，组织中的"会计人"通过围绕组织目标提供相关可靠的经济信息情报、设计各种可行的决策方案、抉择最佳方案并评价决策的效果帮助各个层次的决策者（"管理人"）作出合理的决策，会计系统可以支持、影响、促进、引领决策，甚至"决策者的主观的'一锤定音'，他这一锤如何打，是受会计信息的控制的。科学的决策和有效的控制是切合、可靠、及时的信息的必然结果"。[②] 在企业中，会计信息提供与决策既是管理和控制分工的结果，也是内部牵制的需要，实际上在小生产、小摊贩、小店铺那里，会计信息提供与决策、执行都是一个人，即便在现代企业里，会计契约的不完备性也使得会计系统无法提供全部的信息，仍然会有一些信息是由决策者自行确认、计量的。

---

① 秦裕林. 认知心理学与计算机科学的研究与教学——介绍西蒙的认知心理学讲学 [J]. 心理学动态，1984（1）：50 + 65 – 66.

② 文善恩. 会计控制系统论 [M]. 北京：企业管理出版社，2008：77.

三、信息论

控制论创始人维纳（Norbert Wiener）说"信息是人们在适应外部世界，并使这种适应反作用于外部世界的过程中，同外部世界进行互相交换的内容和名称"①，信息是普遍而古老的现象，人类为了生存和发展必然需要认识世界、从世界获取生存和发展的物质，这就是生产实践活动，而实践活动需要决策，决策就需要信息；生产实践也需要人与人之间信息交流和沟通以构成生产关系，人与人之间、人与对象之间的时空距离越大，越需要专门的信息传输系统，组织管理同样如此。1948 年，克劳德·香农（Claude Elwood Shannon）发表的论文《关于通信的数学理论》是现代信息论和数字通信的奠基之作，信息论实际上是通信理论，信息处理过程也需要信息传递和通信，信息系统也是信息通信系统，信息论与系统论、控制论号称老"三论"，三论具有内在联系，本质上都是关于一般系统的理论，被称为"亚哲学"。从数学和技术角度看，信息是"人们在选择一条消息时选择的自由度的量度"②，是一个变量，香农的信息论主要研究通信的数学和技术问题，但其合作者威沃尔（Weaver）发展了这种理论。威沃尔（Weaver）认为，通信既"包括一个人的思想可以借以影响另一个人思想的一切过程和步骤"，③ 也包括一个机器用以影响另一个机器的过程和步骤。广义的通信是信息传递并产生效用的过程，它有三个水平，水平 A：通信符号如何能被精准地传送（技术问题）？水平 B：被传送的符号如何精确地载荷所表达的意义（语义问题）？水平 C：被接受的意义如何有效地影响行为，使之按所要求的方式进行（效用性问题）？④ 在水平 A 上，信息论认为所有信息系统都可归纳成一个包括信源、信宿、信道、编码器和译码器的线性模型。信源即信息的源泉或产生待传送的信息的实体；信宿即信息的归宿或接受者；信道即传送信息的通道；编码器即在信息论中是泛指所有变换信号的设备，使信源输出的信号转

---

① ［美］诺伯特·维纳. 历史上的控制论［J］. 庞元正，李建华. 系统论控制论信息论经典文献选编［C］. 北京：求实出版社，1989（1）：345.

② 三论，百度百科：https：//baike. baidu. com/item/% E4% B8% 89% E8% AE% BA/8805944.

③ 王世定. "管理活动论"的哲学基础［J］. 会计研究，1993：34－39.

④ ［美］威沃尔（Weaver）. 通讯的数学理论的新发展［J］. 庞元正，李建华. 系统论控制论信息论经典文献选编［C］. 北京：求实出版社，1989（1）：614.

换成适于信道传送的信号；译码器即是编码器的逆变换设备，把信道上送来的信号转换成信宿能接收的信号。会计系统也是一种信息处理和通信系统，信源就是再生产活动，编码器就是会计账证表系统（科目系统），信道就是传输会计报告的各种媒介（如纸质、磁性介质、电视电脑联成的网络媒介等），译码器就是各种财务分析报告，信宿就是决策者（"管理人"），从技术上讲，会计信息处理和通信系统的目标就是在信宿端精确或近似地再现信源端的信息，但是按照威沃尔（Weaver）全信息论，会计信息处理和通信系统还应该包含语义信息和语用信息。会计信息既需要精确传输（属于技术问题），也需要通过会计准则精确地荷载所表达的意义，更要能够被信息使用者所理解，影响信息使用者的行为，使之按要求的方式进行，具体来说就是影响决策并实现控制目标。实际上，会计是"鉴定、计量和传送经济信息的过程，借以使信息使用者能够作出可靠的判断和决策"（AAA，1966），会计信息处理和通信系统应该包括"会计人"借以影响信息使用者思想的一切过程和步骤，在企业内部，会计信息处理和通信系统的目的应该是能够影响管理人的决策，进而影响执行人的行动，以实现控制目标，所以会计信息必须有统一的规则使会计信息使用者能够理解，要具有相关性使会计信息能够产生合理的决策，要可靠使会计信息使用者能够作用于真实的对象，但是所有这一切都有可能被权势集团所操纵。会计信息系统的这一作用与控制、管理的概念已经非常接近了。

四、控制论

信息与控制关系非常密切，尤其是在社会系统中，不同于纯粹的自然科学，"在社会科学中，极难使被观察的现象和观察者之间的耦合减到最低限度。相反，观察者能够对他所关心的现象施展巨大影响。控制论是建立在信息和反馈的概念基础上的。"[①] 根据创始人维纳（Norbert Wiener，1948）的定义，控制论（cybernetics）是"关于动物和机器中控制和通信的科学"[②]，简言之，控制论的中心问题就是控制与通信。控制的基础是信息，一切信息传

---

① ［美］诺伯特·维纳. 信息、语言和社会［J］. 庞元正，李建华. 系统论控制论信息论经典文献选编［C］. 北京：求实出版社，1989（1）：339.
② ［美］诺伯特·维纳. 控制论：或关于在动物和机器中控制和通信的科学［M］. 北京：北京大学出版社，2007.

递或通信都是为了控制，任何控制又都有赖于信息来实现，施控装置有控制信息到达受控装置改变受控装置的状态，受控装置也不断有信息送回到施控装置不断纠正和调整施控装置对受控装置的影响，才能达到精确的调节。来自受控装置的反映输出变量变化情况的信息，称为反馈信息。控制论一般只研究带有反馈回路的闭环控制系统，称为控制论系统，社会系统的控制都是带有反馈回路的，信息和反馈是控制论的两个中心概念，没有反馈就没有控制，没有控制就没有目的性系统。施控装置基本要素包括：探测器—传输器—评定分析器—指令器—指令信息传输器—执行器，如果将探测器、传输器、评定分析器合并为信息处理和传输系统，将指令和指令信息传输器合并为决策系统，将执行器归纳为执行系统，则施控装置可以归纳为决策—执行—信息处理与传输（或者简称为信息—决策—执行）三个系统，控制过程一般分为确立标准、衡量成效和纠正偏差三个环节，会计在这三个环节中都能通过提供信息影响决策发挥作用，从而与决策部门、执行部门有机地结合在一起共同构成为一个施控系统去控制再生产活动，就如同大脑、神经系统和四肢有机地结合在一起构成施控系统控制汽车一样，自动驾驶汽车的大脑、神经系统作为信息处理和传输系统同时也是施控系统的一部分，所以可以说会计系统也是企业施控系统的一部分，这样，会计信息影响决策，从而变成施控系统的一部分。会计控制是精确的控制，需要量化，同时会计控制也是及时的控制，需要结合现代信息系统实现，"信息—决策—控制"的这种作用机理可以在现代信息系统中集中实现，而且随着人工智能的发展，人机结合的信息系统控制逐渐发展为"智能体"（agent）施控系统，基于智能体理论还可以构建企业"会计智能体""智能决策支持系统""智能管控系统"（傅元略，2019）①，会计作为施控装置的一个部分将会演化为智能会计控制，按照美国会计学会（AAA，1966）的预测，"在自动化工厂本来由人作的决策现在根据自动收集的信息改由机器来作。这方面的发展显示了信息职能与决策职能的结合。在此本来由管理者进行的决策可从会计信息中自动产生。"② 在工业互联网的影响

---

① 傅元略. 智慧会计：财务机器人与会计变革［J］. 辽宁大学学报（哲学社会科学版），2019，47（1）：68－78.

② 美国会计学会. 会计基础理论［M］. 文硕，王效平，黄世忠，译. 北京：中国商业出版社，1991：75.

下，企业甚至有可能成为一个"智能体"。① 但是，企业和其他组织毕竟是人的集合体，是人与人之间的契约集，所以，企业的施控系统不可能是完全的机械系统，仍然需要人与人之间的互动，需要考虑被控制者的价值观、情感等，结合行为学理论，如激励也是一种控制职能，目标与预算编制和执行需要考虑人的互动，信息处理与提供需要考虑决策者的接受程度等。所以会计控制系统一定是人脑与智能体的结合，是一个闭环控制系统，会计控制仍然是人的管理实践活动。实际上，会计系统的设计、维护、监控也是一个闭环控制系统，因为会计系统是一个以维护契约和管理再生产活动为目的的人造系统。

五、系统论

系统论最初为一般系统论，它是美籍奥地利生物学家贝塔朗菲（L. V. Bertalanffy）在 20 世纪 60 年代正式提出的。系统论作为一种重要的"革命性"理论，是相对于分析和机械范式来说的，分析和机械范式通常认为物质是可分的，各构成部分是原子式的，他们之间没有或很少有相互作用，各部分之间关系和行为是线性、可以累加的。而"系统或'有组织的复合体'可以由其中存在的'强相互作用'（拉波波特，1966）或'非微弱'（西蒙，1965）即非线性的相互作用来规定"，② 是整体的、有机的、不能用统计学机械论和热力学第二定律解释、"不能分解成为互不相干的局部事件的有机体和现象的问题"。③ 系统具有整体性、有机关联性、动态性、有序性和目的性。系统的有序性是指系统各要素总是按照一定的顺序和方向发生作用，系统的目的性和方向性是由于开放系统中的动力学的相互作用、反馈机制、试错式的适应性所造成，系统分为自组织系统和他组织系统，开放系统和负反馈的系统是一种自组织系统。系统的有机性是指系统不能还原到物理学规律的属性。系统论的核心思想是系统的整体观念。贝塔朗菲强调，任何系统都是一个有机的整体构成，每个要素在系统中都处于一定的位置上，要

---

① 余少华. 工业互联网联网后的高级阶段：企业智能体［J］. 光通信研究，2019，211（1）：5 – 12.

② ［美］贝塔朗菲. 一般系统论导论［J］. 庞元正，李建华. 系统论控制论信息论经典文献选编［C］. 北京：求实出版社，1989（1）：39.

③ ［美］贝塔朗菲. 一般系统论的意义［J］. 庞元正，李建华. 系统论控制论信息论经典文献选编［C］. 北京：求实出版社，1989（1）：56.

素之间相互关联，构成了一个不可分割的整体。系统论既是一种科学规律和世界观，也是一种方法论，从系统论角度看，世界上任何事物都可以看成一个系统，系统是普遍存在的。大至渺茫的宇宙，小至微观的原子，一粒种子、一群蜜蜂、一台机器、一个工厂、一个学会团体……都是系统，整个世界就是系统的集合，宇宙内的系统具有等级结构，贝塔朗菲认为宇宙系统等级秩序包括静态结构、时钟机构、控制机构、开系统、低级有机体、动物、人、社会文化系统、符号系统。按照系统论观点，任何事物都应该以全面、联系、发展、有机的观点加以认识，不应只孤立地分析其实体结构，还应考虑其与其他有机系统的联系，才能得到全面、本质、规律性的认识。企业是一种人、财、物各种要素按照一定结构组成的、具有目的性、具有反馈功能的自组织系统和开放系统，会计是由人们按照一定目的和规则设计的人机共同构成的经济信息处理和通信子系统，按照美国会计学会（AAA，1966）的观点，会计是一种信息系统，具体说会计是"鉴定、计量和传送经济信息的过程，借以使信息使用者能够作出可靠的判断和决策"。① 信息处理和传递的目的是使信息使用者做出可靠的判断和决策，实现对组织的控制，信息处理与传递系统、决策系统、执行系统属于企业系统的子系统，共同构成企业的施控系统，具有不可分割的有机联系，所以，按照系统思维来看，会计既是以做出合理判断和决策为目的而设计的一个信息处理和传递系统，也是企业施控系统的构成部分，或者是企业管理系统的组成部分。

六、契约理论

罗纳德·科斯（R. H. Coase）开创的制度经济学把企业和其他组织看成一种契约，在此基础上，奥利弗·哈特（Oliver Hart）等人又认为企业是一种不完全契约，管理者拥有剩余控制权。按照弗里曼（R. Edward Freeman）的利益相关者理论，利益相关者也是生产要素持有者，企业是要素持有者组成的一系列契约集，要素持有者也是自身要素使用的决策者，从而也是会计信息的使用者，会计信息使用者必然对会计系统提出要求，作为为信息使用者服务的会计系统的要素包括会计准则、会计信息、会计通信系统也成为一种契约。与企业是一种不完备合约一样，受此制约的会计系统也是一种不完备合约，管理要素

---

① 王世定. "管理活动论"的哲学基础 [J]. 会计研究，1993（4）：34 – 39.

持有者（即管理人）为了有效发挥剩余控制权需要会计部门提供决策分析和方案建议信息（被称为管理会计信息），外部要素持有者则仅需要要素持有决策信息（被称为财务会计信息），同时为了可靠计量管理要素及其贡献，管理人需要对会计系统和会计信息实施剩余控制权。根据契约理论，各个要素持有者及其决策没有本质不同，都应该同等地获得会计信息服务，财务会计与管理会计应该逐渐融合；由于企业是一种契约，会计通信系统通过各个要素持有者的决策和执行实现要素流动、变动从而实现整个企业再生产活动过程的波动、变化，导致企业再生产活动以及经济效益变化；企业契约理论也说明企业会计不仅应控制和管理社会在生产活动，还应通过会计通信系统维护契约和要素市场的流动性，从而维持企业再生产活动的持续进行。

在现代信息技术下，"金字塔式"科层制企业逐渐演变为网络平台化企业，无边界的用户导向型企业逐渐替代了有边界的生产导向型企业，企业的契约属性以及会计向利益相关者服务的属性愈发突出，加上"大智移云物区"新技术的推动，财务会计与管理会计越来越融合为一个完整的会计信息系统。现代信息技术使得反映和控制企业契约的会计契约逐渐趋于完备。组织契约、会计契约与再生产活动关系具体如图 1 - 1 所示。

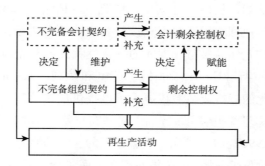

图 1 - 1 组织契约、会计契约与再生产活动关系

七、行为会计理论

根据辩证唯物主义实践理论和信息论，会计不只是提供信息的一个机械化系统，会计信息也不是瞬间产生的，而是经历一定的过程或程序，这个过程和程序离不开人的参与。会计是人的实践活动，主要通过提供信息影响信息使用者的决策，因此，会计信息受会计人的行为影响，同时会计信息也影响信息使用者的行为，所以会计理论与行为科学理论具有内在的联系，二者的结合被称为行为会计学。

行为会计研究最早可以追溯到阿吉里斯（Argyris，1952）的预算研究。行为会计是把心理学、行为学理论与方法纳入会计学研究，包括人类行为对会计的影响和会计对人类行为的影响。前者如由于管理当局的价值、观念、管理方式不同，对会计系统的设计、会计方法的选择也就不同。后者包括财务会计对人的行为产生影响，如"心理技术计量系统"就是研究会计计量的行为对经营决策者的心理结构、决策动机和管理行为的影响和作用的（Flamholtz，1980）；① 资本市场中会计信息对投资者的影响，如霍普金斯（Hopkins，1996）、赫斯特和霍普金斯（Hirst & Hopkins，1998）、梅因斯和麦克丹尼尔（Maines & McDaniel，2000）、赫斯特（Hirst，2004）、埃利奥特（Elliott，2006）等研究发现，相同的会计信息如果披露方式（如表内披露或表外披露等方式）不同，将影响到报表使用者的判断和评价。塔特尔（Tuttle，1997）的研究表明，披露的时间和频率不同也会影响报表使用者的判断。在管理会计领域里，奇里斯蒂恩·丹尼森（Chiristien A. Dension，2009）研究证明相对仅仅使用净现值法进行的项目评估，实物期权能够在项目放弃上更多影响决策者的认知，从而能缓减恶行增资。克林顿（Clinton，1999）的研究表明，员工参与预算的程度并不直接与企业业绩密切相关，但是员工感知到的参与需求和被允许的参与程度间的一致性程度，与企业业绩有着显著的正相关关系。吉布斯（Gibbs，2004）、劳里和萨利（Laurie & Sally，2007）研究发现，多样化的战略业绩考核体系可以提供质量较高的信息，从而使得个体员工绩效和管理者业绩同步提高。隐和布拉德（Yin & Brad，2005）、杜里戈（Delugal，1998）研究发现，尽管客观的会计信息存在，但高层管理者还是会主观地评价员工业绩。② 美国心理学家库尔特·勒温（Kurt Lewin）认为，行为是个性与环境的函数，会计信息与决策的关系也受到决策者个体因素影响，此外，工作紧张和功能性障碍也影响决策制定。③ 会计对行为的影响本质上仍然是会计信息对决策的影响，会计信息影响决策与决策者的动机

---

① 赵艳. 基于"心理技术计量系统"计量模型的行为会计计量研究 [J]. 当代财经，2017（3）：126 – 133.

② 简建辉，黄毅勤. 国外行为会计研究概要 [J]. 财会月刊，2009（21）：95 – 97.

③ 赵淑惠. 行为会计理论及其在我国的发展现状与趋势路径 [J]. 学术交流，2010（12）：106 – 110.

与需求有关，包括经济利益最大化动机、效用最大化动机等，与决策者人性假设也有关系，如果把决策者看成是各种生产经营乃至管理要素的持有者，在市场经济下，我们通常把决策者理解为追求经济利益最大化的"经济人"，所以，会计作为反映和解释经济（利益）信息的系统，必然会影响、推动、导致经济决策，该理论可以解释会计信息与决策的密切联系，是会计信息系统得以与会计控制循环连接起来的钥匙，有了这把钥匙，会计信息系统就不再是静止、孤立的信息孤岛，而是融入会计控制循环的一个基础性的子系统。基于辩证唯物主义实践观点的行为科学，则把会计放在了人的行为和实践活动，会计控制系统作为人类设计、驱动、运行、维护的企业内部一个工具性的装置，把会计经由"会计信息—会计决策—会计控制—管理活动"进路推理到了会计管理活动论境界，此进路的每一个环节也都是局部的真理性认识，这个进路也可以再一步步通过形式化还原回去：因为管理活动需要控制系统，控制系统需要执行，执行需要决策，决策需要信息，按照经济控制的需要设计的经济信息提供和传递系统就是会计，会计系统需要的技术和方法是经过历史长期发展演变的结果。

综上所述，马克思主义实践观是本书的哲学基础，系统论是本书的亚哲学基础，信息论、控制论、决策理论、契约理论、行为会计理论都是可以直接借鉴的相关理论，人的实践活动以及系统的整体性和有机性为本书提供了重要的思想启发，实践观、行为会计理论和会计的契约观从不同角度证明了会计的人造性质，目的是改善管理、提高效益。本质上说，会计是一种人参与的具有反映和控制职能的社会实践活动，与决策过程紧密相连，是会计人和管理者运用在会计契约内运用剩余控制权行动的一种实践活动。从系统角度来看，会计是企业中的一种主要承担信息处理和传递、以产生合理可靠决策和判断的施控系统的组成部分，所以，会计是一种有人参与的具有反映和控制职能的企业管理实践活动。

不同的视角就有不同的结论，系统的视角有助于设计和再造会计流程，整合会计方法、会计信息、会计工具、会计活动，突出信息、决策，控制相互作用、相互影响的联系。因为分工所以需要整合，因为紧密相连所以可以整合，我国《管理会计基本指引》（2016）整合了管理会计信息与报告、管理会计工具与方法、管理会计实践活动，这是有理论依据的，但是还需要进一步整合财务会计、管理会计，并将会计信息、会计工具方法、会计行为整合为"决策—控制"。

第四节　研究方法

本书采用规范研究、案例研究和模型研究相结合的方法进行。

1. 规范研究。"会计学是一门社会科学，既不能用显微镜，也不能用化学反应剂，而只能用抽象分析法。（作为设计科学）会计范式革命只有依靠规范研究"。① 本书运用三段演绎推理进行研究和论证。

（1）基于香农的通信理论和美国会计学会（AAA）会计定义得出会计从技术上来看是一种信息处理和通信系统，结合西蒙（Herbert A. Simon）的决策理论以及科斯等人创立的企业契约理论，分析了会计信息与决策的紧密关系，进而分析了会计通信系统通过影响要素持有者的决策和执行，实现对再生产活动的管理和组织契约维护，从而初步论证了会计通信系统的作用实质上是一种管理活动。

（2）基于控制论和会计契约理论（雷光勇，2003），进一步推出会计通信系统是通过影响要素持有者在控制标准制定、执行措施、修正标准、激励和处罚的决策来实现对再生产活动和组织契约的管理，从而论证了会计是一种控制系统，进一步揭示了会计管理活动的运行机理和会计管理理论的基本框架。

（3）基于马克思主义哲学的实践观和契约理论，认为会计是一种社会实践活动，会计的预测、决策、预算、确认、计量、记录、报告、考核、分析、评价都是会计人的实践活动，最终通过会计通信系统影响决策者（要素持有者）在方案可行性、标准制定、纠偏措施、激励与处罚等控制环节的决策和执行者的执行，实现会计对再生产活动过程的管理和组织契约的维护。所以，会计本质上是一种会计人运用剩余控制权履行要素持有者会计契约的包括规划和控制的管理活动。

上述三段论作为整体也在第三章、第四章、第五章中次第展开、步步深入，最终展开为会计控制循环和基于契约与行为科学理论的会计管理活动。

2. 模型研究。通过构建4个模型实现对相关概念和理论的概括与归纳。

（1）通过构建财务会计与管理会计的融合模型概括与归纳会计的一般概念和职能；

---

① 陈良华，张昉. 会计学科的属性：一门设计型科学 [J]. 会计之友，2012（28）：8 – 11.

（2）通过构建会计通信系统模型刻画会计的技术特征及会计与决策的双向作用机理；

（3）通过构建会计控制模型描述会计管理循环以及循环各个环节与契约中各个签约人（要素持有者）利益的耦合机制；

（4）通过构建会计契约模型完善会计控制模型并构建了会计管理活动理论体系。

3. 案例研究。本书分析了三个案例，包括一个用于分析组织契约、会计契约与剩余控制权和管理会计关系的培训项目案例，L 市交通局基于内部控制信息系统的财务会计与管理会计融合案例，以及作为传统企业的新世纪纺织有限公司传统预算管理的案例。

总之，本书以基于辩证唯物主义实践观、行为会计理论和 AAA 会计定义，结合信息论与决策理论，认为会计通过经济信息处理和传递影响决策者决策，对未来再生产活动过程做出预测、决策、预算，通过直接决策对预算执行过程进行会计反映，然后将反映结果与预算进行对比和因素分析，查找影响预算实现的原因，进行信息反馈，并基于分析结果进行考评激励，然后由决策者和执行者执行反馈的纠偏信息和激励措施，实现会计控制。由于整个过程是都是人的实践活动，企业又是要素持有者的契约集合，要素持有者是自身要素增减的决策者，会计预算、反映、分析与反馈等会计控制职能都是"会计人—决策人"信息通信实现的，这些职能最终通过要素的变化作用于再生产活动，所以会计控制并非一个机械的控制系统，其本质上是一种对再生产过程的会计管理实践活动。上述思想路线如图 1-2 所示。

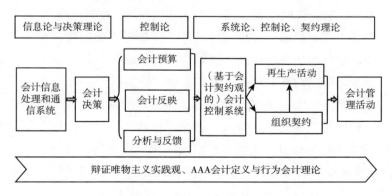

图 1-2 理论基础与研究对象的关系

第五节　本书的主要贡献和不足

一、本书的主要贡献

1. 本书详细梳理了从 1980 ~ 2021 年关于会计本质研究的相关文献，对"会计管理活动论""会计信息系统论""会计控制系统论"的发展演变脉络进行了细致的总结，文献价值较高。

2. 本书的学术价值主要在于把会计性质与职能研究与马克思主义哲学、"三论"、决策理论、契约理论、行为会计理论有机融合，使"会计管理活动论"建立在比较严谨的逻辑分析基础之上。

国内对"会计管理活动论"的研究多数是从包含财务会计、管理会计、财务管理、内部控制甚至内部审计"大会计"角度进行的，论证欠严谨，说服力不够。本书基于美国会计学会（AAA，1966）会计信息系统的定义，以"三论"为依据，从信息处理和通信系统视角，借鉴行为会计观点，逐步导入信息影响各要素持有者（利益相关方）的决策，各个环节的决策形成规划和控制循环，该循环通过要素持有者的决策和管理部门执行作用于再生产活动，形成对再生产活动和企业契约的控制，作为人类设计、驱动、运行、维护的会计控制系统（也是会计契约系统）其实是人的一种管理活动，从而说明了即使从信息系统角度来看，会计也是一种管理活动，研究基础坚实、视角独特，从"会计信息—决策—控制—管理活动"，观点分析层层深入，逻辑严谨，且符合实际。

除了整体上逻辑严谨、分析透彻之外，分析过程中构建的会计信息与决策紧密关系的会计通信系统模型、决策理论与控制理论相结合的会计控制循环模型、基于组织契约的会计契约模型都是一种创新和贡献。

3. 从信息处理和通信系统角度切入，将会计与信息处理和通信技术紧密联系起来，说明了"大智移云物区"技术不会让会计消失，只会让"会计管理活动"的本质更加凸显，反映、控制效率和质量更高，会计的作用更加重要。"会计未来发展的根本在于其管理职能的发挥"①，使会计管理活动论对

---

① 赵艳. 基于"心理技术计量系统"计量模型的行为会计计量研究 [J]. 当代财经，2017 (3)：126 – 132.

会计的未来预测能力更强。

二、研究的不足之处

"会计管理活动论"是一座理论大山，对该理论的学习和研究需要辩证唯物主义、历史唯物主义、系统论、控制论和信息论等相关理论和哲学思想的深厚基础，需要对会计理论和实践知识的深厚积累，本书研究的理论基础尚有欠缺。另外，本书主要采用的是规范和定性研究，实证和定量研究不足，使论文的一些结论缺乏事例和数据支撑，一些结论也显得粗糙，如在会计信息与决策之间的关系和财务会计与管理会计的融合方面都缺乏一些细致的机理、模型方面的分析和论证；由于理论功底所限，书中有些地方思想表达不够清晰、有力。

本书拟进行深入研究的方面主要是进一步研究控制论和信息论，使控制论、信息论与认识论进一步与会计系统结合起来，进一步将会计管理系统和控制循环落到实处，形成清晰有力的理论模型；进一步走向应用，进行会计控制系统的设计；采用实证方法，具体细致地研究会计信息与决策、会计信息与控制的关系。

第二章　观点的提出：关于会计本质研究的文献综述

在我国，关于会计本质的观点包括会计方法论（邢宗江等）、会计工具论（葛家澍等）、会计信息系统论（葛家澍、余绪缨）、会计管理活动论（阎达五、杨纪琬）、会计控制系统论（杨时展，郭道扬）、会计受托责任论（杨时展）、会计科学论（李宝震）、会计综合论（于玉林、毛伯林），其中，影响最大的有"信息系统论""管理活动论""会计控制系统论"三种观点。本章主要梳理这三种观点的相关文献，对比分析三种观点的优缺点，提出会计是一种管理活动的观点，作为进一步论述财务会计与管理会计融合和延伸研究会计管理活动论合理性的基础。

下面重点介绍会计管理活动论和会计信息系统论，由于文献的缺乏，本书对会计控制系统论的介绍较为简单。

第一节　"会计管理活动论"文献综述

在我国，"会计管理活动论"最早是由杨纪琬和阎达五在 1980 年中国会计学会成立大会上联名提交的《开展我国会计理论研究的几点意见——兼论会计学的科学属性》一文中提出的[①]。他们认为："无论从理论上还是从实践上看，会计不仅仅是管理经济的工具，它本身就具有管理的职能，是人们从事管理的一种活动。"[②]

[①] 一般认为，管理活动论就是我国会计学者提出的，国外没有这种正式的提法。类似的内容表现在广义管理会计概念、控制会计和管理经济与会计学派的有关观点中，在此不做专门讨论。

[②] 杨纪琬，阎达五. 开展我国会计理论研究的几点意见——兼论会计学的科学属性 [J]. 会计研究，1980（1）：2 – 10.

论点提出后，由于与几乎同时提出的"会计信息系统论"形成鲜明对立，因而引发了新中国成立以来会计本质问题的新一轮论争，"信息系统论"和"管理活动论"成为争论的主流观点，客观上促进了"会计管理活动论"的建立和发展。持续到 20 世纪 80 年代中期"二论"渐成合一倾向（吴水澎，1986），20 世纪 90 年代，争论渐趋停止，会计学者逐渐转向管理会计和财务会计准则、具有中国特色会计理论与方法体系研究（葛家澍，2000）。20 世纪末以来，人们着重会计信息失真及其治理、政府会计、内部控制、碳排放会计等具体问题的探讨以及大量利用财务报表数据进行的实证研究。但是，在这个过程中，仍有很多学者为会计管理活动论增砖添瓦，会计管理活动论在曲折中逐步发展着。以下主要以《中国会计研究文献摘编（1979 – 1999）：会计基础理论卷》①（以下简称《摘编》）为线索划分几个阶段。另外，参考被摘录的有关原始文献以及会计管理活动论创立者所在的中国人民大学和中国财政科学研究院的有关已发表的研究成果概要介绍学者们的主要观点和会计管理理论的发展。

一、概念提出和初步完善阶段（1980～1984 年）

本阶段主要包含"会计管理活动论"观点的提出、"会计管理"概念的提出及完善。

（一）"会计管理活动"论点的提出

杨纪琬和阎达五在 1980 年的《开展我国会计理论研究的几点意见——兼论会计学的科学属性》一文中提出"会计是人们从事管理的一种活动"。另外，1982 年，林志军从会计方法不等于会计工作，会计人员的决策和决策建议先于最高管理者的决策，马克思所讲的"控制"是指对生产、流通、分配和消费各个环节的管理活动等几个方面论述了这个观点。

（二）"会计管理"概念的提出

1982 年，杨纪琬和阎达五在《论"会计管理"》中正式提出"会计管

---

① 中国会计学会. 中国会计研究文献摘编（1979 – 1999）：会计基础理论卷［M］. 大连：东北财经大学出版社，2002：17 – 37. 下文引用的原话如果没有单独标注就是引自本文献摘编。

理"（是指专门论述这个概念之意。实际上在 1980 年二位就已经提出这个概念了并得到一些专家如黄寿宸等的支持），并通过以下观点论证了会计管理概念：相对于生产活动而言，会计属于管理范畴；会计人员是管理人员之一，会计管理是会计人员进行的管理，会计职能是通过会计人员的工作实现的，世界上并不存在离开会计人员的会计，不能把单、证、账、表和教科书上的计算方法看作是会计的全部；处理数据和加工信息本身也是管理工作；会计具有社会属性；会计包括"反映、监督（控制）以至于预测、决策等管理职能"；存在于人类社会几千年的会计都应该看成一种管理工作（或管理行为、活动）；要摆脱传统观点的桎梏，按照马克思主义和现代管理理论，紧密结合会计工作实际来研究和把握会计这种管理工作的特点及其规律；财务会计、管理会计的划分是会计管理职能的分工不同；对会计的认识与研究应破除"终极论"的观点。笔者认为，该文是会计管理理论发展上非常重要的文献，要言不烦，言简意赅，含义丰富，几乎包含了会计管理理论未来展开的所有重要的"基因"。

（三）会计管理概念的初步完善

杨纪琬和阎达五 1984 年在《"会计管理"是一种价值运动的管理》中提出，价值运动在社会主义经济中表现为资金运动，价值是商品的基本属性，货币是价值的表现形式；价值管理的计划、决策、控制、考核和信息反馈等职能的实现均有财务会计人员参与；会计管理是一种价值管理，是价值管理的重要形式之一。

1984 年，杨纪琬单独在《关于"会计管理"概念的再认识》①中进一步表达了以下观点：会计工作和会计学是实践和理论的关系，是两个紧密联系而又互相区别的概念，会计主要是指会计工作，是一项实践活动，会计学则是一门学问，会计学不等于会计；经济管理的最初形式，就是计数、计量、计算；会计工作渗透到生产技术的各个领域和经营管理的各个环节；"信息时代"使会计的预测、决策、控制、监督成为会计的主要职能；内部经济责任制与企业会计管理体系紧密相关；会计管理是一种综合性的管理，和其他经济管理都有十分密切的联系；会计管理不同于管理会计，"会计管理"是对全部会计工作的定性。

---

① 杨纪琬. 社会主义会计理论建设 [M]. 北京：中国财政经济出版社，1988：155－165.

这些观点从会计概念的本质、会计的产生发展、会计的职能、会计管理的特征等方面进一步完善了"会计管理"概念，尤为重要的是，其论述了会计管理是财务会计和管理会计的融合。

（四）小结

以上主要包括以下几点：会计是会计工作，会计具有社会属性，会计管理是会计人员进行的管理，会计管理的对象是价值运动，处理信息也是管理工作，会计管理的职能主要是预测、决策、控制、监督，会计管理具有综合性和渗透性，会计管理不等于管理会计，而是对财务会计与管理会计全部会计工作的定性等。至此，会计管理理论的开拓者从会计的本质、属性，会计管理主体、客体、手段，会计管理的职能，会计管理的特点等方面初步建立起了会计管理的概念，该理论和概念的提出是我国本土会计理论研究方面的巨大突破和创新，对繁荣我国会计学术研究、促使会计理论创新、推动会计政策法规制定和会计实践起到了极大的促进作用。由于当时文化、技术、理论、知识水平的局限，内在机理分析不够细致和透彻，除了马克思主义哲学原理外，缺乏严谨的具体科学理论支撑，最关键的问题是没有解释清楚会计与决策的内在关系，这也成为信息系统论批判管理活动论的焦点。

二、概念深化和稳固阶段（1985～1996 年）

（一）价值管理概念的争论（1985～1987 年）

1985～1987 年，伴随着会计管理与财务管理关系的讨论，人们重点分析了会计的价值管理与信息处理，进一步明确了会计管理是对价值的管理。

1. 信息管理的提出。1985 年，杨雄胜提出会计管理的基本特征是运用连续综合的经济信息而实现对会计单位的经济活动的全面系统管理和控制，并提出了"价值运动信息"的概念，进而以狭义"价值"概念为基础，认为价值管理不是会计管理的本质，主张现代意义上的会计管理应该是一种经济信息的管理，是运用连续综合的经济信息而实现对会计单位经济活动的全面系统管理。

1986 年，陈毓圭提出财务活动就是一种物质变换活动，是一种实体运动，财务管理是对这种实体运动的管理，会计管理就是一种以信息变换为特征的控制活动。

同年，葛家澍、李翔华提出若把会计看作是会计管理，那么只能是对经济信息进行的管理。

显然，以上所谓信息管理实际上包括两种观点，杨雄胜和陈毓圭认为会计管理是利用信息对经济活动进行的管理，而葛家澍和李翔华认为如果会计是管理，那只是对信息进行的管理，二者本质是不同的，前者支持会计管理活动论，后者支持信息系统论。

2. 信息管理与价值管理的争论。经济信息的管理、以信息变换为特征的管理和对经济信息的管理合起来造成了对价值运动管理的冲击，会计管理是信息管理还是价值管理？1986 年、1987 年、1988 年的《会计研究》发表了数篇文章反映这种争论，中间还有使用价值管理与价值管理关系的讨论，深化了对价值管理与信息管理关系的理解。

1986 年，王正德在《会计研究》第 4 期上发表的论文《也谈财务管理与会计管理的区别》中重申会计管理是一种价值管理，是以观念货币为手段，对企业经营活动全过程进行预测、决策、计划、核算、分析、考核等一系列管理活动，会计管理是一项全面、综合的管理。此论没有说清管理手段与管理对象即观念货币与价值运动的关系，没有说清价值运动的客观性。

1986 年，杨传茂、杨雄胜在《会计研究》第 6 期上发表文章，指出应该用物流与信息流概念替换实物运动与价值运动概念，进一步就是用信息管理替换价值管理，坚持会计管理是信息管理的认识。这实际上是把信息与价值混为一谈了，虽然价值要（通过货币计量）用信息来反映，也只能（通过货币计量）用信息来反映，但是反映与被反映的对象毕竟是不同的，反映是一个过程，而且有可能失真。价值运动才是会计管理的对象，信息是对价值运动管理的手段。

1987 年《会计研究》第 1 期，登载陈毓圭、李国中、权锦兰、张安明的文章《价值运动与会计管理》，提出会计正是通过价值信息的变换，指导使用价值信息变换，参与价值管理的一个参谋管理部门，明确了会计管理是一种参谋管理；同时作者也提出会计管理是一种以信息和信息变换为基本工作内容的间接控制或间接决策，信息变换包括信息的收集、加工、分析、解释和报告。该理论既没有说明信息和对象的管理关系，也没有说明会计信息处理过程会计行为、会计准则的作用，把信息的管理表面化、形式化了。

3. 会计价值管理概念的进一步明确。1987 年《会计研究》第 3 期，凌志雄发表题为《财务管理与会计管理质的探讨》，从会计的职能、会计的量度、会计管理的内容三方面说明了会计管理的实质就是以价值运动为对象，对以一定货币量表现的价值量的管理。

通过这种争论，厘清了信息管理与价值管理的关系。相对正确的观点是价值管理是客体，信息处理是手段。但是，作为会计工作的一部分，会计管理中包括对信息的管理。

我们认为经济活动的本质是社会再生产活动，再生产活动是价值运动与剩余价值运动的统一，在商品货币经济时代，通常用货币表现价值，会计处理的信息是货币表现的价值运动信息，会计以货币为主要计量手段，表面看起来是处理和传递货币价值（价格）运动信息，背后是价值运动信息，价值运动的载体是使用价值运动，二者不可分割，价值运动和使用价值运动的统一体是经济活动，更本质地说是社会再生产活动。价值运动、货币表现的价值（价格）运动、货币表现的价值（价格）运动信息都只是局部的表现，但是三者具有逐级还原和综合关系——这也是会计可以全面综合反映和层层进行会计分析的根源。相对来说，价值运动比信息运动更接近会计的本质，由于历史条件的局限，本阶段仍然没有具体解释清楚内在机理和信息与决策的关系。

（二）会计管理理论体系的初步设想（1988～1991 年）

厘清基本概念后，会计管理活动论开始进入构建理论体系阶段。从公开发表的文章看，中国人民大学在 1988 年前后似乎形成了一个研究会计管理体系的高潮。下面结合《中国会计研究文献摘编（1979－1999）：会计基础理论卷》和《阎达五文集（上、下）》[1] 作一概要回顾。

1. 1987 年，阎达五、龙涛发表《责任会计单独成科刍议》[2]，提出我国会计学科应该分成预测决策会计、责任会计和对外报告会计，分别对应事前管理控制、事中管理控制和事后管理控制。该理论从事前管理、事中管理、事后管理角度推论得出了企业会计管理学科体系。

2. 1988 年，阎达五、陈亚民先后分别发表《会计管理理论的框架结构》（《经济理论与经济管理》，1988 年第 5 期）、《关于会计管理理论建设的初步设想》（《财会探索》，1988 年第 8 期），提出了会计管理循环，包括事前计

---

① 阎达五. 阎达五文集 [M]. 北京：中国人民大学出版社，2004.
② 阎达五，龙涛. 责任会计单独成科刍议 [J]. 财政研究，1987 (11).

划、事中控制和事后报告分析三个阶段，分别包括会计预测、决策和预算编制，会计计量和会计控制，编制报表、效益评估和原因分析八个环节，形成与资金循环紧密结合的封闭的会计管理循环，每个环节都可以单独对外、面向对象。例如，预测表、决策分析报告以及报表分析报告需要及时送给企业领导层及有关职能部门，分阶段、分部门的会计预算和差异分析表应送交生产经营部门，而会计报表除企业内部使用外，还需定期送交与企业有关的部门或机构，前后周期还可以重叠。

3. 1988 年第 8 期，《财会通讯》发表阎达五、陈亚民的文章《论会计管理循环》，进一步概括了上述循环过程理论，说明了管理与核算、管理与计量、大循环与小循环①、大控制与小控制、开放与封闭的关系。例如，在大循环中，会计预测又包括资料收集、数据整理、确定模型、作出判断这样一个小循环，如何计量取决于管理目标。会计计量是会计管理的基础工作，它不仅要为编制对外报告提供数据，同时要为适时控制提供信息。对外报告的编制完全有可能建立在内部核算的基础之上。

以上论述从会计职能角度确立了会计管理的程序和方法体系，发展和完善了会计管理职能的思想。

4. 1989 年，阎达五、陈亚民进一步解释了会计管理体系，指出会计记录本身就是一种基础管理工作，会计预算和资产盘存的记录，是对财务活动直接的控制和对资产的直接管理。现代会计管理已经形成了从预测、决策、预算、计量、控制、报告到分析这一完整的会计管理循环过程，形成以责任中心为单位的分层管理结构，从而产生了一个完整的价值管理体系。会计管理要素包括管理者（及管理机构）、管理目标、管理方法（或方式）、管理手段及工具、管理客体（或管理内容）。这是一个更加完善的会计管理程序和方法构想，包括了时间上前后衔接的管理循环和空间上层层管理的体制。

这些设想和观点的提出，既有理论依据，也有现实可行性，为会计管理理论的发展作出了重要贡献。会计管理结构和循环的设想成为后来《会计管理学基础》的理论基础。其缺点是没有从逻辑上把会计主体、方法和客体的

---

① 张瑞君在其博士论文《网络环境下的会计实时控制研究》（2002）指出："事中管理是从会计计量到会计控制，即把计量的结果与预算的标准进行比较对照，形成一个小循环，以完成适时控制的要求。"另外，在阎达五、李百兴的《会计管理学基础》中把会计核算循环看作会计管理循环的小循环。

关系说明清楚，也没有分析各层次责任会计系统与会计管理循环的关系，而且，这种管理循环也比较复杂，有职能列举的痕迹，容易造成歧义，还可以继续简单化。

（三）会计管理概念的进一步巩固与深化（1992～1994 年）

1992 年、1993 年，向德伟、王世定在《会计研究》上分别发表文章《运用哲学观点深化会计本质的认识》（1992 年第 6 期）和《"管理活动论"的哲学基础》（1993 年第 4 期），尝试把"会计管理活动论"建立在马克思主义哲学基础之上。

向德伟（1992）在《运用哲学观点深化会计本质的认识》通过现象和本质的关系说明了会计的本质是管理活动。他认为信息系统是会计的现象，经济管理才是本质，信息系统是"会计管理的内在本质在形式上的必然反映"，从事物的现象到本质总是存在一个理性思维的过程。会计工作的组织、会计制度的设计、会计方法的选择、会计工作的管理体制、会计法规的制定颁布都深深地打上了管理的烙印，会计管理是对再生产活动以信息为中介进行的间接管理和价值管理，是"管理科学"大家庭的一员，具有与其他管理相同的特征。

王世定在《"管理活动论"的哲学基础》一文中，基于信息论提出：会计是一种通信系统，是一个人的思想影响另一个人的思想和行动的过程；会计不是人的身外之物，而是由人直接参加的，按预定目标管理控制生产过程的一种实践活动；会计管理的对象是再生产活动；认识世界的目的是改造世界，在实践论和认识论框架内，指出过程控制起主导作用；会计反映的目的和终点是影响人的行为；会计是一个开放系统，会计主体与客体的对立统一推动会计的不断发展变化。作者还以辩证法的观点论述了会计管理主体和客体、反映和控制、技术性和社会性的关系，在更广阔的背景下，突破了会计管理的一些传统认识。

在哲学框架内说明会计管理问题，使会计管理理论更深刻、基础更扎实，对会计概念的认识也更概括、更普遍，尤其是王世定把会计管理的概念定义为由会计主体通过会计信息影响再生产过程中的其他人的思想和行为的过程，详细分析了主体和客体、反映和控制、技术性和社会性的辩证关系，这些都切中了要害和实质，更为深刻和透彻。按照预定目标对再生产活动进行管理、控制的观点包含了管理会计中的预算管理和管理理论中的目标管理和控制程序的思想，是融合了财务会计与管理会计的更一般意义上的会计，进一步明确了财务会计与管理会计融合的观点。

1994 年，张兆国、杨淑贤、彭光东发表在中南财经大学学报第 3 期的论文《会计理论研究中的若干问题——兼论"会计管理活动论"》进一步明确：会计的本质是一项经济管理活动；会计管理包含财务管理；会计的主体是"会计人"，既要加强对会计客体的管理，也应该研究并加强对会计人员的管理；会计既有技术性也有社会性；会计的发展既要与国际接轨也应注意保持并发扬中国会计特色；中国特色会计理论体系就是服务于社会主义市场经济发展的会计理论方法体系，建立并实施以事前决策和事中控制为重点的经营管理型会计。至此，会计管理概念的各主要要素基本形成定论。

（四）会计管理中心论的提出完成了对会计管理概念的阶段性认识（1996 年）

1996 年，《会计研究》围绕企业管理模式问题发表论文，主要包括：《企业管理的财务导向模式》（《会计研究》1996 年第 5 期，汤业国）、《财务管理中心论》（《会计研究》1996 年第 7 期，潘经民）、《会计管理中心论》（《会计研究》1996 年第 7 期，潘慧彬）、《会计中心论》（《会计研究》1996 年第 8 期，张文贤）。

汤业国从财物形象是企业形象、财务目标是企业目标、提高财务人员地位、创造金融利润、维持良好财务状况等方面论述财务导向的企业管理模式，潘经民从决策、风险控制、监督等方面都需要财务管理论证了财务管理的中心地位，以上二者所谓财务管理中心论都强调了财务信息和财务指标的重要性，与会计管理中心论有交叉。潘慧彬作为企业界人士从预算管理、成本管理、责任会计、资金管理、电算化会计、人力资源会计、质量会计、决策会计等方面论述了会计管理的重要性，主要是强调了价值管理的基础和中枢（纲）地位以及会计管理的综合性和渗透性特征。张文贤通过解剖鞍钢的经验，从实践角度提出了我国企业管理以责任会计为模式的重要性，提出了以责任会计模式进行组织再造理念。

值得注意的是，会计中心论的提出引起了不少人响应，在 2000 年以前，曾经形成一个不大不小的热点话题。"会计管理中心论"的提出与研究，稳固了"会计管理活动论"的地位，扩大了"会计管理活动论"的影响，加深了对会计管理的认识，但是，"会计管理是一种综合性的管理，和一切其他经济管理都是十分密切的联系"，① 会计管理具有综合性和间接性的特点，这与会计管理"中心说"是有很大区别的。

三、会计管理新领域拓展和体系建设阶段（1997~2004 年）

（一）会计管理领域的拓展

下文主要依据中国人民大学和中国财政科学研究院的研究成果，梳理会计管理活动论的新发展。

1. 行为会计：微观方面。行为会计是"行为科学"管理理论与会计相结合的产物，行为会计与我国的会计管理活动观具有深刻的联系，因为会计管理活动论把人的因素纳入会计系统，会计管理活动也可以理解为会计管理行为。早在 1997 年，王世定等发表在《会计研究》第 4 期的论文《行为会计研究——对会计工作秩序和邯钢经验的行为分析》就认为投资者、债权人、经营者、生产者等都是社会再生产过程的主体，"会计不仅影响和控制社会再生产中的物质方面，它还要影响和控制处于这一过程中人的思想和行为，使他们进一步对再生产活动施加影响"。会计人是会计实践的主体，我们还应"研究实践主体的行为动机和行为能力，不断提高广大会计工作者的主体意识和业务素质"。

2. 价值链会计：宏观方面。价值链会计是阎达五于 2003 年首次提出的。提出后他以中国会计学会新领域专业委员会为依托，连续举办两次（2003 年 12 月和 2004 年 11 月）"价值链会计"专题研讨会，共收到 100 多篇论文，且多数已经发表，从而出现了价值链会计研究的高潮。②

阎达五认为，价值链会计与会计管理活动论有密切关系，他把价值链会计定义为："是对企业价值信息及其背后深层次关系的研究，亦即收集、加工、存储、提供并利用价值信息，实施对企业价值链的控制和管理，保证企业的价值链能够合规、高效、有序运转，从而为企业创造最大化的价值增值和价值分配的一种管理活动"。③ 他认为，价值链会计可以包容现代管理会计很多新领域，如价值链、供应链管理、经济增加值（EVA）、业绩评价体系、

---

① 杨纪琬. 社会主义会计理论建设［M］. 北京：中国财政经济出版社，1988：165.
② 李春友. 价值链会计研究综述［J］. 湖南冶金职业技术学院学报，2005（6）：128 - 130.
③ 阎达五. 价值链会计研究：回顾与展望［J］. 会计研究，2004（2）：3 - 8.

作业成本计算和作业管理、平衡计分卡、精益制造思想等，可以更好地实现会计价值管理的目的，可以成为构建"会计管理"理论框架的新依据。

"价值链会计"是"会计管理活动论"为中国会计研究作出的重大贡献，具有深远的历史和现实意义。它发展了会计管理客体即价值运动理论，开拓了会计管理的发展空间，提高了会计管理理论的现实适应性。

（二）会计管理理论体系的建设

2001 年，广西大学会计研究所杨秋风在《广西会计》2001 年第 7 期发表文章《中国特色的会计理论是管理活动论》，他认为，会计管理活动论是中国特色会计理论与实践的集大成者。会计的目标是"加强管理，提高效益"，比西方的"受托责任""决策有用"有用得多，会计管理活动论的会计技术性和社会性两重属性也比信息系统论的技术性更贴近现实，会计管理活动论讲究与经济环境的适应性比信息系统论的先进性更优越；管理活动论定性、定量、组织管理三大部分构成的理论体系是中国特色社会主义的产物。该研究将会计管理活动论观点概括为中国特色会计理论具有深刻的理论意义，为建立中国特色会计理论体系奠定了基础。

2003 年 1 月，阎达五、李百兴编著的《会计管理学基础》在已有研究的基础上，包括了会计事前管理、会计事中管理、会计事后管理和会计组织机构四篇，前三篇合起来包括了预测、决策、预算、预报、核算、控制、分析、业绩考评八个环节的会计管理循环，第四篇包括会计机构和会计人员、会计管理规范两节。笔者认为，该书最大的特点是以价值管理为主线，把财务会计、管理会计甚至财务管理有机融合起来，并把会计主体和会计规范包含在内，每一个会计管理环节又包含了许多方法，并与会计对象紧密结合，使"会计管理活动论"初步形成一个完整的框架。

但是，该书没有把会计主体（会计组织和会计人员）、客体与手段结合起来，也没有涉及企业各个层次的会计管理程序循环的应用，会计管理循环的各个环节并不是单一的职能，这种管理循环的一些职能还可以继续"还原"，例如，"控制"就是一个典型的复合职能。并且，管理就是广义的控制，实际上，整个会计管理循环都可以看成一个大的控制循环，此控制与彼"控制"什么关系呢？"控制"又包括哪些环节呢？这些都没有作出说明。"核算"其实也是一个复杂的概念或者是一个不太明确有待"还原"的职能，"考评"列入会计管理循环，作为会计的一个独立的职能目前也不容易接受，整个会计循环还可以继续归并、抽象一下，但是不易作事前、事中、事后的归并和概括，因为"事"也是一个没有明确定义的概念。

2004 年第 2 期《会计研究》上，阎达五又提出以"价值链会计"为基础建构新的适应时代发展的"会计管理"理论框架，即"以强化价值管理为主线，分别沿空间和时间两个维度重构会计管理框架。在空间维度上，把原来的以单一企业形式存在的会计核算主体扩展为以价值链联盟形式存在的会计管理主体，把原来的以货币为计量手段的各会计核算对象扩展为以价值链形式存在的一切可以量化的会计管理对象。这样，会计管理的视角就大为扩展，财务信息和非财务信息就统一为价值信息。在时间维度上，以会计实时控制为核心，以管理过程的时间序列为依据，分别以事前管理的统筹规划、事中管理的实时控制和事后管理的分析考评为内容广泛开展全方位、全过程的会计管理"。①

这种体系的安排，把价值链管理纳入了系统，提出了实时控制技术，适应了会计管理的新发展，财务会计与管理会计的理论与方法在"价值链会计"概念上进一步融合起来。但是，关于会计管理的职能仍然有待进一步简单化，采用更简洁的循环模型，这种结构也有待进一步细化。

四、回顾反思与新发展（2004 年至今）

（一）回顾反思

20 世纪末 21 世纪初，会计理论界和实务界开始了对会计研究的回顾和展望，郭道扬、刘玉亭、王光远、谢诗芬等都发表了不少回顾性文章，到 2008 年 7 月，湖南长沙还举办了一个"改革开放 30 年中国会计发展与创新研讨会"，这些回顾性文献不乏对会计管理活动论、会计信息系统论论战的回顾，普遍倾向于二者各有合理之处或二者各有侧重。

在许多人认为财务会计侧重于提供信息，管理会计侧重于管理二分法的情况下，2005 年，王勇志反思了中美两国会计本质论述的不同观点以及美国财务会计准则的产生过程，从会计的本质先于会计目标、会计目标受制于环境角度论证了财务会计的本质是"以货币为计量尺度，通过一系列方法和程序来反映和控制单位经济活动以认定和解除受托责任的一种管理活动"。商

---

① 阎达五. 价值链会计研究：回顾与展望 [J]. 会计研究，2004 (2)：3 - 8.

思争（2007）也认为，财务会计是一个通过确认、计量来进行产权和利益界定的社会性管理过程。黄曼远（2014）认为，财务会计和管理会计的目标都是企业效益最大化、反映和保护产权关系，只是分别从内部和外部实现而已，并认为会计管理就是通过预算进行的管理。

2006 年，刘金星、赵学梅在《价值链会计：信息论与管理活动论的融合》① 一文中，进一步探讨了会计的价值链管理问题，在价值链管理的具体应用中进一步探索、创新了会计管理论的主要观点。其核心观点实际上是将会计的信息反映职能与会计管理职能通过信息系统融合起来，实现信息链、资金链、作业链三链合一；信息反映职能应强调相关性；会计人员在信息的反映过程中，应及时做出管理行为；信息反映既要注意发现机会也要注意发现风险。在价值链管理中，应强化会计人员的管理及其团队合作。

2011 年，曾雪云在《上海立信会计学院学报》第 6 期发表《会计管理活动论的理论涵义——回顾、重述与展望》，对会计管理活动论的产生、发展和演变做了简略回顾，对会计管理活动论的基本内容和特色做了新的解读，认为会计管理活动论所主张的对内管理和社会职能对目前会计理论和实践仍然具有重大意义，作为本土原创性的会计理论理应引起中国学者的重视，未来应把企业的长期发展作为会计的目标，应注重财务会计的管理有用性，建立内部会计报告的定期披露制度。

（二）会计管理活动论新发展

1. 属性维度的新发展。按照会计管理活动论，会计具有技术和社会两种属性，随着理论和信息技术的发展，会计管理活动论在这两个维度上都得到新的发展。

在社会属性维度上，随着夏恩·桑德（Shyam Sunder）《会计与控制理论》中文版（2000 年）的出版发行，国内出现了一些基于企业契约理论探讨会计职能的论文，会计的社会属性更多地表现为契约属性。罗莉、施飞岖（2008）认为，会计是通过利益相关者关系管理创造价值的。② 张林云（2007）认为，"会计在很大程度上反映着人在经济活动中的全部意志和精神"，会计是契约，"会计的本质是要素持有者所要求的价值集"，"会计积极

---

① 刘金星，赵学梅. 价值链会计：信息论与管理活动论的融合 [J]. 价值工程，2006（1）：46-48.

② 罗莉，施飞岖. 从系统论看关系型会计信息系统 [J]. 会计之友，2008（6上）：86-87.

参与到企业的各种契约中，就是为了改善目前各要素持有者的价值状况"。①
刘丽娜（2008）分析了会计作为契约中介的契约维护职能和会计回归企业接
受经营者控制的管理职能后，认为在经营者控制下，会计的地位、角色应为
后者，会计主要应该满足企业内部管理需求，起到管理协同效应。② 郭敏
（2006）认为，会计准则是一种集技术契约、经济契约和政治契约于一体的
契约混成体，闵泽豪等人（2010）认为，会计准则是社会契约。③ 财务会计
概念框架当然也是一种不完全契约（李南海，2017)④。田昆儒（2012）认
为，"会计本质是以企业财产权利为基础的各种契约集合体，会计工作的空
间范围由'会计契约'构成，会计工作的任何秩序均来源于契约"。⑤ 刘昱
含、周密（2013）认为，会计计量属性选择也是一种契约，在契约关系比较
简单时，人们选择历史成本计量，在契约组成与契约关系复杂时，人们选择
公允价值计量和实物计量。⑥ 基于企业的利益相关者契约理论，席龙胜
（2013）认为，企业的会计目标应定位于为各利益相关者契约主体提供信息，
目的是保护利益相关者的权益，实现公平与效率的统一。⑦ 会计契约论将企
业契约、产权和利益相关者权益纳入会计管理和控制范围，其实就是会计社
会属性、实践活动论以及物质利益关系管理观的表现。

　　会计从产生以来就与信息技术密不可分，"大智移云物区"等现代信息
技术的出现，将会计信息提供与会计管理控制活动融合在一起，提升了会计
反映和控制管理的质量和效率，而且增强了会计的管理职能，大家普遍认识
到了会计管理职能的重要性，也为会计管理活动论赋予了新的含义（叶康
涛，2020）。从新技术对会计管理活动论影响角度看，李闻一等（2018）提
出"智慧财务"概念，认为智慧财务是基于新商业模式，采用现代信息技
术，实现结构化和半结构化会计工作的自主数据处理，提供非结构化会计工

---

　　① 张林云. 契约理论下会计本质的探讨［J］. 南京财经大学学报，2007（4）：53－55.
　　② 刘丽娜. 会计人员角色定位研究——基于契约视角的分析［J］. 山东社会科学，2008（8）：
103－105.
　　③ 闵泽豪，乔永波，任艳丽. 会计准则的社会契约属性分析［J］. 财会通讯，2010（28）：
31－33.
　　④ 李南海. 基于不完全契约视角的财务会计概念框架剖析［J］. 财会月刊，2017（13）：8－14.
　　⑤ 田昆儒. 再论会计契约：基于产权理论的会计本质考察［J］. 企业经济，2012，31（6）：5－10.
　　⑥ 刘昱含，周密. 会计计量演进：基于契约理论的视角［J］. 湖南科技大学学报（社会科学版），
2013，16（5）：111－113.
　　⑦ 席龙胜. 会计目标重构：基于企业利益相关者契约理论［J］. 财会通讯，2013（12）：15－
17，57，129.

作的智能决策支持，实时为企业的预测、管理、决策和规划提供数字服务，为内外部利益相关者提供信息服务的共享系统。① 傅元略（2019）提出了"智慧会计"概念，即将内部报告系统设计、管控系统设计、决策支持系统设计以及财务决策纳入会计智能体的知识库和规则库形成新会计理论体系进行研究。② 杨周南（2020）提出了"智能会计"概念，认为"智能会计"是基于智能化环境以会计管理活动论为理论基础对各主体的价值运动进行智能化管理的一种经济管理活动。王爱国（2021）同样认为"智能会计"是一种智能管理活动。③ 从应用方面来看，近年来也出现了基于会计管理活动论的云计算下的集团公司预算管理体系构建（谭函梅，2016；祁金祥，2019）④⑤、云计算下中小企业投资决策系统框架设计（张雪伍等，2019）⑥、基于大数据云计算的成本管控系统（于海燕等，2017）⑦、财务共享中心费用管控系统设计（程平等，2016）⑧、财务共享服务中心货币资金管理（程平等，2016）⑨等文献，有的实行计算机自动比对控制，有的实行人机结合控制。

2. 会计管理领域的扩展。

（1）战略管理活动论的提出。张继德、朱浩云在 2006 年中国会计学会年会上发表论文《会计是一种战略管理活动》，文章从会计史梳理中得出经济发展环境、会计理论和技术手段三个要素推动会计的发展，基于此，我们认为会计职能经历了由核算手段到提供会计信息、进行管理活动、再到战略管理活动的发展趋势，认为在价值链管理的背景下，会计是一种战略管理活动。

---

① 李闻一，李栗，曹菁，陈新巧. 论智慧财务的概念框架和未来应用场景 [J]. 财会月刊，2018（5）：40–43.

② 傅元略. 智慧会计：财务机器人与会计变革 [J]. 辽宁大学学报（哲学社会科学版），2019，47（1）：68–78.

③ 引自王爱国2021年1月26日在中国CFO发展中心（CFODC）主办的中国企业财务管理大师布道会上的发言《财务智能化转型中CFO对关键环节的把控》。

④ 谭函梅. 大数据+云会计视角下企业全面预算管理构建 [J]. 财会通讯，2018（29）：88–91.

⑤ 祁金祥. 云会计下企业全面预算管理构建探究 [J]. 财会通讯，2019（14）：91–95.

⑥ 张雪伍，李艳平. 大数据时代基于云会计的中小企业投资决策 [J]. 会计之友，2019（8）：125–129.

⑦ 于海燕，戴军，高金龙. 恒鲜源公司基于云会计的成本管控 [J]. 财务与会计，2017（12）：56–57.

⑧ 程平，赵敬兰. 大数据时代基于云会计的财务共享中心费用管控 [J]. 会计之友，2016（12）：134–136.

⑨ 程平，陈珊. 基于云会计的财务共享服务中心货币资金管理 [J]. 会计之友，2016（12）：129–132.

（2）会计治理职能研究。随着经济社会矛盾的复杂化，企业、政府乃至国家、全球治理问题逐渐突出，由于会计本身具备的管理功能，会计的治理功能逐渐进入人们的研究视野，并形成若干研究成果。

夏玺琳、张月仙（2005）从公司治理和公司管理角度分析了会计在所有者对经营者、经营者对生产经营活动的控制，认为目前我国的会计控制主要应强调经营者对生产经营活动的控制，而不是会计治理。刘慧凤、盖地（2006）从企业既是经济主体又是会计主体的命题出发，分析了各种类型企业的治理结构，认为公司会计治理是一套会计决策权、会计执行权和会计监督权及相关会计责任的制度安排，强调会计治理体系内部的分权制衡和整个会计治理体系对经营活动的控制。郑春美（2005）认为，财务会计通过提供信息促进外部监督促使企业提高经济效益，管理会计通过各种管理工具、参与决策提高经济效益；会计政策通过财富分配影响治理结构；会计信息披露为公司治理机制中的激励、监督和约束等机制的建立与实施提供基础条件；财务会计的信息披露也是一种缓解代理问题的交流沟通机制。姚文韵、崔学刚（2011）认为，会计绝不仅仅是提供会计信息，而是具有治理职能的，他们分析了从会计信息质量控制，到解决代理问题的契约有用性，到契约有用性与事前事后决策有用性兼容，再到通过会计制度促进经济发展层层递进的四种治理职能和机制，最终认为会计治理职能是在一定的市场和制度框架下会计的治理要求体现功能与治理改善功能。田昆儒（2019）认为，"现代会计本质是由会计核算、会计管理和会计治理相互联系、相互制约共同构成的一项完整的管理活动，可称为'三位一体'的管理活动（广义管理活动，或称广义管理系统）"，并从会计治理主体、内容、目的、方法、特点等方面进行了探讨。[①]

陈志斌、李敬涛（2015）探索了政府会计治理效应的实现机制，认为政府会计通过声誉引导效应、评价反馈效应、监督约束效应实现对权力的约束与制衡；政府会计信息披露促进政府间的沟通、协调、监督与制衡；政府会计通过信息公开，强化社会舆论的治理矫正功能；政府会计披露的相关财务指标是外部对政府绩效评价的基础；自然资源资产负债表的编制和披露有利于公民对政府的监督、政府的责任履行和政府的决策。李敬涛、陈志斌（2016）还提出政府会计的完善能够丰富和完善国家治理"合法性"与"法

---

① 田昆儒. 现代会计本质研究：基于理论与实践的再认识［J］. 商业会计，2019（3）：4－8.

治"的理念内涵。政府会计通过推动政府治理透明，进而推进国家治理透明。政府会计通过评价责任履行状况，提升国家治理的"责任性"；通过提供信息公开，强化国家治理的"回应性"；通过问责约束效应保障国家治理的"廉洁"性。政府会计通过信息公开提升多元主体"参与"国家治理的可能性。政府会计通过规范权力运行、优化权责分配、完善资源配置，来提升国家治理的"公正"性。政府会计对国家"稳定"治理发挥着基础性的信息效应。

（三）小结

以上主要以《中国会计研究文献摘编（1979－1999）：会计基础理论卷》上讨论"会计管理活动论"的文章以及中国人民大学和财政部财政科研所发表的文章为线索，结合 1999 年后发表在会计学术刊物上的相关研究文献，试图整理出"会计管理活动论"的发展脉络。概而言之，各学者研究方法、研究对象、前提不同，得出的结论也不尽相同，但是以下几个方面是共同的："会计管理活动论"认为，会计是有人参加的、按预定目标对再生产过程进行的管理活动，是一种综合的管理，正如杨纪琬所说，会计什么都管，什么都不管，即会计管理具有综合性和间接性的特点，会计管理的职能是反映和控制，会计的属性包括技术性和社会性，会计的目标是改善管理，增进效益。

第二节 "会计信息系统论"观点综述

一、我国"会计信息系统论"观点概述

在我国最早明确提出"会计信息系统论"的是著名会计学家余绪缨（1980 年），提出后得到葛家澍教授的支持和响应，二人遂成为该学派的主要代表人物。但是，在讨论中，还有其他学者提出不同的对"会计信息系统论"的看法，所以，信息系统论观点也不完全一致，下面主要根据《摘编》上摘录的观点，按照"信息系统论"与"管理活动论"的联系程度分成三种，分别命名为"管理性的"信息系统论、"半管理性的"信息系统论和"纯粹"会计信息系统论，并按这种分类排序，为了尽量突出和描述各位作者的贡献，仍然按照作者（代表性作者）分段。

（一）会计信息系统论论点提出（20 世纪 80 年代）

1. "管理型"会计信息系统论。蒋义宏在《会计研究》（1984 年第 4 期）上发表论文《浅谈会计信息系统》，基于系统论原理认为会计是一个信息系统，具有以下几个特性：（1）目的性。会计信息系统是人们为了加强经济管理、提高经济效益而建立的一个以提供财务成本信息为主的信息系统。（2）可控性。强调该系统的工作由人加以操纵和控制，并将人作为操纵器和控制器系统的重要组成部分。（3）整体性。会计信息系统是一个整体，不同的账簿组织与不同的记账程序可以组合成各种形式的会计信息系统。（4）层次性。即会计信息系统属于管理系统的子系统。会计信息系统从微观经济方面来说，从属于企业经营管理系统（企业会计），从宏观经济方面来说，从属于国民经济管理系统（社会会计）。它是管理系统的一个子系统。（5）规定性。信息流动如凭证传递，登记账簿按一定程序进行，信息处理如会计资料的记录、分类、汇总、分析和解释按会计制度或会计准则进行。①

本论属于"管理型"信息系统论，作者以系统论为依据论证会计信息系统是微观和宏观管理系统的构成部分，会计信息系统的目的是加强管理、提高经济效益。会计信息系统是由人控制的系统。该理论与管理活动论比较接近，但该理论没有认识到会计人员的主体地位，没有认识到会计信息系统还是要素持有者、会计主体意志和利益的产物，没有认识到会计的社会属性，而是侧重于机械的程序和方法系统，人也只是这个机械系统的一部分，是信息的控制器；作为信息系统论，该理论也没有说明会计信息与改善管理和提高效益的逻辑关系。

本论从语法角度论证了会计是一种信息处理和通信系统，并从语用角度谈到了会计信息传递过程是管理系统的一部分，但是忽略了语义信息还有利益分配和契约维护和控制作用，而且将会计与决策的关系定义为服务关系不符合事实。

2. "半管理型"会计信息系统论。

（1）"会计是旨在提高企业和各单位活动的经济效益、加强经济管理而建立的一个以提供财务信息为主的经济信息系统。它在企业和各单位范围内，主要用于处理价值运动（在社会主义条件下为资金运动）所形成的数据并产

---

① 蒋义宏 . 浅谈会计信息系统［J］. 会计研究，1984（4）：52 – 53，64.

生与此有关的信息，承担反映的职能；上述数据与信息的进一步利用，又能起监督、预测、规划和分析评价等控制职能。会计的上述两项基本职能，都有助于进行正确的经济决策和财务决策"。会计信息系统包括财务会计信息子系统、管理会计信息子系统和审计信息子系统（葛家澍、唐予华，1983），李翔华（1989）也认为会计信息系统的主要职能是提供信息，如果把利用信息也考虑进去，则会计也具有控制的职能。①

显然，以上观点既割裂了处理信息与使用信息的关系，也没有具体说明会计这个信息系统与经济管理和经济效益的逻辑关系，明确把会计定义为"经济信息系统"，更强调会计程序和方法的作用。

（2）会计是"通过客观而科学的信息，为管理提供咨询服务。会计部门是企业中的一个服务部门，会计人员在企业中居于参谋或顾问的地位；他们为企业管理部门正确地进行最优管理决策和有效经营提供所需的数据，但他们并不对企业的生产经营活动直接进行管理或决策。所以，会计只具有咨询或参谋的职能"（余绪缨，1980）。该论点虽然突出了会计人员的参谋作用，但是仍然没有研究会计数据与管理决策的关系，实际上割裂了会计提供数据与管理决策的联系，而且认为决策和直接管理是管理，会计只起参谋作用，只提供信息服务而不是进行管理。

上述两论属于"半管理型"会计信息系统论，主要表现为把管理与参谋分开，把信息处理与信息使用分开，把信息与管理分开，但该论考虑到了使用信息、管理并与经济效益联系起来，相对于前一种信息系统论来说，该论点逻辑性较强。

3. "纯粹"会计信息系统论。孙宇林（1985）详细解释了会计信息系统的构成，主要观点如下："（1）会计信息系统由凭证单元、账簿组织、报表体系、记账方法和加工处理手段所组成。（2）各个组成单元在加工处理数据过程中是紧密联系在一起的，它们既相互依赖又相互制约。（3）会计信息系统的主要目的是提供社会再生产过程中的生产、流通、分配、交换诸环节中的会计信息。（4）会计信息系统的外部环境是管理信息系统。（5）会计信息系统的组成单元都有各自的功能，该系统的整体功能是准确、及时地为管理提供所需要的会计信息"。② 显然，该论点实际上讲的是财务会计方法和程

---

① 李翔华. 会计基本理论 [M]. 北京：经济科学出版社，1989：35 – 36.

② 孙宇林. 论会计信息系统 [J]. 财会通讯，1985（8）.

序，即会计核算程序和方法，这是财务会计教科书的主要内容。

以上观点可以归为"纯粹"会计信息系统论，表现为完全不考虑会计是一种实践活动，完全割裂会计与管理的联系，割裂会计信息提供与会计信息使用的关系，只研究会计信息处理程序、方法，并把会计方法当作会计本身，从而使会计理论研究彻底脱离实践、脱离会计信息的目的，使会计程序、方法等成为僵死的教条。

（二）会计信息系统论的反思（20世纪90年代至今）

会计信息系统论认为会计的直接目标是提供财务信息，最初是提供财务会计报表及少量的附注，后来附注信息越来越多，并且增加了很多其他财务报告和非财务报告，会计信息系统论进一步的发展是财务报告披露内容逐渐泛化，边界越来越不清晰，引起了学界对财务会计本质和边界的反思。葛家澍教授在《会计研究》2003年第3期上发表《财务会计的本质、特点及其边界》，该文在财务披露越来越复杂、非财务信息越来越多、财务信息真实性与相关性尖锐矛盾的背景下，进一步明确了财务会计作为一门学科是历史科学，作为一项实务是一个信息系统，它的任务是为企业提供历史的财务信息。该观点后来被余恕莲、吴革明确表述为："'财务价值信息系统'是财务会计的本质。"[①] 董盈厚（2010）也坚持财务会计的边界是财务信息，坚持财务会计信息的纯粹性，[②] 未免有削足适履之嫌。葛家澍教授在提出自己观点之后，仍然提出自己的困惑，"究竟什么是财务会计的本质和特点？财务会计和财务报告的边界究竟在哪里？可否这样设想：第一，今后的财务会计是企业财务历史的报告和企业未来财务预测合二为一的一门创新学科；第二，今后保留财务会计的传统特色和作用，坚持可信性放在首位，同时发展另一门以相关性为主的新兴学科——财务预测"。这种基于学者良知的反思弥足珍贵，但也透露出财务会计的预测职能，实际上，我们认为，运用管理活动论，以上悖论是可以解决的。

余绪缨也指出了管理会计向管理进一步发展的趋势，提出管理会计的管理咨询和指导作用，进一步强调了管理会计人员在管理中的重要地位，[③] 并且认为管理会计师应从科学到艺术再到哲学，由技入道，提升自己的素质和

---

① 余恕莲，吴革. 论资本市场框架下的财务会计本质与边界 [J]. 国际商务，2005（1）：76－81.

② 董盈厚. 准则变革背景下财务会计有效边界的反思与构建——基于财务会计信息与税务会计信息比较的启示 [J]. 郑州大学学报（哲学社会科学版），2010，43（5）：67－72.

③ 余绪缨. 对管理会计师的职能及综合素质的认识 [J]. 财会月刊，1998（3）：3.

境界。① 葛家澍虽然对财务会计的本质和边界感到疑惑，却仍然坚持信息系统论，而余绪缨教授却在考虑管理会计更多地转向人在管理中的作用而远离了信息系统论。

谢志华（2017）认为，"会计是单位、组织管理活动的组成部分，是分工着的管理活动的某一特定职能领域"，管理会计也是"分工着的管理体系中的一个构成要素"，但在具体论证时，其强调管理会计是一个决策信息支持系统。② 张先治（2019）认为，管理会计的本质是满足管理需求的会计信息系统，管理会计信息系统由基于经营决策的会计信息系统和基于管理控制的会计信息系统两部分组成，但同时认为广义管理会计"是指基于会计的经营管理，目标是做好管理会计与用好管理会计的统一。既建立管理会计信息系统，又利用管理会计信息进行经营决策和管理控制"。③ 这种反思反映了管理活动论和信息系统论的交叉融合及学界在管理会计本质问题上的矛盾心态。

（三）会计信息系统论的发展（21 世纪初至今）

进入 21 世纪后，随着管理理论的发展，人们对管理会计反映和服务内容的认识逐渐深化。胡玉明（2001）认为，21 世纪的管理会计是围绕企业核心能力的培植与提升形成的一个独特的、超越传统会计的、全新的综合化信息系统。刘运国（2003）认为，管理会计是一个为顾客创造价值提供信息支持的信息系统；余恕莲、吴革（2006）认为，管理会计的本质是提升企业价值的价值管理信息系统；罗莉、施飞崎（2008）基于对价值链业务、管理和信息流的研究，认为在价值链管理中，会计就是资金流的管理活动与信息系统，同时也是进行关系管理的信息沟通和交流系统，会计通过"信息沟通与交流—关系网络—资金流—价值网络"实现关系管理创造价值的机制。作者虽然把会计界定为信息系统，但却是进行关系管理的信息系统，实际上把信息系统看成了手段，而关系管理才是目的，④ 信息系统论一旦应用于实际还是反映了会计的管理本质，但是没有分析透彻信息与管理的关系。

① 余绪缨. 认识、研究管理与管理会计的新视野："由技入道"论 [J]. 会计之友（下旬刊），2006（5）：4-6.
② 谢志华，程恺之，敖小波. 会计目标与管理会计的性质和体系 [J]. 财务研究，2017（2）：3-15.
③ 张先治. 论管理会计的内涵与边界 [J]. 会计研究，2019（12）：28-33.
④ 罗莉，施飞崎. 从系统论看关系型会计信息系统 [J]. 会计之友，2008（6上）：86-87.

进入 21 世纪后，学界还集中研究了管理会计报告问题（张先治等，2018；敖小波等，2016；杨克智等，2016），在"大智移云物区"等新技术的影响下，会计信息处理和传输效率大大提升，信息的信息处理和传递技术对会计信息系统的影响也逐渐进入学界的视野，基于会计信息系统论构建大数据会计核算理论体系与核算云端化流程（丁胜红，2019）①、业财融合（蔡昌等，2020；谢志华等，2020；王亚星等，2020）、财务共享（梁立，2020；孙克雨等，2020；杨寅等，2020）也让会计信息系统论在新技术下得到新生。但是，同样是新型信息技术的出现，也有人认为会计管理活动论得到了新的体现和价值（叶康涛，2020），或者说新技术的出现更加印证了会计管理活动论（杨周南，2020；王爱国，2021）。

在进入"大智移云物区"时代和国家全面重视管理会计背景下，随着信息需求的扩大化和 IT 技术的发展，会计信息系统论的一个重要发展是出现了基于信息技术的财务会计信息系统和管理会计信息系统融合的研究趋势和实践，后者如 ERP 等管理信息软件的大量应用，前者的文献综述见第三章，在此不再赘述。

二、国外"信息系统论"观点摘述

从 20 世纪 60 年代后期开始，在信息论和系统论引入管理领域后，美国一部分会计学者就在"信息系统是收集、加工、存储、输送信息的系统"的意义上，确定了"会计是一个信息系统"的观点，但是他们的侧重点、视角各有不同。

有人认为会计就是一个由客体要素构成的信息处理系统，"会计信息系统是由处理方法和程序所构成的整体，用以对企业单位的财务信息进行接受、确认、记录、处理、储存、报告以至最终归档或销毁"（《会计信息系统》罗宾逊，1986），② 或"会计信息系统是一个由业务凭证、记录、办事程序、管理政策、控制手段和处理方法组成的集合，用以把经济资料转换成有用的信息"。（《财务会计》伊弥地耶克，1987）③

有人认为会计是一个包括人并传递给人的信息系统，"会计信息系统是

---

① 丁胜红. 大数据会计核算理论体系创新与核算云端化流程重构［J］. 中南大学学报（社会科学版），2019（9）：99 – 107.

②③ 杨永平. 论会计控制系统［D］. 天津：天津财经学院，1990：11.

一个相对开放的系统，它包括人员、数据、软件、硬件，用以提供关于企业财务活动的及时、准确和相关的信息给企业内部和外部的信息使用者"。（《会计信息系统》拉曼哈拉地，1988）①

美国学者乔治·H. 波顿纳认为会计是一个人与物构成并为管理提供信息的一个信息系统，"会计是一种鉴定、收集、处理、汇编和分析经济资料的活动……会计信息系统（accounting information system，AIS）就是为了把经济资料转变为有用的信息而进行的人力、物力资源的综合。它为使用者进行编制计划和管理企业的经济活动提供了依据"。② 这种观点认为 AIS 的作用是为信息使用者编制计划和管理企业的经济活动提供信息，并且此信息系统包含了人力因素。

对会计信息系统论的经典定义是美国会计学会（AAA）在 1966 年纪念该学会成立 50 周年的论文《论基本会计理论》里提出的，其认为会计是"为了使信息使用者能够作出有根据的判断和决策而确认、计量和传递经济信息的过程"。③ 这种定义虽然认为会计是一个信息系统，但是它强调了会计是鉴定、计量、传输（历史和未来的）经济信息并借以影响经济决策的过程，会计信息系统不仅包含技术问题（信息真实传输），还包括内容（语义信息）、用途（影响决策），既有会计信息的生产也有会计信息的传输，并通过会计信息的传输把会计信息的提供和会计信息的应用联系了起来，应用会计信息进行决策和判断，决策变成行动就可以实现对经济活动的控制。AAA（1966）还认为"信息职能与决策职能之间的界限趋于模糊"，"会计人员作为管理者组织内不可缺少的一员参加管理"。这种会计观与诺顿·贝德福德（Norton Bedford）和鲍拉道尼（Vahe Baladouni）所定义的"通信论"有相通之处④，与管理活动论本质也是相通的。"美国会计学会对会计的定义深刻地影响着整个世界的会计学科的发展，从此之后，美国主流会计学论著基本上都采用该定义"。⑤

在会计信息与决策的关系上，1970 年，美国注册公共会计师协会

① 杨永平. 论会计控制系统［D］. 天津：天津财经学院，1990：11.
② 刘仲文. 会计理论与会计准则问题研究［M］. 北京：首都经济贸易大学出版社，2000：70.
③ 美国会计学会. 会计基础理论［M］. 文硕，等译. 北京：中国商业出版社，1991：72.
④ ［美］埃尔登·S. 亨德里克森. 会计理论［M］. 王澹如，陈今池，译. 上海：立信会计图书用品出版社，1987（12）：18.
⑤ 胡玉明. 中国管理会计理论研究：回归本质与常识［J］. 财务研究，2017（3）：14-21.

（AICPA）所属的会计原则委员会（AFB）在第四号公报《企业会计报表所依据的基础概念和会计原则》中，对会计所阐述的定义与 AAA 的定义相类似，其认为，"会计是一项服务活动，它的职能是提供有关一个经济单位的数量信息（主要是财务性质的信息），借以制定经济决策"，① 并直截了当地指出会计信息是为制定经济决策服务，而不仅限于为企业内部制定经营决策服务，会计被定义为提供信息的"活动"，但只是"服务活动"，会计处于从属地位，实质上仍然淡化了提供信息与经济决策之间的关系。

钱伯斯（E. J. Chambers，1974）认为，会计是"以会计系统的语言对观察之结果进行编码的过程，以及利用符号、报表和对结果进行破译及传输的过程"，② "它被假定为是联系信息来源或传输器（通常是会计人员）的一个处理过程、一个沟通频道、一套接受者（外部使用者）……按照对信息的反应以及使用信息的程度，信息传递者的行为甚为重要"。③ 这种沟通过程理论不仅与前述 AAA 的定义比较相似，而且更直接地把会计与通信、信息与行为联系起来，但是最重要的一点是该定义没有涉及沟通或通信的目的或目标，会计成了纯粹的通信技术。

1978 年，美国财务会计准则委员会（FASB）在第一号财务会计概念公报《企业会计报表的目标》上所阐述的会计定义是："会计是计量、处理和传送有关一个经济单位财务信息的信息系统，依据它所提供的信息，报表使用者可据以作出合理的经济决策"。④ 1989 年，国际会计准则委员会（IASC）也阐述了类似的定义。该定义也说明了会计信息与经济决策的决策依据关系，明确指出决策者就是（企业内部和外部）报表使用者，但是把会计信息局限于财务信息，更重要的是没有表明使用者作出合理的决策是会计的目的，财务信息对报表使用者只具有决策依据作用，会计只管提供信息，决策是报表使用者的事情，实质上放松了会计提供信息与决策的紧密联系。

AAA 和 Chambers 对会计信息系统的定义都是建立在通信基础上的，尤其是 AAA 的定义将信息提供与信息使用连接起来，这是"第一次在会计的定义中将信息和决策结合起来"，⑤ 从而得出了信息系统的目的和目标是使信息

① 陈今池. 现代会计理论［M］. 上海：立信会计出版社，1998（3）：4.
②③ ［美］贝克奥伊. 会计理论（第4版）［M］. 钱逢胜，等译. 上海：上海财经大学出版社，2004：63.
④ 陈今池. 现代会计理论［M］. 上海：立信会计出版社，1998：4.
⑤ 杨时展. 会计信息系统说一评：会计的属概念问题［J］. 财会通讯，1992（4）：3－6.

使用者作出可靠的判断和决策，这里的信息使用者应该包括组织内外各种、各层次管理者和经营者，这样就把会计信息与决策者通过通信紧密衔接起来，是一种动态的、联系的，而不是静止的、孤立的信息系统，这与我国信息系统论者的观点有显著不同。

作为信息系统论，其既没有说明会计的实践性，也没有述及会计是一种按预期目标进行管理和控制的活动，与我国"会计管理活动论"还存在着一定的差别，但是这种基于通信基础上的概念可以引出会计管理活动的有关概念，可以作为管理活动论的一个比较坚实的理论支持，尤其是 AAA 的概念更简洁、明确、清晰，是一种可供进一步阐发的比较可靠的逻辑基础。

第三节 "会计控制系统论"观点综述

一、我国"会计控制系统论"观点综述

（一）会计控制系统论观点的提出与讨论

如果说，前两种观点分别称为"北派""南派"的话，那么"会计控制系统论"恰好是由处于华中的已故著名会计学家杨时展提出并以著名会计学家杨时展、郭道扬为代表的，可以称为"中派"。

杨时展是会计控制系统论的主要创立者，在 20 世纪 80 年代，他集多年的会计理论研究和会计实践经验，首先提出了会计的控制作用（1980），然后进一步提出会计是一个"控制经济事项使它符合人们意志的仪表"（杨时展，1982），他逐渐认识到会计实际上是一个控制系统："今天的会计乃是一个利用信息来控制预定目标以保证预定目标实现的控制系统。"（杨时展，1991）最后，结合会计的受托责任观和控制系统观，他提出了会计的定义："现代会计是一个以认定受托责任为目的，以决策为手段，对一个实体的经济事项按货币计量及公认原则与标准进行分类、记录、汇总、传达的控制系统。"（杨时展，1992）。① 杨时展将会计定义为以决策为手段以实现目标的控制系统非常深刻而准确，但是按照作者原文的含义，"认定"一词的实际含义包括确认受托责任、计量受托责任完成情况、报告并解脱受托责任三个方

---

① 杨时展. 会计信息系统说三评 [J]. 财会通讯, 1992 (6): 6–11.

面，定义中"认定"改为"履行并完成"比较妥当，定义也更加通顺。作者认为受托责任自古就有，而且遍布各个经济组织，认定受托责任是会计固有的本质和职能，这就否认了"作为生产附带部分"的没有财产托付的小农经济、个体商铺自我记账的会计，杨时展只是论证了作为独立职能的会计的本质，所以，该定义并不具备普适性（但是定义的其他部分是合理的），同样道理，说会计只有到了市场经济时代才由计量系统演变成控制系统也是不符合历史事实的，小农经济也要运用头脑式会计和算盘、纸笔等辅助工具记账控制自己的投入和产出。信息与控制、决策都有密切联系，计量既是为了比对，也是为了决策和控制，没有为计量而计量的会计，但是会计系统是为了适应控制目的而设计的。所以，会计是以决策为手段、履行并完成受托责任为目的的控制系统则比较讲得通。另外，"会计控制系统"说也必须根据系统观点将会计、决策、执行三个系统联系起来看才能成立，如果将决策、执行和会计信息提供联系起来，则可以推测出会计自古就有控制职能，但是会计、决策、执行为什么要联系起来？三者之间有何联系？这两个问题仍然需要解释清楚。

　　郭道扬从会计史角度认为现代会计是一种具有社会性意义的控制活动；现代会计控制对象是市场经济中的产权关系、价值运动过程及其结果；现代会计控制主体是会计管理者；会计控制的方式是通过会计信息系统与会计控制系统的协同性运作实现的系统控制。"会计控制是一种全面控制，它必须把过去、现在与未来结合在一起，必须把事前、事中与事后的控制结合在一起，必须把微观、中观与宏观结合在一起"。企业的微观会计控制是"包括三个基本层次，即组织制度控制、电子计算机控制与经营循环控制，十四个控制环节"的"轴承式会计控制"（郭道扬，1989）①。"会计系统可以划分为反映系统和控制系统，其中，反映系统包括信息输入、信息确认、制证、计量、记录、归类、组合、测试、编报、储存及信息输出等环节，控制系统又可分为经营循环控制分支系统和决策过程控制分支系统，这两个系统与电子计算机控制系统的结合，便成为处于自动控制状态的，并与会计信息系统相结合的科学的控制系统。"所以会计的定义应为："现代会计是会计管理者通过会计信息系统与会计控制系统的协同运作，实现对市场经济中的产权关系及价值运动过程及其结果系统控制的一种具有社会性意义的控制活动"

---

　　① 郭道扬. 会计控制论（下）[J]. 财会通讯，1989（8）：6–11.

（郭道扬，1992）。① 该论从历史大背景下，关注到了人类的会计系统主体性，其宏观、中观、微观会计控制的划分视野宏阔，对未来会计的发展具有很强的预测和指导价值，尤其是微观会计控制 3 层 14 个环节的划分透彻分析了企业会计控制系统的结构，但其对会计信息系统和会计控制系统的划分也给人一种机械分析范式的印象，分析过于宏观，而对于控制的相关机理刻画并不清晰。

张新民（1988）认为，会计控制是指会计人员对价值运动的控制，包括直接控制和间接控制两种方式，直接控制主要是指会计人员对资金、金融工具的控制，间接控制是决策者利用会计信息进行的控制。② 控制程序包括制定控制标准、发现并反馈偏差、制订纠偏方案等职能，这种观点把会计控制作为会计人员的控制，比较接近会计管理活动论。

宋小明（1999）认为，会计控制系统包括两个方面：（1）对业务和过程的实时控制——实时控制子系统。（2）对未来事务和行为的反馈控制——反馈控制子系统。实时控制子系统的内容包括：日常业务处理中的审批、审核等合规性控制；责任会计、全面经济核算、存货控制、预算控制、标准成本控制等。反馈控制子系统是面向未来的控制，包括内部反馈控制和外部反馈控制。会计记录是实时控制，会计记录的分析、预测等就是反馈控制。③ 将会计控制系统分为实时控制子系统和反馈控制子系统比较精准但并不全面，还应该包含事后的分析、评价、激励等控制职能。

（二）会计控制系统论的发展

受产权经济学、管理学和法学的影响，郭道扬 2003～2004 年研究了产权与会计的关系，基于产权会计观，在回顾会计理论和实践发展过程基础上，他提出会计的对象是产权价值运动过程、结果及其体现的产权关系，会计的职能是对产权运动过程的反映和控制，"会计的本质是一项对产权经济具有基础性控制功能与社会性意义的管理活动"（郭道扬，2004）。会计既是对产权运动反映和控制及其产权关系处理的活动，也是对契约关系进行反映和控制的契约安排，其会计控制对象由经济活动转向了产权关系，而且在产权控制基础上，进一步说明了会计是一种具有社会性意义的管理活动。

---

① 郭道扬. 论会计职能 [J]. 中南财经大学学报，1997（3）：5 – 10.

② 张新民. 从控制论的角度看"信息系统论"——兼谈会计控制 [J]. 会计研究，1988（5）：59 – 62.

③ 宋小明. 会计控制系统功能及对未来会计发展的启示 [J]. 财会研究，1999（2）：15 – 16.

2013 年，基于产权控制会计理论和原始会计理论的起点思想，郭道扬通过分析历史和现实正反两方面的经验教训，提出会计是企业经营管理的基础、是政府财政经济管理的基础，也是资本市场管理的基础；会计学是管理学的基础，会计工作是管理工作的基础。作者所指作为基础的会计包括会计反映的信息和作为管理活动的会计控制。①

除了杨时展、郭道扬等从事会计教学科研的专家以外，杨时展教授的学生文善恩博士从 1997 年开始就发表文章倡议和支持会计控制系统的观点，2008 年，文善恩出版了其博士论文《会计控制系统论》，系统介绍其会计控制系统主张。其认为，会计是一个以控制受托责任完成过程和结果为核心，以提高经济效益为根本目标的综合控制系统，包括三个子系统：会计目标子系统、会计核算子系统、会计控制子系统。会计目标子系统主要功能是明确受托责任目标，并分解为各责任单位的责任预算（即分目标）；会计核算子系统以责任会计系统为核心对责任目标完成情况进行核算；会计控制子系统是比较目标与实绩之间的差距，形成反馈信息。② 文善恩借鉴并发展了杨时展会计控制系统定义，认为会计控制系统是"控制受托责任完成过程和结果"而不是"认定受托责任"，其根本目标是提高经济效益，并且比较全面地剖析了会计控制系统的结构和功能，但是没有将会计信息与决策区分开并且厘清二者之间的联系，没有解释清楚财务会计与管理会计在企业会计控制系统的关系。

综上所述，会计控制系统论普遍应用了控制论原理，郭道扬的控制系统观更加宏大；随着时间的推移，对生产活动的控制转向对产权和契约的控制；会计的本质表述也由"控制系统"逐渐转向了"控制活动"（郭道扬，1992）、"管理活动"（郭道扬，2004），后又转向了"管理的基础"（郭道扬，2013）。这也说明，会计的控制系统论总体上与会计管理活动论没有本质区别，可以合二为一。

二、国外"会计控制系统论"综述

国外有三种意义上的会计控制概念：一是内部控制意义上的会计控制；

---

① 郭道扬. 管理基础论 [J]. 会计之友，2013（27）：4–10.

② 文善恩. 会计控制系统论 [M]. 北京：企业管理出版社，2008.

二是管理控制意义上的会计控制；三是包括审计、会计监督和财务管理的广义的会计控制。COSO内部控制意义上的会计控制侧重于对会计的控制，广义会计控制类似于广义管理会计，主要是美国企业实践上的总控制长（controllor）的职责，以上二者都不属于严格意义上的会计控制。西方国家管理控制有很多流派，其中一派就是会计控制，该流派比较接近我国会计控制系统学派的主张。

英语中"控制"一词，本来就有与会计有关的含义，它原是由总控制长派生而来，意指由委托人（principal）或所有人（owner）保持一套记录，以便对受托人（accountable）所提供的账目进行检查和验证。"古代会计的第一需要，是为了给统治者提供控制，有关征税、收入和支出的记录是必不可少的。"二战后发展起来的"非常复杂的管理会计，它使得人们有可能对拥有亿万资产的大公司进行控制和管理"。"对生产活动进行管理控制的需要，逐渐产生了成本会计。""20世纪40年代的会计学者则认为，会计已由'记录会计'（record accounting）转变为'控制会计'（control accounting）。""日本会计学家西村明则直接指出：会计（或簿记）正是对劳动过程的一种控制活动，是以劳动投入和产出的对比计算为主要内容，对劳动者是否按预定计划合理进行生产的过程加以控制的活动"。①

西方国家管理会计的发展除了本量利分析、投资决策分析等决策方法以外，主要就是控制技术和方法的发展，包括标准成本控制、作业成本控制、预算管理技术和方法、各种差异分析方法、责任会计、转移定价等管理控制工具、方法以及以EVA、BSC、KPI、绩效管理系统（PMS）等绩效评价工具为依托的管理控制框架和管理控制系统（MCS）的开发与应用。并且，自从美国会计学会《基本会计理论》（1966）出版后，西方的会计教科书大多把会计与控制联系在一起（杨时展，1992），但是能从整个企业控制角度研究会计问题的还是罗伯特·安东尼（Robert N. Anthony）和维杰伊·戈文达拉扬（Vijay Govindarajan）。他们在《管理控制系统》一书中区分了管理控制（management control）、战略计划（strategic planning）与运营控制（operational control）三个概念，认为管理控制过程包括战略计划、预算编制、财务业绩报告分析、业绩评价、管理者报酬等，组织结构、责任中心和转移价格等被视为管理控制环境。其运作原理非常类似会计控制系统观点：首先，预期

---

① 文善恩. 会计控制系统论 [M]. 北京：企业管理出版社，2008：19-26.

绩效是确定的；其次，用一种方法能够了解组织中正在发生什么，并将信息反馈到控制单元；再次，控制单元将信息与标准比较；最后，如果实际与标准不符合，控制单元将直接采取财务纠错措施。

第四节　文献述评与"会计管理活动论"观点的提出

　　理论是对实践的反映，理论的价值也在于指导实践，会计管理活动论从唯物的观点出发，认为会计是由人参加的一种实践活动，看到了实践中会计对再生产活动的管理和控制，看到了会计与其他管理的紧密联系，从而也看到了会计产生与发展的动力，抓住了会计的本质，有利于会计实践的发展以及会计作用的发挥。会计管理活动论运用辩证法科学地分析了会计反映与控制、主体与客体、技术性与社会性的辩证关系，这对于认识会计信息的可靠性与相关性、财务会计的受托责任和决策相关目标的关系，对于会计理论与实践的发展都具有重要的指导作用。另外，作为对再生产过程进行管理和控制的会计是融合了财务会计与管理会计的一般意义上的会计，具有高度的概括性，"会计管理是对全部会计工作的定性"①，蕴涵了财务会计与管理会计融合的含义。会计管理活动论把会计活动和会计系统放入整个管理活动和系统、放入整个经济系统中，目的是增进经济活动的效益，使得该理论适应力和生命力很强。会计管理活动论认识到会计系统本身的设计、维护、监控以及会计对再生产活动的管理都是一个负反馈的闭环系统，使会计成为一个自适应的开放系统，更符合实际情况。会计管理活动论运用发展的观点看会计，认为会计系统与再生产活动过程之间、会计实践与会计认识之间的矛盾是推动会计实践和会计理论不断发展的根源，充分认识到了会计的发展特性，具有积极进取性。总之，会计管理活动论运用唯物的、实践的、全面的、联系的、发展的观点认识会计，是建立在马克思主义理论基础之上的科学的结论。

　　信息系统论的共同特点就是没有认识到会计实际上是一种由人进行的实践活动或者仅仅把会计人作为信息系统的控制器和处理器，割裂会计人员与其他管理人员、会计信息与决策、提供信息与使用信息、直接管理与间接管

---

　　① 杨纪琬. 社会主义会计理论建设［M］. 北京：中国财政经济出版社，1988：165.

理的关系；即使从信息系统角度看，我国"信息系统论"者也是把会计信息系统作为封闭的、仅仅是包括信息发送器的系统；或者割裂信源、信道、信宿的闭环关系，是一个不完全的信息系统。上文信息系统论三种观点都包括甚至主要强调会计信息的程序、方法、工具系统，肯定了会计的技术属性，忽视了会计的社会属性，实质上仍然是"工具论"。信息系统论突出了会计的反映职能，轻视甚至忽视了会计的控制职能，或者把反映职能与控制职能割裂开来，没有全面地反映会计实践和会计历史。如果仅把会计系统看作是孤立的、机械的方法和程序系统，割裂会计主体与会计客体、会计系统与其他控制系统或者治理系统的相互作用和相互联系，那么，这样的会计系统是僵化的、静止的系统，对会计系统的考察肯定也是不全面、不真实的。在许多场合下，信息系统论所说的会计更多指的是财务会计，不能概括整个会计系统的本质，余绪缨教授把管理会计提供决策方案也界定为提供会计信息太过牵强。更重要的是，信息系统论所说的会计不是会计实践，而是会计学科，甚至只是会计教科书中所说的会计核算程序和方法，是从理论到理论的。总之，信息系统论者所看到的会计实际上是机械的、片面的、孤立的、静止的，其所看到的信息系统实际上也是会计的某一局部和某一方面的现象，而不是不易感知的本质，其所认识的会计并非是客观存在的会计工作，而更多指的是主观、静止的会计程序和方法系统。

"会计信息系统论"是对会计一个方面的考察，并且为会计信息系统特别是会计反映信息系统的设计、信息提供规则的制订以及会计信息处理过程的分析起到了积极的作用，打开了会计信息提供过程的"黑箱"。但是，归根结底，这只是会计过程的一个局部，不是整个会计活动。如果真正把会计看作一个系统，运用系统的观点看问题，就应该看到会计系统内部主体与客体、会计系统与其他系统、会计系统与环境的相互关系，看到会计系统的开放性和发展性，而不是陷入机械论和还原论的错误，这样也才符合辩证唯物主义的立场、观点。

参照 AAA 的定义，会计是一种有人参加的通信系统，"会计工作既是一种生成信息、供应信息的工作，也是一种利用信息、参与管理的工作"。① 并且，"处理经济信息和利用经济信息是不能截然分开的，在实际工作中处理

---

① 阎达五. 论核算型会计向核算管理型会计转化的问题 [A]. 阎达五. 阎达五文集 [C]. 北京：中国人民大学出版社，2004：608.

经济数据、反映经济动态、预测经济前景、规划决策未来是结合在一起的。因此，会计的本质是一种管理活动"。①

即使不考虑会计信息与决策的关系，仅从信息甚至记录的角度，会计也体现了管理活动的特点。

1. 原始记录的本质是管理活动。记录的特征决定了记录具有监督、控制职能，因为记录与记录信息的使用是密不可分的，如果没人看也就没有记录，就像宣传媒介对事件的记录一样。可能是记录者本人对过程和结果的监督、控制，也可能是第三方对执行者执行过程和结果的监督、控制。后者存在于现代企业授权、执行、记录三分开的情况下（这种三分权原则既适用于一项具体活动或作业，也适用于一个企业）。

会计原始记录的内容有两方面：一是记录经济活动；二是反映利益关系。对静态资产的记录一要说明这项资产是什么（品种、数量、价值），二要说明这项资产是谁的。对动态过程的记录也要说明变动的"标的"（质、量两方面）和变动的产权关系两方面。如果没有会计原始记录，这两方面特别是产权关系将很难说的清楚，社会经济活动将异常混乱甚至无法进行，我们曾有过这种教训。

在现代企业中，每项经济活动都应有原始记录，其目的一是如实反映，以便监控；二是明确权责关系。这显然都是管理的内容。对于执行者（或受托者、代理人）来说是要解除或继续履行其受托或执行责任；对于授权者（或委托者）来说，对执行记录的审核与其进一步的决策也是有关联的。换一句话说，受托责任和决策相关两个目标是统一的，而且也存在于原始记录中。

原始记录表面上看是反映，背后实际上是时空距离隔离之后管理者对经济活动的监控，目的是促使其按一定规范（法规、效益）进行。同时，原始记录也包含对经济利益关系的确证。原始记录制度（填制、传递、审核制度）使企业经营活动规范有序，这说明原始记录制度对企业经营活动也具有组织、协调功能。

2. 会计记录的加工、处理本质上是一种权力。原始记录的加工即进入账簿系统和报表系统，需要确认哪些业务进入、何时进入、按什么要素进入、进入什么账户或项目。当所处理的业务的确认具有模糊性的时候，确认程序

① 张伟康. 企业会计管理基础 ［M］. 上海：上海教育出版社，1999：1.

意味着权力的行使，其结果可能是改变产权关系。原因是会计数据具有经济后果性，会计记录反映产权关系。作为要素确认来讲，一笔支出是记入资产还是记入费用，一笔款项是记入收入还是负债，一笔收益是记入利润还是所有者权益，其经济利益关系显然是不同的。所以会计数据的加工处理必须要有公允的、严格的会计标准，而会计标准的制订过程是一个政治过程。

会计计量同样是一种权力。由于物价波动、交易关系复杂化等因素的存在，很多要素的价值计量都存在多种选择，特别是资产要素和成本要素。不同的计量属性、计量标准、价值构成、计算方法都影响着这些要素进而影响着各种产权的价值，甚至会出现"谁能确定一辆汽车价值几何，会计核算说几何就是几何！"这样的情况。"会计在一定程度上决定了价值本身"①，会计的这种权力也可以在一定程度上由会计准则加以约束。

会计确认和计量权力体现为可以改变产权关系及其价值大小，是会计信息对产权关系及其价值的作用，可以定义为对产权关系的管理。为防止权力的滥用，权力和责任必须对称，会计标准应力求完备，再辅之以相应的监督制约机制，如内部牵制制度、外部监督制度等。这一些制度设计也应构成完美的会计系统的一个部分。

3. 会计记录的报告和使用是会计记录监控职能的实现和规划考核职能的开始。会计报告是由于会计记录者和记录使用者不一致或者说是由于授权、执行和记录分离制度造成的——这种分离制度是一种管理制度，也体现了会计记录的监控职能——由记录者向使用者（即授权者）进行汇报的一种行为。这种授权关系分为三层：一是所有者对经营管理者（经营管理企业）的授权；二是上级管理者对下级管理者的授权；三是管理者对执行者的授权。以上都可以概括为授权与执行关系。在现代企业中，第一层授权一般以财务报表或会计报告的形式进行汇报，第二层授权一般以账簿形式或内部报表形式汇报，第三层授权一般以原始凭证形式汇报，以上三种记录也都是各个授权者最易读懂、最关注的形式。这三种会计记录应该内在一致、真实，但使用者关注的焦点不同、关注的指标不同，这是正常的。然而，由于"代理冲突"的存在，经营管理者和所有者所看到的记录可能在实质上是完全不同的（其他两层授权会计记录传递也可能出现类似情况），而企业会计记录一般只能由一套会计机构提供（所有者另派一套会计机构很难执行）。由此看来，

---

① 戴彦. 《会计学：一门学科规训》一文有感 [J]. 财务与会计，2002 (7)：47–49.

利益不一致和对会计记录的"双元控制"（闫达伍、宋建波，2000）是会计信息失真的根源。这只能通过加强和完善内部企业治理——主要是内部会计控制来消除。但当所有者成为证券持有者，所有者与企业的所有关系被证券市场隔开而异化为外部"利益相关者"时，企业有可能整体与所有者对立而发表虚假会计信息，这就需要在完善内部治理的同时，完善外部治理，包括现代审计制度、行业自律制度和政府监管制度。

至于会计控制系统论，与会计管理活动论比较接近，尤其是郭道扬教授后期引入产权运动作为管理对象后，基本上把会计控制系统看成了管理活动。然而，杨时展教授的观点仍然是从机械式的系统角度看待会计控制系统，不够全面，但是对于本书的研究启发较大。

总之，对事物本质的认识是一种对事物稳定的、规律性认识，需要感性认识上升为理性认识才可以得到，本质性认识还可以还原为现象性认识，就像理性认识可以还原为感性认识一样，但是现象性认识无法还原为本质性认识，如同感性认识无法还原为理性认识。通过以上文献分析和比较，我们认为，会计信息系统论归根结底是一种现象性认识，无法解释会计信息、会计机构可以参与会计管理，也无法解释会计信息系统设计背后的动因和目的，但是会计管理活动论可以解释会计信息系统的构建和运行，所以，会计（是对包含财务会计与管理会计的整个会计工作的概括）是一种对再生产活动和企业合约进行管理和控制的实践活动。那么财务会计与管理会计的本质与职能分别是什么？财务会计与管理会计能否融合为一体化的会计？

第三章 研究基础：概念界定
与研究前提

本章将论证财务会计与管理会计可以融合为统一的会计概念，并将之作为本书的概念基础，然后提出会计是一种管理活动的理论依据并进行初步的分析。

第一节 会计概念：财务会计与管理会计的融合

一、关于财务会计与管理会计融合的文献综述

财务会计与管理会计在服务对象、工作依据、信息特点、工作程序、工作方法、信息内容等方面均有所不同，但是由于两者同是会计，它们在工作对象、工作目标、工作职能和信息的使用上又是相同或基本一致的。"管理活动论"认为，会计是有人参加的对再生产过程和企业合约进行管理和控制的实践活动，会计管理是对整个会计工作的概括，会计的管理职能是财务会计管理职能与管理会计管理职能的融合。事实上，随着社会经济的迅速发展和信息技术、网络技术广泛的应用，以及信息论、系统论、控制论的产生，实践中出现了各类学科重新分化组合的情况，现有的财务会计理论与管理会计理论也有类似趋势。

（一）国内关于财务会计与管理会计融合的文献综述

在我国，关于财务会计与管理会计融合的研究与"会计管理"概念的提出和发展是分不开的。计划经济时期，我国的会计学科是会计原理、专业会计、财务管理、经济活动分析四个门类，会计方法一般包括会计核算方法、

会计检查方法、会计分析方法，综合起来被称为传统会计管理方法（劳秦汉，1997）。20 世纪 70、80 年代管理会计引入我国后，杨纪琬教授和阎达五教授提出了"会计管理活动论"，随即展开了对会计管理概念、职能和新方法程序的研究，会计管理是指融合（或糅合）了财务会计与管理会计的会计管理。会计信息系统论把会计信息划分为财务会计信息（对外提供的信息）和管理会计信息（对内提供的信息），随着信息的交叉，也展示了二者可以融合的一面。事实上，由于会计本质有两种观点，后期关于财务会计与管理会计融合的文献也大都从基于信息系统论的信息融合和基于会计管理活动论的管理（职能）融合两方面来论述的。

1. 基于"会计管理活动论"（或"会计管理职能"）融合的相关文献。首先提出财务会计与管理会计融合观点的是会计管理活动论学派。基于"会计管理活动论"（或"会计管理职能"）的财务会计与管理会计融合文献都是以会计是一种管理活动为立论基础，但是在具体论证或者设计融合模式的时候又有三种：财务会计与管理会计共同融合为会计管理模式、管理会计为主财务会计为辅融合为会计管理模式、财务会计为主管理会计为辅融合为会计管理模式。

（1）财务会计与管理会计共同融合为会计管理。会计管理活动论最早提出者从超越财务会计与管理会计划分的高度把财务会计与管理会计看成是会计管理活动的不同部分、不同职能，如同反映与控制的关系一样，本质上他们认为财务会计与管理会计是辩证统一的关系。

1984 年，杨纪琬提出会计管理是指全部会计工作，是"对全部会计工作的定性"，财务会计与管理会计都是会计工作的一部分。[①] 会计管理即会计，"是指对各单位的经济业务进行核算与分析，作出预测，参与决策，实行监督，旨在提高经济效益的一项具有反映和控制职能的经济管理活动"。[②] 会计管理是融合了财务会计与管理会计的管理工作，具有"计划（预测、决策、计划）、控制（核算、监督、协调）和分析、考核和评价职能"。[③]

1993 年，王世定在《"管理活动论"的哲学基础》一文中阐述了"过程控制"与"观念总结"、实践主体与实践客体、会计的技术性和社会性的辩

---

① 杨纪琬. 社会主义会计理论建设 [M]. 北京：中国财政经济出版社，1988：165.

② 杨纪琬，娄尔行，葛家澍，赵玉珉. 会计原理 [M]. 北京：中国财政经济出版社，1998：5-6.

③ 杨纪琬. 社会主义会计理论建设 [M]. 北京：中国财政经济出版社，1988：149-150.

证关系，从哲学高度论述了"会计管理活动论"的科学性。作者站在"会计一般"高度看待会计管理职能之间、会计管理主体与客体之间以及会计管理二重属性之间的辩证关系，指出会计是有人参加的按照预期目标对再生产过程进行管理和控制的实践活动，把财务会计的核算反映与管理会计的预算管理和分析评价纳入会计系统，所指显然是财务会计与管理会计融合意义上的会计。

1999 年，阎达五明确提出了财务会计与管理会计融合的必然性和必要性，并于 2003 年正式提出融合了财务会计、管理会计和财务管理的会计事前管理、会计事中管理和会计事后管理，包括预测、决策、预算、预报、核算、控制、分析、业绩考评八个环节的会计管理循环。

1996 年，冯巧根在《财务会计与管理会计——谈现代会计的发展趋势》一文中指出现代会计的两大类型——财务会计与管理会计，它们的基本任务和作用是一致的，二者应该融合并可通过"管理型会计"概念对财务会计与管理会计进行融合，认为会计即为"管理型会计"，是由财务会计、责任会计和预测决策会计构成的。

李旭（2000）认为，没有财务会计的管理会计，便会没有充分、完整的数据资料，管理会计将成为无本之木、空中楼阁；而没有管理会计的财务会计，只能停留在传统会计数据的汇总和处理上，不能很好地发挥会计未来决策的功能。只有将两者有机地结合应用，才能从整体上有效发挥会计管理功能。

为了进一步论述基于"会计管理"的财务会计与管理会计融合问题，2002～2004 年，中国财政科学研究院徐玉德、党英详细研究了财务会计与管理会计融合的理论基础，并提出了财务会计与管理会计融合的技术模型。第一，会计的"管理活动"本质是二者融合的根本基础；第二，财务会计与管理会计的最终目标都是维护权益、提高效益；第三，会计对象都是指社会再生产活动及其所体现的经济关系；第四，作为管理系统的子系统，会计系统是由财务会计系统和管理会计系统两个子系统耦合而成的开放系统，二者"你中有我，我中有你"；第五，计算机技术与网络技术及现代企业管理理论和人员素质的普遍提高是财务会计和管理会计融合的现实基础。学者们还在网络和已有的 BRP 基础上设计了集成业务处理和信息处理、核算与管理，使传统的会计核算系统升级为一个融合财务会计与管理会计的集事前预测决策、事中控制、事后分析评价在内的全面核算与全面管理有机结合的管理控制型的 IIMS 模型。

阎达五和于玉林（2003）从以下三个方面论述了财务会计与管理会计结合的必要性：①同样的原始数据进行双重核算存在重复劳动、工作量大；②财务会计与管理会计信息缺乏联系，难以实现信息共享；③管理会计数据缺乏体系，差错不易发现。两位学者从以下三个方面论述了融合的可能性：①财务会计与管理会计在历史上、逻辑上、结构上存在着天然联系，在实践上，二者互相影响、互相制约；②两者的工作对象和最终目标一致，会计管理是由会计事前管理、事中管理和事后管理三个相互联系、彼此制约的环节组成的；③"电子计算机技术、网络技术的发展已为财务会计与管理会计的结合创造了客观条件，而现代管理理论的发展和广大会计人员素质的提高又为财务会计与管理会计的结合创造了主观条件"。①

费伦苏（2006）从另外的角度分析了财务会计与管理会计融合的必要性与可能性：①母公司作为投资者和管理者具有两重性，使传统上主要为外部投资者服务的财务会计与主要为内部管理者服务的管理会计具备融合的基础；②实时管理与远程控制使得企业会计成了一个动态的开放系统，而联机实时控制系统的应用，又使信息使用者可以直接进入企业的管理信息系统获取信息，也推动了财务会计与管理会计信息使用者的融合；③以产品设计、适时生产系统与全面质量管理为基本环节的作业成本管理进一步模糊了财务会计与管理会计原来的边界；④现金流动会计模式、增值会计、资本成本会计与事项会计模式等会计理论和方法的出现使财务会计与管理会计的融合具备了可能性和必然性；⑤随着知识经济的不断发展，会计信息越来越重要，会计信息使用者对会计信息相关性与灵活性的要求日益提高，如何核算、监督、控制与评价企业人力资本、环境成本，如何更好地实现管理由盈利到面向顾客需求的全面规划的转变等已成为财务会计与管理会计共同面临的难题，同时，计算机技术的发展也为解决这些课题提供了条件，这一切都促使财务会计与管理会计走向融合。

明雄（2006）认为，财务会计与管理会计分离有以下四种弊端：①财务会计与管理会计分离不利于会计人员和管理人员素质的提高，使他们误认为会计就是财务会计，就是记账算账，会计与管理脱节，不需要学习新的会计管理知识，不利于企业管理水平的提高；②分离不利于会计信息质量的提高，单一而分离的财务会计信息和管理会计信息限制了会计信息的可靠性和相关

---

① 阎达五，于玉林. 会计学［M］. 北京：中国人民大学出版社，2003：411 – 414.

性；③分离增加了信息成本，因为分离难以实现信息共享；④分离也限制了管理会计理论的发展。融合有以下三种好处：①财务会计与管理会计融合后可以提供更加相关、多元的会计信息，满足相关性和可靠性的要求；②完备的会计信息系统有利于公司治理结构的完善；③二者融合可以实现企业管理创新，有助于战略管理信息的提供。财务会计与管理会计的融合还具有以下条件：①"会计管理活动论"提供了理论基础。"会计管理活动应该包括事前、事中和事后的管理……只有融合财务会计与管理会计这两个子系统，才能形成完整的会计管理理论体系。"②会计电算化的实施为融合提供了技术条件。首先使会计人员解脱出来，运用管理会计知识参与管理；其次，通过软件开发，实现计算机和网络技术基础上的真正融合。③人才条件。"经过二十多年的高等教育，我国已培养出了一大批会计学、管理学专业高级管理人才，在实际工作中发挥着重要的作用……为实行会计融合提供了人才保障。"①

程艳（2011）从部门和机构设置、账户设置、ERP 系统三个方面论述了财务会计与管理会计的融合路径。首先，对财务部门明确规定其管理、调节、考核、分析、控制职能和管理要求。其次，在传统财务会计科目基础上，利用各个辅助核算项目来对企业管理提供更规范的会计信息。最后，运用企业 ERP 系统实现财务会计与管理会计的融合。

肖丽芳、邱莉（2016）同时研究了财务会计与管理会计在信息上和职能上的交叉性和互补性。在信息提供上，其指出财务会计所提供的资金、利润等财务指标，可以作为企业管理者进行决策的重要依据；而投资人也只有全方位了解管理会计的内容，才便于制定出更加切合实际和科学的决策。在职能上，财务会计侧重于历史记录，管理会计侧重于未来规划和控制。

张硕、张俊民（2016）认为，财务会计不仅是对外报告会计，现实的财务会计也是对企事业单位的经济业务或事项进行确认、计量、记录、报告审定、报表分析、对外报告的过程；管理会计也不仅是对内报告会计，管理会计的许多预测、决策、评价、内部控制等信息也对外报告。他们进一步提出管理会计主要以决策相关为目标、财务会计以受托责任为目标进行融合的思想。

刘思宇（2016）也认为财务会计与管理会计同属于会计管理系统，二者

---

① 明雄. 财务会计与管理会计融合的可行性分析［J］. 西南金融，2006（11）：58–59.

并存是由于企业在实际发展过程中对于管理的要求和在生产过程中对于经济效益的基本诉求不同造成的，在社会发展过程中两种会计理论由最初的相互冲击转变为现在的不断融合。

（2）管理会计为主、财务会计为辅的融合模式。王在春（1993）提出了"应将传统的记账、算账、定期编制报表的报账型会计逐步转化为利用会计资料和信息，帮助企业内部各级管理人员预测前景并参与决策的管理型会计，即利用会计信息来规划与控制企业的经济活动，以提高企业的经济效益，形成一种以管理会计为主，财务会计为辅的会计管理体系"。① 具体来说，①在实践中要先利用财务会计资料和其他有关信息，对整个企业进行科学的预测和决策分析，并利用数量形式汇编成企业的预算和总体目标，再按责任制的要求加以分解，形成各个责任中心的责任预算。②建立一套完整的日常记录、计算和积累有关责任预算执行情况的信息系统，对日常发生的经济活动进行追踪、收集和计算。责任预算执行情况的记录可以分散在责任中心进行。③将实际发生数与预算数进行对比和分析，在每周或每旬编制责任中心的业绩报告，评价和考核各有关责任中心的工作成绩并分别反映它们所存在的问题，找出实际数与预算数发生差异的原因，及时控制和调节它们的经济活动。这里作者实际上提出了一种事前规划、事中记录、事后分析考核并辅之以责任制的会计管理体系，也可以称作是会计管理标准、会计记录和对比分析的会计管理和控制循环，但是在指导思想和会计职能上，强调管理职能的主导地位。

刘英辉（2013）根据管理活动论，认为财务会计与管理会计在管理和控制的各个环节都需要结合进行。在目标制定方面，财务会计主要提供预测分析用历史数据，管理会计则提供企业管理水平、外部市场信息及预测分析；财务会计与管理会计在企业财务预算、分析和评价等各方面发挥各不相同但战略目标却一致的重要作用；在成本控制方面，财务会计提供成本核算信息，管理会计负责成本性态分析，将财务会计的成本核算资料与理想成本进行对比分析。

黄曼远（2014）基于会计管理活动论，提出财务会计与管理会计应基于预算管理进行融合，二者在预算编制、控制、考核、激励等各个方面都存在

---

① 王在春. 财务会计与管理会计合二为一的商榷［A］. 张凤生，刘广生. 讲究理财，搞活经营［C］. 北京：北京邮电学院出版社，1993.

密切关系，二者对财务会计、管理会计方法和信息的运用，在"计划—控制—反馈—考核"的循环中本来就是不可分割的。

江明太（2016）分析了在预算管理中财务会计与管理会计的地位和作用，指出了其相互配合和互补性以及互补后的完备性，从而论证了实施预算管理必须将财务会计与管理会计融合在一起。

赵晶晶（2020）基于信息技术实现预算管理与财务会计的融合，介绍了W公司利用 SAP BPC（business planning and consolidation）软件的计划、预算编制、预测和财务合并功能，与 OA 财务控制系统、SAP 核算系统和 CBS 资金管理系统进行信息交换融合，实现企业的预算信息和核算信息进入 BW 数据仓库，每期末将预算数与实际数进行比较，不断调整预算的精确度，实行滚动预算和资金的前馈控制。

（3）财务会计为主、管理会计为辅模式。胡良才（1998）基于会计管理活动论，从财务会计与管理会计的缺陷和互补性着手，将二者在账户体系和我国传统责任制基础上融合起来，提出将预算目标作为控制指令纳入会计核算体系，利用账户来融合控制目标和执行记录并随时进行对比分析，核算体系变成了控制体系，并利用经济责任制实现了分层控制。这是一个在"管理活动论"基础上把控制标准、记录与差异分析在账户层面上实现融合的模型。

与胡良才的设计类似，2005 年，李萍基于会计管理活动论，以控制论为基础设计会计控制系统，将会计预测决策部门作为施控主体，将预算和目标作为指令嵌入会计账户和报表作为传递线路，由生产经营单位作为受控客体，实现对生产经营活动的会计控制。

总体来看，以上两种观点都是按照会计核算科目来设置预算科目，基于财务会计的账户和报表体系融入预算管理相关职能。

2. 基于会计信息系统论（或者会计信息）进行融合的相关文献。从信息系统角度提出财务会计与管理会计融合主要侧重于其技术实现，或者基于二者信息内容和反映对象与范围的互补性论证二者融合的必要性，但从目的上看也都是基于会计应该满足管理需要提供信息来分析二者融合的必要性，实质上二者融合的理论基础仍然是会计管理活动论。

马维华（1998）认为，财务会计与管理会计报告具有差异，但是由于会计信息用户的要求使得财务会计报告与管理会计报告有必要协调一致。①协调一致的会计报告可以利用管理会计报告弥补财务会计报告的不足从而满足相关性的需要；②协同的会计报告可以实现整体效益，满足信息提供成本——效益原则；③新金融工具的出现使得多种计量模式具有了现实基础。他提出增加分部信息、提供前瞻性信息、提供背景信息和不确定信息、提供长期信息以及提供多元属性信息等来实现财务会计和管理会计报告的协同，并从会计提供信息角度，分析了财务会计报告与管理会计报告各自的缺陷，通过两种信息的结合进一步满足信息使用者的需求。

鲍芳、王志庆、王耕等（2001）通过分析财务会计与管理会计各自的职能和信息，提出了"建立原始信息目录清单—建立数据库和数据库管理系统（DBMS）—设计财务会计和管理会计通用的会计凭证—建立会计模型"同源分流的财务会计与管理会计融合模型。

孙晓民（2003）根据公司治理理论对财务会计目标的研究发现财务会计从单纯服务于股东演变为服务企业各要素持有者，依据企业管理理论对管理会计目标的研究发现管理会计从单纯控制成本演变为为公司战略决策提供支持，最后得出财务会计服务对象由外转内，而管理会计则由内转外，两者最终将融合的观点。

辛茂荀（2003）认为，从实践基础上看，ERP系统作为与业务活动紧密结合并把各种信息集成在一起的信息系统，财务会计与管理会计的划分已经失去了意义，责任会计的实施也为二者的结合提供了实践基础，应"通过创新会计信息系统理论、方法体系，实现财务会计与管理会计职能的统一，即将会计预测、会计决策、预算、会计控制、会计核算和会计分析评价各职能融为一体"。①

方慧（2005）提出，在网络经济时代，由于传统企业内部结构的扁平化、分权管理体系的建立、虚拟企业以及集团公司中投资者与管理者的一体化使得企业内部信息使用者与外部信息使用者逐渐趋同，信息需求也逐渐趋同；智力资本和其他难以计量的事项或交易的出现以及收益和风险分析重要性的增强使得财务会计与管理会计的信息交叉进一步增加；网络带来的信息成本的降低以及网络经济对会计信息相关性要求的不断提高使得财务会计信息在内容上、提供时间上、计量属性上、核算对象上、核算要求上逐渐多元化，与管理会计信息越来越接近。

刘亚铮、蒋振威（2006）认为，在以信息经济为代表的知识经济时代，

---

① 辛茂荀. 会计信息化［M］. 北京：经济科学出版社，2003.

ERP 信息系统的出现对会计理论的发展产生了重大影响，财务会计与管理会计的界限不再清晰，他们详细分析了 ERP 系统的结构，发现财务会计和管理会计已经"合二为一且功能也得到了极大的加强。在 ERP 系统环境下，会计理论回归了信息系统的本原，体现会计本身的价值和核心竞争力"。①

张琼（2009）通过以下四个步骤设计了财务会计与管理会计融合的技术模型：①建立财务会计和管理会计所需要的原始信息目录清单。②在财务会计科目的基础上，结合管理会计的需要对原始信息目录清单进行分类、编码，并建立数据库和数据库管理系统（DBMS）。③设计会计凭证，并使之成为财务会计和管理会计共用的原始信息采集工具。④建立会计模型。

程艳（2011）基于会计信息系统论观点，但是从强调会计的管理职能出发，结合实际工作，从改变对会计和会计人员的认识（会计是经营管理的助手）、渐进而不是跃进（先建立管理会计体系再融合）、建立管理会计制度、实现混合到融合的转变、利用信息技术实现两种会计体系的数据共享（建立信息目录清单、构建财务会计科目体系和管理会计模块体系并实现与 ERP 系统共享）等方面入手，设计了企业财务会计体系与管理会计体系融合的理论框架。②

李玉丰、王爱群（2012）分析了财务会计与管理会计融合的障碍，认为二者融合会带来信息"搭便车"效应，导致信息供给不足和信息失真；但同时认为二者融合是两者核算规律一致性的要求，可以通过政府管制防止信息供给不足和信息失真。他们还认为财务会计与管理会计信息融合将会提高信息披露质量、满足外部信息披露数量提高要求、降低两套系统提供信息的成本。

赵序海（2015）借鉴动量会计（三式会计）、作业成本法和平衡计分卡等现行会计管理理论的优点，以互联网技术为载体，将各种核算流（会计流、现金流、税务流）和各种计量属性（历史成本、活跃市价、公允价值）整合到统一的多维业务分录，然后从价值活动、业务表单、多维分录到多维会计报告，实现了财务会计与管理会计信息的全过程融合。

蔡立新、李彪（2016）从技术实现角度介绍了财务会计模块与管理会计模块有效融合在 OFSA（oracle financial services application）中的方式，以平

---

① 刘亚铮，蒋振威. 论 ERP 管理系统对财务会计和管理会计合二为一的影响 [J]. 湖南商学院学报，2006（4）：61 - 64.

② 程艳. 新形势下财务会计与管理会计的融合 [J]. 财会研究，2011（2）：52 - 54.

衡计分卡为例说明绩效评价和分析集成的实现方式：OFSA 中原系统包含的财务数据可以从 Oracle EBS 财务会计模块获取，传递到 Oracle EBS 管理会计模块即客户关系管理、平衡计分卡、盈利分析（PA）、转移定价（TP）、预算与决策（BP）等进行相应的分析决策，出具多维度的绩效报告。

胡玉明（2017）认为，由于现代企业制度与金融市场的共生互动性，财务会计与管理会计同源分流，财务会计与管理会计的同源是会计信息系统的核心思想。"财务会计与管理会计之间的边界难以采用单一维度划分，互联网时代的财务会计与管理会计从同源分流回归到同源收敛，乃至合二为一。"① 该论点对财务会计与管理会计的融合动因和条件作了新的阐释。

林钢（2019）提出应借助 IT 及人工智能技术构建一套管理会计与财务会计融合的大会计信息系统。在大会计信息系统中，管理会计侧重于预测、决策、控制、评价，其中，风险管理应贯穿于企业全部管理活动的始终；财务会计则侧重于各项业务活动的确认、计量。具体融合方法如下：①采用管理会计的理论与方法确定企业战略目标，编制预算，并进行运营管理、成本管理。②采用财务会计的理论与方法（以变动责任成本法为基础）根据实际发生的各项业务进行确认、计量。③根据前述各项活动的结果，编制有机联系的管理会计报告和财务会计报告。④根据管理会计报告和财务会计报告，进行全面的绩效评价。

除了以上赞同融合的文献之外，也有少数文献认为财务会计与管理会计不应融合。例如，李琳（2006）认为管理会计是财务会计发展的高级阶段，管理会计信息与财务会计信息差别较大，财务会计主要提供财务信息，管理会计主要提供决策方案信息和控制信息，而且服务对象内外有别，由于涉及商业秘密，对外提供的信息与对内提供的信息不可能一样，所以财务会计与管理会计不可能融合。这种观点也反映了一定的事实，但是这只是表达了融合的障碍，否定不了融合的必要性，而且正是这种不同才构成了融合的基础。

通过以上比较分析，两种融合的理论基础虽然不同，但是如果抛开人的因素、信息的语用因素和信息系统设计的目的，仅从技术和内容上看，两种观点设计的信息系统基本一致，但是设计信息系统的指导思想显然不一致，而且结合人的因素来看待，两种观点还有很大的区别。这也是两种会计本质观的重要区别和联系所在。

---

① 胡玉明. 中国管理会计理论研究：回归本质与常识［J］. 财务研究，2017（3）：14 – 21.

　　综上所述，国内关于财务会计与管理会计融合的研究论文包括多种观点。从使用的概念上来说，有的叫作融合（王在春，1993；冯巧根，1996；鲍芳等，2001；徐玉德，2002；孙晓民，2003；费伦苏，2006；明雄，2006；赵序海，2015），有的叫作协调（马维华，1998），有的叫作结合（李旭，2000），有的叫作趋同（方慧，2005），有的叫作一体化（胡良才，1998），有的叫作集成（辛茂荀，2003；蔡立新、李彪，2016）；有的从信息角度研究财务会计与管理会计信息的互补性和趋同性从而论证财务会计与管理会计的融合，目的是满足会计信息使用者的需要，实现会计信息的相关性（如马维华，1998；方慧，2005；费伦苏，2006；赵序海，2015；等等）；有的从管理活动角度研究财务会计与管理会计职能的互补性从而建立财务会计与管理会计有机融合的会计管理系统（如王在春，1993；冯巧根，1996；胡良才，1998；李旭，2000；徐玉德，2002；辛茂荀，2003 等）；还有人从信息和管理两方面综合地分析财务会计与管理会计融合的可能性、必要性和条件（如明雄，2006）。即使从管理角度来研究融合，也有不同的角度和融合模式：有的着重于将财务会计、管理会计融合于事前、事中、事后的管理框架或会计控制循环中（如王在春，1993）；有的考虑把财务会计与管理会计学科融合后按照"管理型会计"重新划分学科（冯巧根，1996）；有的立足于建立将管理会计的目标和控制嵌入财务会计账户体系中，结合内部责任制主要从手工角度建立会计管理信息系统（如胡良才，1998）；还有的基于计算机软件和网络研究财务会计与管理会计的计算机融合模型（如徐玉德，2002；蔡立新等，2017；林钢，2019）。

　　总体来看，研究水平还不够高，重复性论述较多，缺乏实证研究，也缺乏规范性的概念界定、理论基础等的研究。本书认为，财务会计与管理会计的信息交叉与互补只是一种表现，财务会计与管理会计都要为要素持有者提供决策所需要的信息才是背后起作用的因素；信息技术是财务会计与管理会计实现融合的技术手段，因为管理活动论承认会计是一个通信系统，通信系统所传递信息的语义、语法、语用都是人基于管理再生产活动和产权关系的需要设计的，纯粹的信息系统没有职能；在会计管理活动论下，财务会计与管理会计的融合包括信息系统的融合、管理职能的耦合、会计准则的协调、财务会计和管理会计理论体系的融合、财务会计与管理会计实践的融合。会计管理活动论观点站得高看得远，具有全面性、开放性、延展性、方向性，基于会计管理活动论开发会计信息系统、控制系统和会计准则既有助于促进会计工作沿着正确的方向前进，也有利于促进财务会计与管理会计的融合。所以，应该在会计管理活动论的基础上实现财务会计与管理会计的融合。

（二）国外关于财务会计与管理会计融合的研究简述

1. 国外相关会计组织的观点。

（1）基于会计信息融合的观点。1966 年，美国会计学会（AAA）在"会计基本理论说明"中将会计定义为："会计是鉴定、计量和传送经济信息的过程，借以使信息使用者能够做出可靠的判断和决策。"[①] 这个定义强调会计是一个过程，并提出会计过程的目标是提供包括用于：①投资者、债权人进行有关决策的信息；②内部管理者进行计划制订和实施（包括激励和评价）的信息；③管理者或受托者资源保护的信息；④有利于履行社会职能和社会运转的信息。这些信息既包括与交易有关的信息也包括与交易无关的信息；既包括历史记录的信息也包括"与未来计划与期望有关的信息"。美国会计学会还指出："会计是一种可应用于各种对象的计量和传递程序。"[②] 显然，美国会计学会给出的是一个高度概括的具有一般意义上的会计概念，既包含了财务会计也包括了管理会计，融合了历史信息与未来信息、财务信息与非财务信息、内部使用的信息与外部使用的信息、信息提供过程与结果、会计信息提供与会计信息使用以及信息职能与管理职能，说明了财务会计与管理会计是具有共同点可以融合在一起的，财务会计与管理会计本来都是会计系统的构成部分，是一般会计的两种具体表现和应用。

美国会计学会还对未来会计信息系统提出了意见，进一步体现了财务会计与管理会计的融合趋势。该书认为，"将来的会计信息系统的结构可能把为各种目的搜集的数量化资料作为其会计输入，而把基本公开报告以及为编制计划、指挥、控制活动提供的各种内部报告当作会计输出。因此，会计信息系统不仅包括适于传统分类模型的计划信息，还包括所有的非交易资料——无论是过去的还是预计的，也无论是从企业内部得来的还是从外部得出的，只要能为经济个体的活动指明方向，都可以包括于内。把资料搜集、保管、综合、传递等职能统一于企业内是自然的、也是合乎目的的，特别是随着大型计算机应用技术

---

① 王世定. 我的会计观 [M]. 北京：人民出版社，1996，4.

② [美] 美国会计学会. 会计基础理论 [M]. 文硕，等译. 北京：中国商业出版社，1991：5 – 6.

的进步，实现这种统一已成为可能。"①"会计范围将包括揭示过去、现在与将来社会经济活动资料的计量、传递，控制方法和各层级决策的改进将成为会计的主要目标。"②受 AAA 这个研究报告的影响，1966 年后的很多《会计学》，"财务会计和管理会计就合并起来成为一个统一的系统"。③

美国财务会计准则委员会（FASB）在财务会计方面提出财务报告信息的广泛性，陆续增加了现金流量表（SFAC1）、分部报告（SFAS14）、自创商誉（FASB2000）、预测和前瞻性会计信息和管理当局的意图等自愿披露报告（FASB2001），在可持续发展理念指引下，企业也陆续发布环境报告、社会责任报告、可持续发展报告等非财务信息。显然，对外提供的财务会计信息已经既包括历史信息也包括未来信息，既包括货币信息也包括非货币性信息，既包括确定性信息也包括不确定性信息，既有全部信息也有分部信息，既有历史成本计量也有未来价值计量，既有有形资产也有难以计量的无形资产。这些信息与内部使用的会计信息没有太大区别。

1973 年，美国注册会计师协会（AICPA）所属特鲁布拉德委员会（True-blood Committee）发布了特鲁布拉德报告（trueblood committee report）（《会计报表目标》），财务会计报告有十二个不同层次的目标，包括向股东、债权人、管理当局、政府机构、社会公众等提供各种用于制定经济决策的信息。可以看出，此种财务会计报告属于一种融合了财务会计信息、管理会计信息和税务会计信息等的会计信息。

为了适应网络经济和知识经济的发展以及提高财务会计信息相关性的要求，美国注册会计师协会（AICPA）财务报告特别委员会发表于 1994 年的《改进企业报告——着眼于用户》也主张在企业报告中采用多种信息揭示方式，"从原来着重于财务信息，扩展到非财务信息（如市场占有率、质量水平、客户满意度、员工情况、投入产出、革新情况等）；从原来着重于最终经营成果，扩展到企业的背景信息和前瞻性信息（如企业的经营目标和战略、产业结构对企业的影响、企业面临的各种机会和风险等）；而且新增加的信息类型在企业报告中占有很大比重"④，并具体提出建立企业综合报告模

————————

　①②　［美］美国会计学会. 会计基础理论［M］. 文硕，等译. 北京：中国商业出版社，1991：72，76.

　③　杨时展. 会计信息系统说二评：反映论和控制论的论争［J］. 财会通讯，1992（5）：13 – 16.

　④　美国注册会计师协会财务报告特别委员会综合报告. 论改进企业报告［M］. 陈毓圭，译. 北京：中国财政经济出版社，1997；前言，46 – 64.

型，应包括改进的经营分部信息、相关统计数据、管理部门的计划、管理部门的分析、报告的周期和期间数也可以进行协商等内容。2003 年 3 月，美国注册会计师协会又发表了关于财务报告内部控制审计和报告征求意见稿。2003 年 6 月，证券交易委员会根据征求意见的结果颁布了《最终规则：管理层对财务报告内部控制的报告和证券交易法定期报告披露的证明》，从规范角度明确了内部控制报告发布的要求。

2010 年 8 月，在国际会计准则理事会（IASB）和美国财务会计准则委员会（FASB）以及发展和促进金融市场国际监管标准的国际证监会组织（IOSCO）的支持下，一个致力于发展"整合报告"框架及编制标准的国际机构——国际整合报告委员会（IIRC）成立了，该机构致力于向社会各界提供关于企业财务与非财务、长远发展战略、控制和治理、履行环境与社会责任以及致力于可持续发展等方面经整合的、一致的和精要的信息——"整合报告"（integrated reporting）。2011 年 1 月底，南非共和国发布了世界上第一份"整合报告指引"，强制要求在约翰内斯堡证交所上市的 400 余家企业用整合报告代替年度报告。2011 年 10 月，国际整合报告理事会选取全球 43 家企业，作为编制企业整合报告的试点企业。此外，法国也宣布国内雇员人数超过 5000 人的企业自 2012 年起须提交整合报告。在这样的报告中，财务信息只占较少的一部分，大部分属于内部管理信息。

国际会计准则理事会（IASB）分别于 2013 年 7 月和 2015 年 5 月先后发布《财务报告概念框架的评论（讨论稿）》（DP）和《财务报告概念框架（征求意见稿)》（ED），继续坚持了 IASB2010 年版概念框架中对财务报告唯一目标的观点，即决策有用性是财务报告的唯一目标，财务会计目标与管理会计目标开始趋同。

（2）基于职能融合的观点。除了信息互补和融合之外，国外会计组织关于财务会计与管理会计融合的研究还体现在基于广义管理会计概念的财务会计与管理会计职能融合上。

20 世纪 80 年代以来，英美等国家有用管理会计概念统一财务会计与管理会计的倾向。例如，1982 年，英国成本与管理会计师协会（The Institute of Cost and Management Accountants，ICMA）将管理会计定义为"是对管理当局提供所需的信息的那一部分会计的工作，使管理当局得以：制定方针政策；对企业的各项活动进行计划和控制；保护财产的安全；向企业外部人员（股东等）反映财务状况；向职工反映财务状况；对各个行动的备选方案作出决

策。为此，需要参加到经营管理中去，以保证有效地：确定为达到各项目标
而制定的规划；确定短期经营计划；对实际业务事项进行记录；采取行动纠
正偏差，将未来的实际业务纳入轨道；获取并控制各种资金；对制度及其执
行情况进行检查并作出报告"。① 在这个定义的职能中，既包括向外部人员提
供信息职能也包括向内部人员提供信息职能，既包括计划（长期和短期）和
纠正偏差（对比分析并提出纠偏措施以影响决策）职能也包括记录职能，这
是融合了财务会计与管理会计职能，包括财务管理（获取并控制各种资金）
职能和审计（对制度及其执行情况进行检查并作出报告）职能，实际上把企
业财务会计、管理会计、财务管理和内部审计系统都看成了管理会计，以区
别于在企业外部独立提供服务的公共会计和审计。

　　1986 年，美国全美会计师协会（NAA）管理会计实务委员会（MAP）对
管理会计所下的定义为："管理会计是向管理当局提供用于企业内部计划、
评价、控制以及确保企业资源的合理使用和经济管理责任的履行所需财务信
息的确认、计量、归集、分析、编报、解释和传递的过程。管理会计还包括
编制供诸如股东、债权人、规则制定机构及税务当局等非管理集团使用的财
务报表。"② 该定义的管理会计职能既包括计划、评价、控制、确保资源合理
使用的决策、经济管理责任履行的记录和考核，也包括对外提供财务报表，
既包括了管理会计也包括了财务会计。

　　1988 年，国际会计师联合会（IFAC）所属的"财务和管理会计委员会"
认为，管理会计"应为规划、评价和控制任何经济组织的战略、策略和经营
及其内部和外部的沟通提供重要信息"③，涉及战略、策略和经营各个管理层
次的规划、评价、控制和对外提供会计报告，显然也包含了财务会计和管理
会计两个方面的内容。

　　自 1981 年 3 月以来，美国管理会计师协会（IMA）累计发布了约 40 项管
理会计公告（SMA）。迄今，IMA 认为，管理会计的基本目标是向管理者以及
要素持有者提供决策有用的信息，为实现管理会计目标，管理会计人员必须恰
当地进行计划的制定、经营事项的评价、控制的实施，以及完成有关经营资源
履行情况的会计受托责任，并向外部作出报告。2008 年，美国管理会计师协会
（IMA）提出，管理会计是一种深度参与管理决策、制定计划与绩效管理系统、

---

① 孙茂竹. 管理会计的理论思考与架构［M］. 北京：中国人民大学出版社，2002：6.
②③ 毛付根，王光远. 管理会计国际惯例［M］. 北京：中国人民大学出版社，1997：2，11.

提供财务报告与控制方面的专业知识以及帮助管理者制定并实施组织战略的职业。IMA 对于管理会计的定义和目标都包含对外报告即财务会计。

2014 年 11 月，全球最大的管理会计师组织——英国皇家特许会计师公会（CIMA）与全球最大的职业会计师组织——美国注册会计师协会（AICPA）携手发布的《全球管理会计原则》（*Global Management Accounting Principles*），明确列出了管理会计的 16 个核心实践领域，包括成本改造与管理、外部报告、财务战略、内部控制、投资评估、管理与预算控制、定价、折扣与产品决策、项目管理、守法与合规、资源管理、风险管理、战略性税收管理、司库与现金管理以及内部审计等，涵盖财务会计、成本管理、财务管理、狭义管理会计、内部控制等内容，同时指出管理会计可以在各个时期为相关利益人创造价值。

2. 国外会计学术界的观点。

（1）基于会计职能与信息融合的观点。国外关于财务会计与管理会计融合问题的研究由来已久，在管理会计产生之初，即财务会计与管理会计分离之初，就有了财务会计与管理会计融合的思想和实践。在查特菲尔德的《会计思想史》一书中，作者就提出，在 1920 年以前，美国的效率工程师哈林顿·埃默森（Harrington Emerson）就指出了将标准成本与通常的会计记录结合起来的必要性。到了 1920 年，作为管理会计雏形的标准成本制度与财务会计就已经全部具体地结合起来，这是财务会计与管理会计融合的第一次实践。后来，成本会计方法引入决策和预算领域，形成决策会计和预算制度，并且更进一步，刚刚形成的管理会计的弹性预算、边际贡献等很多方法和概念也继续成为提高财务会计可信程度的努力方向："杭伯格（Homburger）和登特（Dent）认为，用于管理决策的相关成本应当比采用公认会计原则得出的数据对投资者更有用处。比较预算结果与实际结果，直接成本法，分解产品利润以确定每一产品、每一部门、每一附属组织的边际贡献，使用资本预算方法以引导出资产重置成本以及根据流动资产的市价进行评估，均是提高财务报表可信程度的技术。从许多方面看，管理会计的概念体现了财务会计人员的努力方向。"[①] 后来的会计发展也证明了这个预言，损益表、现金流量表（FASB，1987）、全面收益表、前瞻性信息、分部信息、多重计量属性信息等相继或即将由内部信息纳入了外部披露的信息。

---

① ［美］查特菲尔德. 会计思想史 ［M］. 文硕，董晓柏译. 北京：中国商业出版社，1989.

孙铮（1989）整理了美国会计学者对财务会计与管理会计异同的看法。概括而言，财务会计与管理会计存在以下一些相似之点："①记账。这包括对于有关的经济业务数据进行分类、计量和积累等。②业绩评估。归类和总结一定时期内经营活动或其中一项业务的财务成果，并据以指导有关方面对企业某些财务或管理问题的关注。③制定决策。即通过备选方案的选择以指导业务的未来。""在会计的这两个分支间之所以存在着差异，一般认为是由于财务会计缺少灵活性。"①

黄振丰、王美兰、乐梅江认为，财务会计与管理会计均可以依据一般公认会计原则，均利用同样的原始资料，均重视经营管理观念——财务会计重视对整个企业的管理，管理会计重视对企业内部自最高层至各个层级的管理，"过去之会计以提供财务资料为前提，现代之会计兼以辅助管理为己任"。②

英国学者安东尼·J.阿诺德（1991）认为，财务会计与管理会计的职能或者作用本质上是相同的，都是为了对经济活动进行管理。二者的区别主要是由于财务会计缺乏改进，而管理会计信息更具有相关性。作者认为，财务会计与管理会计在会计信息适用原则上应该协调一致，作者支持苏格兰特许会计师协会试图把财务会计与管理会计实务更相一致的意见，并同意该协会认为企业外部投资者投资决策所需要的信息与内部管理者所需要的信息在种类或性质上相同，不同的只是信息量。英国会计学者布莱恩·卡斯伯格（Bryan Carsberg，1984）也认为，财务会计与管理会计存在重新组合的趋势。

财务会计与管理会计是一体的、可以融合的，一些日本学者持有类似观点。20世纪80年代翻译引进的由日本中小企业诊断协会为了普及诊断知识而编著的《工业企业诊断基础第五篇财务诊断》就认为，"财务会计和管理会计都是为了向企业外部利害相关者、企业内部经营者及经营管理者，在进行经营决策时，提供会计情况"，"企业会计制度，必须把财务会计和管理会计有机地结合在一起，并实现一体化"。结合的方式应"依据管理会计目的，分门别类地设置科目体系，应放在重点，并且与实现财务会计目的科目体系相结合，以期使导出的会计数据相互符合，而又正确"。③

① 孙铮.国外管理会计与财务会计的异同观［J］.上海会计，1988（10）：31-33.
② 黄振丰，王美兰，乐梅江，等.管理会计理论与应用［M］.台北：五南图书出版有限公司，1996.
③ ［日］中小企业诊断协会.工业企业诊断基础（第五篇财务诊断）［M］.李丕菊，姚永璞，译.北京：《企业技术进步》杂志社，1990.

日本会计学者宫川嘉治（1989）认为，"进入（20 世纪）60 年代后，出现了财务会计与管理会计统一化的设想。产生这种设想的前提有三个：第一，由于大型计算机的开发引进使信息处理能力飞速发展。第二，第二次世界大战后，管理会计的特征、体系、方法都有了明确的规定，把在此以前个别设计引进的各种手法都在管理会计这一框架中进行管理，使管理会计系统化……第三，伴随着统一化，人们认识到会计信息提供组织一元化、减少资料收集处理上的间隙和重复，确保信息的正确性、一贯性，改善对信息的控制职能，节约信息成本方面的价值"。①

美国著名会计学者霍格伦（Horngren. C. T. ）在其《管理会计导论》（2002）一书中认为，会计信息的用途就是企业内部和外部的决策，具体有事实记录、引起注意和解决问题三个方面的作用，会计系统是一个收集、组织和传递组织活动信息的机制，对外报告的会计系统与对内报告的会计系统是否合二为一取决于成本—效益原则。并且，作者还基于"会计和管理是不可分割的"观点，把管理过程与财务会计、管理会计联结起来，建立了与我国会计学者设计的模型非常相似的会计管理模型。作者认为，管理会计设定预算目标与管理的计划职能相连接，财务会计系统通过原始记录、分类账簿方式提供实际收入、费用等记录并与管理的控制职能相连接，会计系统还通过会计分析和对比考察预算目标的完成情况并与管理的评价职能连接。

坎宁汉姆（Billie M. Cunningham）的《会计学：为企业决策提供信息》（2000）以会计（融合财务会计与管理会计的会计）是为企业决策提供信息为线索，以创业企业和公司的计划、经营或管理、报告和评价为结构给学习者提供了会计学图象。会计的计划、报告或记录与评价职能贯穿了企业内部经营管理的各个方面、各个环节，财务会计与管理会计完全融合在一起并与企业管理活动紧密相连。

（2）基于契约融合的观点。1997 年，夏恩·桑德（Shyam Sunder）出版的《会计与控制理论》一书，基于企业的契约理论，把会计的职能界定为维护和控制契约的订立和履行，具体职能包括：计量各个主体的要素投入，确认并支付每个主体的利益，向参与者报告契约履行程度的信息，提供信息以维持要素市场的流动性，向参与者提供共同知识信息。他把要素提供者作为主体，企业作为主体活动的平台，这样企业参与者就不分外部和内部，向主

---

① 胡玉明．论资本成本会计［M］．北京：中国经济出版社，1997：212－213.

体提供信息也就难以区分财务会计和管理会计。

英格拉姆（Robert W. Ingram，1999）从企业是由包括投资者和管理者在内的利益主体投入的资源集合和各利益主体签订的契约出发，认为：①会计是为所有利益主体运用资源决策提供信息的，财务会计既为内部也为外部决策提供信息，财务会计系统首先用于内部管理，"管理决策是财务会计和管理会计共同关注的问题"；① ②财务会计和管理会计本质上是一样的，都是向拍板决策者准备、报告、解释有关信息的过程；③不同的信息使用者需要不同的计量准则以满足决策需要，但是本质并无不同；④财务会计与管理会计共用一个数据库，"使用者可根据各自的需要从数据库中得到不同类型的信息"；⑤提供给不同信息使用者的会计信息适用不同的报告准则，并由不同的主体制订，不同的会计准则要满足不同决策的要求。

（3）相关实证研究的文献。德国吉森大学（University of Giessen）在一项问卷调查中，发现使用财务会计记录作为管理会计活动、内部报告和业绩评价主要数据来源的企业（即管理会计与财务会计"融合（integrated）"的企业）能够显著提高管理控制的有效性，管理会计和财务会计提供的会计信息的协调一致有助于管理者对会计信息的理解（黄曼远，2014）。财务会计与管理会计的趋同过程（convergence process of FA and MA）是根本性的和不可阻挡的"Fundamental and Inexorable"（Sara Trucco，2015）②，多项研究证实 ERP 可以促进对外财务信息和内部管理信息之间的关系（Taipaleenmäki and Ikäheimo，2013）；财务会计与管理会计信息的整合对控制人有效性有充分的中介作用（Barbara E. Weißenberger & Hendrik Angelkort，2010）。

综上所述，西方国家在管理会计产生同时就致力于其与传统簿记的融合，1966 年前后致力于财务会计与管理会计共同本质（即会计）的研究，后期转向财务会计与管理会计信息趋同的研究。20 世纪 80 年代以来，西方各大会计组织陆续提出了融合财务会计的广义管理会计概念，随着"全球管理会计原则"的发布，该概念成为整合财务管理、财务会计、管理会计、审计、内部控制、风险管理等学科的不仅是大管理会计，而且是大会计的概念，该概念充分体现了会计的管理活动本质，提供信息只是会计管理的手段和结

---

① ［美］罗伯特 W. 英格拉姆. 财务会计：为决策提供信息［M］. 黄慧馨，伍利娜，译. 北京：中国社会科学出版社，1997：6，61，65，66，162.

② Trucco, Sara. Financial Accounting: Development Paths and Alignment to Management Accounting in the Italian Context［M］. Springer International Publishing，2015.

果——这是非常接近客观事实的。但由于其西方会计学的机械性特点，该概念没有考虑到行为与会计关系的问题，从而没有变成各种会计管理部门和学科有机融合的会计管理活动论。

（三）小结

近现代会计的发展主要在西方，由于所有者与管理者的分离和资本市场的产生与发展，财务会计从传统会计中分离出来；由于竞争的加剧和内部管理的要求，管理会计产生和发展起来；同样由于企业和市场的进一步发展使得财务会计与管理会计又趋向于融合。在上面关于国外财务会计与管理会计融合的研究中，表现为提供信息（多元）的逐渐接近，会计管理（决策）功能的逐渐接近；在具体操作上，财务会计系统与管理会计系统的融合与否主要取决于成本—效益的权衡比较；由于财务会计与管理会计在信息标准、职能作用和基本程序上没有本质区别，财务会计与管理会计逐渐统一于广义管理会计概念；随着 ERP、大智移云物区等信息技术的发展，财务会计、管理会计实现了结合并与管理职能融合起来。

二、财务会计与管理会计融合的原因

在国内外文献综述的基础上，本部分从理论上分析财务会计与管理会计融合的可行性与现实性。

（一）财务会计与管理会计融合的可行性

财务会计与管理会计职能互补、信息交叉、对象一致、目标一致，所以理论上二者融合是可行的。

1. 财务会计与管理会计职能的互补性与交叉性。会计的本质职能是决策，"会计就是权衡、盘算"，"会计学是算计之学"，是使人精明的学问[①]，只是为了更加准确可靠地决策，才采用统一的计量单位采集数量化信息（在货币经济下采用货币计量单位采集货币化信息）进行记录、计算，在要素持有者契约里，对一些会计要素还需要进行确认。在一个控制系统里，决策是

[①] 商思争. 作为记录的会计：会计管理活动论的历史分析和逻辑证明 [J]. 财会通讯，2006 (11)：9-12.

围绕控制进行的，是实现控制目标的手段，控制目标的制定和实现需要会计信息和会计决策，财务会计与管理会计本质职能相同，具体职能相互衔接。

一般来说，会计自产生之日起就有管理职能，原始计量记录行为都是有管理和控制目的的，是最早的管理行为，古代会计（如大禹会稽山稽核、周朝官计、秦汉上计制度）就具有计划、记录、考核和审查的职能，一部会计产生、发展史就是会计管理职能和会计管理体制不断发展、不断完善的历史，财务会计与管理会计的分离就是会计管理职能不断发展、完善的产物，这也造成了会计管理职能的分化与互补，"财务会计，是从传统会计中脱胎出来的"，[①] 是传统会计的"主要继承者"[②]，主要为管理提供信息，如果没有管理会计和责任会计制定的目标、预算、标准、考核、评价、奖惩（或者用手投票、用脚投票），财务会计的信息加工和传递也就失去了存在的意义。财务会计系统的反映职能联系着考核、评价、奖惩，这就使得财务会计的反映具备了一定的监督、控制作用，财务会计信息也是预测、决策的主要依据。另外，"财务会计首先同时是管理会计。它……为企业的高层领导服务"[③]，管理会计的预测、决策、计划、预算和分析、评价信息是对财务会计信息的继续加工和运用，是会计规划和分析考核职能的实现和显化。

会计就是为管理而存在的，实践中财务会计与管理会计都具有管理职能，二者实际上是同一个会计系统的不同分支，这是融合的前提；同时，财务会计与管理会计在职能上又各有分工，相互合作、相互补充、相互制约，这是融合的条件和基础。财务会计主要是对再生产活动的记录或反映，管理会计是继续加工和处理财务会计信息并对再生产活动的未来进行规划和控制。具体来说，管理会计利用财务会计的历史信息以及其他有关信息进行预测并通过规划来制定目标和预算，财务会计和责任会计系统对目标和预算执行情况进行反映，责任会计记录可以用来进行日常的分析、考核、纠偏，实时适时控制以实现目标，过程结束后利用财务会计和责任会计的记录数据与标准比较分析、考核和评价，以便于修订预算、进行激励。但这并不是说财务会计的职能仅限于对企业发生的经营活动进行反映，实际上，如上文所说，财务会计脱胎于传统会计，（归属于管理层的财务会计人员）在搜集信息、处理信息、传递信息过程中无不体现出会计的监督、控制职能，可以消除代理问

---

① 毛伯林. 会计大典第 3 卷：财务会计（上）[M]. 北京：中国财政经济出版社，1999：15.
② 毛伯林. 会计大典第 3 卷：财务会计（上）[M]. 北京：中国财政经济出版社，1999：7.
③ 葛家澍，余绪缨. 会计学 [M]. 北京：高等教育出版社，2000：9，41.

题中的败德行为。而管理会计的职能也不仅仅是预测、决策、计划、预算和分析、考核、评价，管理会计也有责任会计的反映和核算，管理会计信息也需要对外报告；同时，财务会计核算和反映的内容与范围受决策相关性和受托责任的制约，反映的信息受规划和控制的制约，同时，管理会计的信息也受到财务会计的可靠性和及时性的影响和制约。由此看来，财务会计与管理会计密不可分又相互制约，并且职能互补、互相制约，只有将二者结合起来，才是完整的会计，才能全面地实现"过程控制"和"观念总结"的职能，形成一个和谐统一的会计管理系统。

王世定认为，会计是有人参加的按照预期目标对再生产过程进行管理和控制的实践活动，这里包含了目标、执行、纠正偏差等环节，既需要财务会计提供信息，也需要管理会计制定目标、分析目标执行情况并进行反馈，会计管理是财务会计与管理会计相结合的整个会计系统的管理职能。所以说，承认会计管理活动论，就应该承认财务会计与管理会计的融合。

不仅如此，会计信息通过通信和对决策的影响在管理的各个层次、环节和职能中都发生作用。企业本质上是一系列契约的连接，企业也是一个生产性组织，为了完成一定的生产任务，各契约方需要层层签订代理和受托责任契约，按照受托责任理论和代理理论，企业可以分为外部要素持有者与管理者的委托代理契约、上级管理层对下级管理者的委托代理契约、管理者与执行者的委托代理契约，财务会计、管理会计系统通过对代理活动的过程和结果进行确认、计量、记录，并将信息如实报告给代理双方，供其合理地进行决策的同时建立一系列沟通、激励、协调机制——财务会计准则，其实质上是各个要素持有者博弈和协调的产物，据此进行的会计确认实质上是对要素持有者的产权界定、利益分配，会计计量是对要素持有者投入的肯定和激励，财务会计报告是各个要素持有者的相互利益和产权变动信息的沟通，因此，会计也是对企业契约关系的维护和控制。总之，企业会计信息与管理和控制过程密切相关，会计管理职能与一般管理职能完全相同，正如李天民所说，管理有什么职能，会计就有什么职能。[①] 所以，以 AAA 会计定义为基础，会计与一般管理和控制系统也可以完全融合在一起。笔者认为，以会计信息与决策紧密连接的 AAA 定义为基础的会计管理活动论可以作为会计系统设计的指导思想。

---

① 李天民. 管理会计研究［M］. 上海：立信会计出版社，1994：143－144.

总之，会计与管理具有天然的联系或血缘关系，管理的需要决定着会计的产生和发展，决定着会计系统的结构和规模，管理有什么职能，会计也就有什么样的职能，会计与管理无法分割，财务会计与管理会计作为会计管理系统的子系统也无法分割。

2. 财务会计信息与管理会计信息的趋同、交叉与互补。从会计信息披露来看，通常认为财务会计与管理会计的区分主要包括以下几点：财务会计是对外报告的会计，财务会计报告用于外部决策，管理会计是对内报告的会计，管理会计信息用于内部决策；财务会计主要提供历史信息，管理会计主要提供未来的信息；财务会计主要提供企业整体的会计信息，管理会计可以提供分部门的信息；财务会计主要提供定量的财务信息，管理会计可以提供定性的信息或者其他非财务信息；财务会计信息强调精确性，管理会计不强调精确性；财务会计不强调及时性，管理会计强调及时性；财务会计提供权责发生制信息，管理会计提供现金制信息。

财务会计信息与管理会计信息自产生之日起，就处于不断交叉和融合的过程之中。20 世纪初，提供未来信息的标准成本与提供实际信息的账户体系的融合就是一例。20 世纪初，新兴管理会计的一些方法和概念如边际贡献、相关成本、预算与实际的比较以及重置成本、市价等计价方法等刚刚形成就有人认识到了它们对投资者和借贷者决策的紧密相关性并建议运用到对外的财务报告中。另外，现金流量表在 20 世纪初期也是内部管理用会计报表，叫做流动资金报表，经济大危机后，变成对外公布的第三张财务报表。① 现代企业的财务报告体系发展到包括基本财务报表、附表和附注。随着企业面临的环境渐趋复杂以及管理手段的日益完善，战略管理会计、作业会计、增值会计、现金流动会计模式以及人力资源、无形资产、环境等逐步完善或进入会计领域，财务会计和管理会计信息及其提供准则越来越趋同。现在我国和国际会计准则的会计报告都不仅包括财务信息还包括非财务信息，包括历史信息也包括未来信息，包括全部信息也包括分部信息，包括整期报告也包括分期报告，包括历史成本也包括现时成本甚至未来价值。

现代财务会计与管理会计信息的交叉、趋同和融合主要表现在以下几个方面。

---

① 1971 年，美国 APB 发表第 19 号意见书——企业应该发布财务状况变动表；1989 年，美国 FASB 正式发布 FAS95《现金流量表》。

（1）财务会计信息与管理会计信息逐步趋同。主要包含三个方面：财务会计信息管理会计化、管理会计信息财务会计化、财务会计与管理会计信息一体化。

首先，财务会计信息管理会计化。"投资者为了对自己企业的卷入（向谁投资等）进行正确决策所需要的信息，同作为管理当局需要运用的信息是在种类或性质上相同的，但两者所需的信息量不一样"①。现代财务会计也如同管理会计一样对外提供预测性的信息和分析性资料（AICPA，1994；AAA，1966；FASB，1984）、分部信息、期中报告、定性信息（IFRS，企业会计准则）、现实成本信息、公允价值信息、现金制会计信息、精确性信息或粗略数据、确定数据或概率数据。总之，对外报告的信息与对内报告的信息具有逐渐接近的趋势。这是因为，对外报告的信息也是为了决策和管理需要，正如澳大利亚著名会计学者巴顿（Allan D. Barton，1982）所认为的，所有会计信息使用者需要会计信息都是基于决策、控制和经管责任的需要。② 外部管理所需信息与内部管理所需信息没有本质区别，例如，"商界人士几乎总是比较喜欢尽快得到粗略的数字"，一些直观、定性和文字化的信息可以通过人脑"选择性编码、组合、比较"得出所谓"直觉决策"。③

其次，管理会计信息财务会计化。为了内部经营管理，管理会计也进行实际记录，管理会计的"记录职能和财务会计相同"④，也就是说管理会计也有实际的核算信息，如责任会计。更重要的是，管理人员也需要财务会计信息，甚至有人认为整个企业的财务会计信息是为企业高层服务的，因为会计其实就是一种定期考试制度（K. W. Hoskin & R. H. Macve，1993），财务会计报告就是考试试卷，为了获得好的成绩，管理必须经常检测财务会计报告信息以查看有关指标的完成进度，所以，财务会计提供的指标都是内部管理者非常关心的，管理者通过财务会计报告适时、实时监控企业再生产活动运行情况，依据事先制定的标准随时作出纠偏、奖惩决策，实现对再生产活动的控制。根据美国财务会计准则委员会的报告《企业编制财务报告的目的》可

---

① ［英］安东尼·J. 阿诺德. 财务会计与管理会计的统一［J］. 傅新根，译. 会计之友（上），1990（4）：26－27，31.

② 张为国. 会计目的与会计改革［M］. 北京：中国财政经济出版社，1991：195.

③ ［英］大卫·密道尔顿. 财务与会计决策［M］. 黄乃圣，等译. 上海：上海远东出版社，2003：191.

④ ［英］大卫·密道尔顿. 财务与会计决策［M］. 黄乃圣，等译. 上海：上海远东出版社，2003：8.

知："管理方面所需关于资产、负债、收益以及有关要素的信息，和外部用户大体相同。总的说来，他们除另外有所需要外，一般和外部用户所需要的各种信息是一样的。所以，编制对外财务报告所提供的信息，管理方面是一个主要的用户。""管理会计和财务会计两者所提供的信息，管理人员都需要使用……这些信息一般都是通过同一个会计制度加以收集和处理的。只是对内提供信息的详细程度，往往高于对外报告"。① 美国会计学会也认为"管理人员需要的大部分信息来自会计系统。这些信息中的某些东西的基本性质与列入组织体的会计报表的信息相同，但有时可能表现得更详细，或根据分类特征与程度的不同加以修改后表示出来。"②

最后，财务会计与管理会计信息一体化。根据企业的契约理论，企业是要素持有者的一组契约，企业要素持有者包括投资者、债权人、政府、供应商、客户、员工、管理者，从契约角度来看，他们的地位是平等的，不存在外部和内部之分；根据会计的契约理论，财务会计报告信息是要素持有者的契约——各个要素持有者向企业投入资源并据此获得回报，需要定期了解其资源投入和报酬变动信息，不同要素持有者的投入和报酬信息构成了企业整体的财务会计报告——为了维护契约，实现共同知识的分享（Shyam Sunder，2000），每个要素持有者的信息需求从性质上和类型上都需要得到满足，因此，各个要素持有者都需要获取同样的所有要素持有者的资源投入和报酬的信息，也就是整个企业组织的财务会计报告信息。但是管理者所投入的要素是对其他要素投入者投入的要素集合尤其是员工的人力资本投入进行配置、运作和控制，由于掌握的资源规模更大、决策的复杂程度更高，管理者还需要对所有要素持有者投入资源集合进行管理控制所必要的决策分析和激励信息，也由于人力资源管理的复杂性，企业契约有必要转化为员工的分层代理契约，需要建立责任会计制度及其控制信息。但是归根结底，管理层、员工仍然是要素持有者，是企业契约主体的一部分，所以他们与其他要素持有者的信息需求在性质上没有本质区别，财务会计与管理会计都是会计契约的组成部分。

（2）财务会计与管理会计信息源和信息处理程序基本相同。除了在信息输出上交叉和趋同以外，它们还共同使用一个重要的（但不是唯一的）信息

① ［美］财务会计准则委员会. 论财务会计概念［M］. 娄尔行，译. 北京：中国财政经济出版社，1992：19–21.

② 美国会计学会. 会计基础理论［M］. 文硕，等译. 北京：中国商业出版社，1991：45.

源——再生产活动所产生的信息，财务会计与管理会计都是对再生产活动所产生信息的加工结果。这些原始信息通过人机交互和一定的信息输入或采集技术形成数据库或数据仓库，有一些经过初步筛选和加工变成比较正式的、用统一计量尺度、采用账户体系形成的信息，另有一些构成非结构化信息，可以经过电脑的加工处理和人脑的分析变成决策有用的信息，这时候很难再区分什么是财务会计信息、什么是管理会计信息。"管理会计报表与财务会计报表两者的基础数据和基本业务本质上是相同的，不同之处在于报表的详细程度有所不同。两套报表可视为相同数据的不同视窗。"① 一般来说，"所公布的财务报表是在企业管理部门所使用的有关企业财务状况、经营业绩和财务状况变动的资料的基础上编制的"。② 从信息处理角度看，财务会计和管理会计的一般程序也是一致的，都需要经过信息搜集、信息加工处理和信息传递的过程，并且，"管理会计所依赖的原理和财务会计有许多相似之处。它充分利用了内部资产负债表、损益表、资金流量表和财务比率分析"。③ 大数据下，财务会计与管理会计信息加工程序一般都经过数据采集、清洗、挖掘和可视化。

（3）财务会计信息与管理会计信息本质相同。本质也是分层次的，从通信系统角度看，无论财务会计还是管理会计都是鉴定、计量和传递经济信息以使信息使用者作出可靠判断和决策的过程（AAA，1966），无论财务会计还是管理会计信息，首要的质量特征都是决策相关性（AAA，1966），而且外部决策和内部决策的会计信息没有本质（种类和性质）的差别，差别的只是信息量④。

如果从更深刻的本质——会计管理和控制的角度来看，财务会计信息与管理会计信息更是浑然一体、无法截然分开的。会计最主要的目的就是对再生产过程进行管理和控制，财务会计和管理会计报告的信息都是经过"第一控制系统"（对信息质量的控制）和"第二控制系统"（对再生产过程的控制）⑤ 尤其是"第二控制系统"（对再生产过程的控制）的控制所得到的接

① ［美］D. 詹姆斯，G. H. 塞伯特. Oracle Financials 使用手册［M］. 刘晓霞，等译. 北京：机械工业出版社，2000：60 – 61.
② 王云芳，胡乐亭. 国际会计准则［M］. 济南：山东友谊出版社，1994：22.
③ ［英］大卫·密道尔顿. 财务与会计决策［M］. 黄乃圣，等译. 上海：上海远东出版社，2003：7.
④ 毛付根，王光远. 管理会计国际惯例［M］. 北京：中国人民大学出版社，1997.
⑤ 杨时展. 会计信息系统说二评：反映论和控制论的论争［J］. 财会通讯，1992（5）.

近或符合预期目标的信息；反过来，无论财务会计还是管理会计，提供信息的目的都是要素持有者对自身要素投入的管理和控制，鉴定、计量和传递信息本身也是按照预期目标进行管理和控制的过程，内外报告信息的数量和质量应该尽可能趋向均衡。就像一个人一样，个人工作时需要靠精准的信息和及时的反馈控制工作趋向目标（目标要可计量）的进程，控制的结果（工作成绩）也要及时向利益相关方报告已取得进一步的支持，这是受托责任的应有之义——个人工作成绩本来个人努力加大家支持的结果。如果要获得积极的支持资源以利于进一步的工作，对外报告的信息也应实事求是，与本人知悉的信息应是对称的。

综上所述，随着两种信息日益交叉、趋同，财务会计信息系统与管理会计信息系统将逐渐合二为一，早在 1966 年，美国会计学会（AAA）就注意到了两种会计信息系统"统一起来的倾向"。①

3. 财务会计与管理会计对象的一致性。会计管理的对象是再生产活动（王世定，1993）。企业会计信息是以货币为主要计量手段对再生产活动的反映，任何会计信息都可以并且应该能够（通过"信息运动——价格运动——价值运动——使用价值运动"）追溯到再生产活动，会计信息无论采用什么方法确认和计量，总是对再生产活动过程的"观念总结"，是价值抽象；会计信息只有作用于再生产过程，会计的职能才能够发挥，会计才能真正有用；再生产活动有历史和未来不同的时态，会计信息也有关于再生产活动的历史信息和未来信息，无论财务会计还是管理会计、历史信息还是未来信息，所有的信息归根结底都来自再生产活动。作为实践活动的会计，财务会计主要利用历史信息而管理会计主要利用（预测的）未来信息影响或直接作出对再生产活动的决策，实现对再生产活动的管理和控制。财务会计是以货币为主要计量单位对企业再生产活动进行的反映和监督，管理会计是通过以财务信息为主的经济信息处理对企业再生产活动进行的规划和控制，二者反映和控制的对象是相同的。

作为人的社会实践活动，再生产活动过程并不是像自然物那样独立于人的意志的对象，而是在要素持有者投入人、财、物、力要素（尤其是劳动要素）后才产生、运转并变化的，也就是说，再生产活动取决于要素的投入，而要素的投入取决于要素持有者的决策，要素持有者的决策取决于投入回报

---

① 美国会计学会. 会计基础理论［M］. 文硕，等译. 北京：中国商业出版社，1991.

信息，投入回报信息需要会计系统提供，所以，要素持有者也是会计的对象——会计报告的对象和决策被影响的对象——在这一点上，财务会计与管理会计没有本质差别。不同的是，财物资本要素的投入受财务会计信息影响，人力资本要素的投入受管理会计信息影响，所以，财务会计信息影响外部资源配置决策，管理会计信息提供内部资源配置决策的方法和手段（王世定，1993），前者促进了社会再生产活动的顺利进行，后者有利于企业再生产活动的发展。在现代市场经济条件下，企业再生产活动是整个社会再生产活动的一部分，各个企业再生产活动紧密相连构成了整个社会的再生产活动，从而使得"企业会计本身具有宏观性。企业会计也是社会会计的基础和组成部分"。① 从根本上说，再生产活动指的就是社会再生产活动。会计信息沟通了二者的关系，从而也把自己的两个部分（财务会计与管理会计）紧密联系在一起，企业会计应该立足于整个社会再生产的价值链来规划、控制企业再生产价值链，从而使企业会计与社会会计紧密相连，财务会计与管理会计也更加难解难分，所以，现代会计已经是包括微观、中观和宏观控制的具有社会性意义的控制系统（郭道扬，1997）。

总之，财务会计与管理会计对象本质一致决定了二者融合的可能性，形式上略有差异决定了二者融合的必要性。

4. 财务会计与管理会计最终目标一致。会计的目标分为具体目标和最终目标，二者是辩证统一的关系。最终目标决定和制约着具体目标，具体目标是实现最终目标的手段。最终目标决定着会计的目的和方向，具体目标决定着会计信息提供的范围、性质以及提供标准。

通常认为，会计最具体、最直接的目标是提供信息，但是提供信息是为了什么却有不同的观点。在美国会计学界，关于会计目标的代表观点主要包括决策相关和受托责任两种，决策相关性强调的对外报告的财务会计信息要满足决策需要；受托责任观认为财务会计的目标是解除受托责任，这都是财务会计报告的目标。实际上，这两种具体目标有交叉，管理会计报告的目标是决策相关性，财务会计报告的受托责任目标同样也是管理会计的目标："会计的首要目标是计量受托的业绩。会计人员利用记录和报告这两种工具来实现所追求的目标……受托者的行为已被记录，这一事实本身可使受托者

---

① 杨纪琬. 关于会计理论发展的几个问题［A］. 杨纪琬. 社会主义会计理论建设［C］. 北京：中国财政经济出版社，1988：215.

对其行为负责。记录实现了委托者的大部分利益。因此，重要的是会计系统的整体的有用性，而非会计报告信息本身的有用性。即使无人阅读会计报告，会计系统受托者和委托者的作用依然存在。"① 实际上，完整的会计信息提供和传递的目标都与管理控制密切相关，不能把财务会计报告的目标当作财务会计的目标，也不能把财务会计的目标当作会计目标，更不能把财务会计报告的目标当作会计的目标，否则就有以偏概全之嫌。决策相关和受托责任只能作为会计一个方面、一个环节的目标，可以作为会计的一种具体目标，用于推演财务会计信息收集和提供的范围、性质和提供的标准。国际会计准则理事会（IASB）（2010，2013，2015）提出，决策有用性是财务报告的唯一目标，财务会计报告目标与管理会计报告目标基本上是一致的。

"会计所反映和控制的既包括生产力因素，也包括生产关系的因素"。② 其一，会计反映和控制的对象包括生产力的因素。生产力主要指的是人与自然的关系，目的是以更少的投入获得更多的产出，满足人类生存和发展的需要，表现为经济效益。因此，会计的最终目标首先与经济效益有关，会计是一种管理活动，决策是管理的核心，经管责任报告是会计管理的结果（这种报告也促进了对受托人的管理），无论决策相关还是受托责任报告，最终都要作用于再生产活动，表现为对再生产活动的管理和控制，目的是提高再生产活动的效率和效益。所以，真正意义上的相关性是指会计信息"或传递信息的活动应对拟将进行的活动产生影响，或者有施加影响的可能性"，③ 这就是说，会计鉴定、计量和传递经济信息的活动应该通过决策对生产活动产生影响，即进行管理和控制，其目的当然应该是提高经济效益，"经济效益是会计工作的出发点和归宿，会计和经济效益形影相随"④ "会计自产生之日起就与经济效益有着扯不断、抹不掉的天然的'共生'关系"⑤ 或者"天然的血缘关系"。⑥ 作为会计报告的主要目标，无论财务会计还是管理会计，决策是为了控制再生产活动，控制再生产活动的目标是提高经济效益。财务会计提供信息是为了投资者和债权人的理财决策，影响社会经济资源的配置和社

① 张为国. 会计目的与会计改革 [M]. 北京：中国财政经济出版社，1991：199.
② 王世定. 我的会计观 [M]. 北京：人民出版社，1995：14.
③ 美国会计学会. 会计基础理论 [M]. 文硕，等译. 北京：中国商业出版社，1991：11.
④ 杨纪琬. 会计与经济效益 [J]. 电子财会，1984（1）：25 - 27.
⑤ 吴水澎. 经济效益会计论 [M]. 成都：西南财经大学出版社，1992.
⑥ 阎达五，李百兴. 会计管理学基础 [M]. 北京：首都经济贸易大学出版社，2003：22.

会经济效益，同时也通过要素投入影响企业的经济效益；管理会计是为了内部管理者的经营决策，实现内部资源配置和企业的经济效益，二者最终都会导致经济效益的变化，这也是会计的目标。财务会计报告是管理会计（通过影响决策进而实施控制）的结果，财务会计报告反过来也会通过市场考核、评价等督促企业加强内部管理和控制、促使管理会计发货作用；财务会计报告是受托责任履行结果（市场经济下的受托责任主要表现为资本增值和经济效益）的反映，管理会计通过规划、反映（如通过责任会计和内部报告）和控制促进受托责任的履行，提高企业的经济效益。其二，会计反映和控制的对象包括生产关系的因素。生产关系的实质是人与人之间的物质利益关系，所以，会计目标不仅与经济效益有关，还与人们之间的经济利益有关。从与经济效益的关系来看，经济利益①可以认为是经济效益的分配，按照生产力与生产关系的辩证关系，经济效益决定经济利益分配，对经济利益的追求也会促进经济效益的提高。企业是各种要素的集合，内部要素的配置和经济效益的提高主要通过管理会计来实现，经济利益关系的反映、分配和调整主要是通过财务会计来实现的，二者存在密切关系，在既定的分配规则下，有了好的经济效益，才有好的利益分配，也才有更多优质资源和要素的进入，要素的进入就需要对要素所有者之间利益关系进行反映和控制。财务会计信息的确认、计量都会涉及不同利益主体的产权关系，所有的要素最后都归结为各个利益主体的产权（权益和负债）账户，财务会计报告会影响要素持有者（产权所有者）的要素投入决策，所以财务会计的信息处理不仅具有技术性，而且具有社会性，财务会计信息的确认、计量等需要符合社会制度要求的或公认的调整产权关系的规则，要"公允"，财务会计准则是不同利益主体经济利益博弈的结果，是不同利益主体的契约，实质上也是一种既定社会分配制度下的分配规则。所以，对经济利益关系的反映和控制主要通过财务会计的确认、计量、记录和报告及其准则来实现，财务会计对产权关系的调整也是最重要的。同时，在管理会计中，预算的编制、内部转移价格的制订、责任的划分、成本的分配、激励方法和依据的设计也会影响到内部不同主体的经济利益关系，从而对他们的行为产生影响，实现会计的管理职能，提高企业经济效益。

---

① 经济利益是一般的说法，财务会计信息反映的经济利益关系可以称为产权关系，管理会计反映的经济利益关系是内部利益分配关系，此处统称为经济利益关系。

总之，整个会计系统和会计的最终目标是提高经济效益和合理调整、反映各利益主体的经济利益，它决定了会计的各个层次的具体目标，从而决定了会计系统的发展演变以及会计信息的范围。制订会计准则、设计会计系统应以能否提高经济效益、合理反映和分配经济利益为最高标准，在最终目标上，财务会计与管理会计没有隔阂，是天然地融合于一体的，区别只在于表现形式。

（二）财务会计与管理会计融合的现实性

财务会计与管理会计融合的现实性是指现实条件具备，包括信息技术发展、组织形式变革、会计和相关理论发展以及会计实践发展都为财务会计与管理会计融合提供了现实条件。

1. 信息技术的发展为财务会计与管理会计的融合提供了条件。王世定在管理软件和管理会计刚刚引入我国不久的 1984 年就提出了电算化行业中的"小系统"扩展论，即以系统论为指导，按照循序渐进原则，先开发账务系统，然后扩展成为会计信息系统，最终扩展成为把账务系统、财务会计系统、管理会计系统融合在一起包括其他管理子系统的企业管理系统。这个理论既是合理的逻辑发展，也反映了会计管理的历史演变，是非常朴素而又深刻的，指导了企业管理信息系统的发展，在这种信息系统设计中，财务会计与管理会计融合进入统一的管理系统。

1999 年，阎达五提出"在计算机和网络技术深入发展的情况下，这两种会计的划分会逐步融为一体，形成一种内外结合、事前事中事后管理结合、既提供信息又利用信息进行管理的会计信息核算、管理系统"。[①]

在西方，由于生产方式和生产流程的变革与 IT 技术和网络技术的进步，会计信息由电子数据处理（EDP）、会计信息系统（AIS）、面向决策的管理信息系统（MIS）、决策支持系统（DSS）、专家系统（ES），逐渐发展到融合了财务会计与管理会计的会计控制和会计决策系统，系统化的会计信息处理与会计控制、会计决策甚至半系统化、半结构化的会计决策逐渐被计算机完全取代，终于在 20 世纪 90 年代产生了企业资源计划（ERP）系统，这是"一套将财会、分销、制造和其他业务功能合理集成的应用软件系统"。[②]

---

① 阎达五. 论核算型会计向核算管理型会计转化的问题 [J]. 财务与会计, 1999 (9): 6–8.
② 周才堂. BPR 与 ERP 的理性集成应用 [J]. 电子商务世界, 2004 (4): 28–29.

ERP 把客户需求和企业内部的制造活动以及供应商的制造资源整合在一起，形成企业一个完整的供应链，并依此安排并落实计划和预算，对再生产过程进行管理和控制，既包括计划和预算的制订，也包括基础财务数据的搜集、加工和处理，还有对比分析的数据，以及信息的反馈，把财务会计与管理会计职能完全融合在一起；这种会计信息系统可以满足实时输入、实时处理、实时输出、实时控制和多客户需求的需要，财务会计、税务会计、社会会计、社会责任会计、管理会计等都可以找到自己需要的信息，使这些会计系统集成在一起。例如，日本会计学者西村明所说"在电算化会计信息系统中，由于计算机技术的应用，各种会计学科将会相互融合，汇成一个独立完整的会计系统"。① "彼得·德鲁克指出，信息技术的发展已经使得会计成为最具挑战性和不确定性的管理领域之一，日益带来会计信息系统与管理信息系统的交叉融合。迈克尔（Michael）预测，在未来 10 年中，管理会计将有可能提供一系列广泛的战略和运营指标，从而使财务会计成为其子集。"② "大智移云物"时代，非结构化数据可以转换为结构化数据，财务会计与管理会计融合的会计信息系统也将基于大数据、云计算、智能化以及移动互联网和物联网传输实现智能化的会计控制系统，包括智能决策支持、智能目标设定、智能会计核算、智能会计报告、智能责任会计激励等。

2. 企业组织形式的发展演变为财务会计与管理会计的融合提供了组织基础。在现代企业出现以前的相当长的历史时期，会计以个人、家庭、农庄和工场会计形式出现。会计主要用于内部管理，用于记录现在，分析过去，规划未来，没有也不需要对外报告（王世定，1993）。企业产生后的相当时间内也不需要对外报告，"会计系统是为管理决策和控制服务的……在整个 19 世纪及 20 世纪早期，公司并没有外部报告的需求，大量公司的管理会计实践得到了蓬勃的发展。直到 20 世纪六七十年代，外部审计和财务报告系统才开始成为管理会计系统的主要职能"。③ 随着所有者与管理者的分离以及资本市场的出现，以历史记录为主，需要对外报告财务会计报表并遵从公认会计准则的财务会计开始产生并发展起来。

---

① 转引自：宋建波. 企业会计控制原理及应用［M］. 北京：中国财政经济出版社，2001：87.

② 蔡立新，李彪. IT 视角下管理会计与财务会计的融合研究［J］. 会计之友，2016（9）：42 – 46.

③ 托马斯·约翰逊，罗伯特·卡普兰. 管理会计兴衰史：相关性遗失［M］. 金马工作室，译. 北京：清华大学出版社，2004：序.

最早的会计是头脑式会计，后来发展到生产附带的会计，如现在一些小生产和个体经营者的会计，这样的会计都是自己提供信息、自己决策、自己执行（或者自己提供信息并决策、别人执行），后来有了专职会计部门，可能变成了会计提供信息，别人决策、别人执行（开始决策者和执行者是同一个人或部门，后来随着组织结构的复杂化，决策和执行也开始分开，即使如此仍然有部分组织和业务是会计人提供信息并决策，别人执行），组织的进一步复杂化，一部分投资者变成了外部人，利用会计信息进行决策就变成了外部利益相关者，所以，会计发展过程其实是会计管理职能不断分化的过程，管理的需要导致会计信息越来越多样化，会计管理职能也越来越分化。

通常认为，财务会计对外，管理会计对内，"编制财务报告应为现在和潜在的投资者、信贷者以及其他用户提供有用的信息，以便作出合理的投资、信贷和类似的决策"。① "管理会计是向管理当局提供用于企业内部计划、评价、控制以及确保企业资源的合理使用和经管责任的履行所需财务信息的确认、计量、归集、分析、编报、解释和传递的过程。"② 所有者与管理者的分离是财务会计与管理会计分离的一个条件。

按照交易费用理论，企业组织形式的发展演变与外部环境的演变及其对交易费用的影响有关，随着信息技术和交通的发展以及市场的完善，出现了许多横向和纵向一体化企业，也出现了一些小型经济组织、虚拟企业和平台企业，而且企业内部的管理逐步趋向分权化管理，很多内部单位都通过人为计价方式改造成利润中心，有独立的责任会计信息系统。对于小型组织、虚拟企业、平台企业以及集团公司和具有独立权限的内部组织，其所有者与管理者在整体上或者局部上是合一的，例如，母公司既是所有者又是管理者；在分权化管理的企业，在内部独立权限较大的责任中心中，上一级责任中心与下一级责任中心的关系也是既有管理关系，也有类似于投资与被投资的关系。在这样的企业中，对内报告的会计信息与对外报告的会计信息没有本质区别，都需要对投资进行决策，对下级责任中心和责任者进行考核，需要对企业经营进行分期考核，会计核算需要权责发生制才可以科学评价，均适用同样的财务会计准则。要素投入者都是自己要素投入的决策者，不同的要素投入有不同的决策，作为一般企业，内部决策者往往是人力资本所有者和提

① ［美］财务会计准则委员会. 论财务会计概念［M］. 娄尔行，译. 北京：中国财政经济出版社，1992：8.

② 毛付根，王光远. 管理会计国际惯例［M］. 北京：中国人民大学出版社，1997：9.

供者，内部决策者的决策针对所管辖的整个企业、部门和一个环节，尤其是
管理资本所有者需要控制的是整个企业，因此，其需要的信息量更大、及时
性更强、更注重过程控制，外部决策者的决策针对的只是自己所投入的要素
及其所得到的利益，后者只关心结果、不太关心过程，需要的信息量较少、
及时性更差一些，更注重结果，除此之外，没有其他的实质性差别。

　　即便是传统单一企业，如果按照企业的资源观点和资产负债表结构，企
业作为法人拥有和控制的资产就是企业的边界，那么，向企业投入资源、资
本的要素持有者都是企业内部人，所以财务会计和管理会计信息没有本质区
别，如果说区别，也只是人力资本投入者运营或控制物力资本所有者投入的
资产，管理会计信息是提供给人力资本所有者的，财务会计信息是提供给物
力资本所有者的，但是这种区别不是本质性的区别。实际上，提供给人力资
本所有者的信息也是不同的，提供给管理者、经营者、生产者的信息不同，
提供给各级管理者的信息也不同。所谓财务会计信息和管理会计信息只是一
种简单的说法，实际上都是用于决策和判断的信息，包括历史会计信息和未
来会计信息，未来会计信息也可以分为预测性信息和决策分析信息等。

　　3. 相关理论的发展为财务会计与管理会计的融合提供了理论基础。管理会
计一开始就是管理与会计结合的产物（标准成本就是科学管理与会计核算结合
的产物），自管理会计产生后，财务会计与管理会计一直处于不断接近和融合
的过程中，如在标准成本核算法、预算在会计系统的应用、损益表的披露、现
金流量表的披露、中期报告、分部报告等方面，财务会计与管理会计一直处于
不断融合发展之中。从某种意义上说，近现代会计的发展史就是财务会计与管
理会计不断碰撞、融合的历史。近些年，人们对财务会计与管理会计的融合有
了比较多的共识，提出了一些新的观点和看法，例如，有人提出把资本成本核
算引入财务会计，有人提出增值会计模式、现金流动会计模式，等等，还有衍
生金融工具会计、作业会计、人力资源会计、绿色会计、价值链会计、核心竞
争力会计等都是单靠财务会计或管理会计难以准确说清的课题。

　　科学的发展经历了一个"综合→分化→交叉融合"的过程，古代科学统
称为哲学，是一种综合的、直观的对宇宙和自然的认识。随着近代、现代自
然科学的产生和发展，人类开始采用分析和实验的方法，对世界的认识逐渐
走向分化和细化的阶段。20世纪中叶，系统论、控制论和信息论相继诞生，
科学发展逐渐出现交叉、融合趋势。这与会计发展的历史也比较接近，会计
是一种管理活动，但是在管理会计产生以前，会计与管理是融合在一起的，

随着管理会计的产生，会计的管理职能逐渐"显化"，形成系统。随着"三论"的产生，人们开始运用"三论"来认识和研究会计，站在"三论"的高度来看，财务会计与管理会计就是一种融合的会计系统，是一种对再生产活动和产权契约进行反映和控制的管理活动。并且，作为对会计实践的认识，"我们要从整体上把握会计，认识会计，也必须对会计的分支进行整合"。①系统包括各个构成要素，但是各个构成要素一旦构成系统就丧失了他们本身的性质而具有了系统整体的性质，会计系统的本质应在整个企业系统里才能得到正确的认识。会计系统属于企业再生产活动的控制系统，这样，会计系统具备了控制系统的性质，会计组织属于管理组织，会计工作就是管理实践活动，从理论上来看，作为人设计、人参与、需要人与人之间沟通协调的控制系统，会计实际上是人的一种管理活动，财务会计与管理会计本质是一样的。

前文曾经论证，会计与辩证唯物主义认识论和"控制论"是相通的，马克思对会计职能的经典论述"观念总结"与"过程控制"也需要信息论和控制论才能更好地加以说明，控制论、信息论和系统论是具有方法论意义的科学理论，在生物系统、机械系统、电子系统、经济系统乃至社会系统中都可以应用（不考虑他们的质料，他们都是控制系统，也都是信息系统）。作为控制系统，他们都可以划分为探测器、传输器、评定器（比较分析器）、指令器、执行器几个部分，其控制过程都可以分为制定标准、执行标准、进行反馈、纠正偏差几个步骤。在"管理活动论"基础上利用这种方法可以更好地把财务会计与管理会计融合起来，更好地把"观念总结"与"过程控制"结合起来，更好地理解和说明辩证唯物主义认识论在会计上的应用。利用系统方法，我们可以把会计管理和会计控制看成一个系统，与企业组织层级系统相结合，在时间、空间各个层次上认识会计控制系统。会计系统和会计准则都是人按照一定目标设计并为人服务的，实践中的会计控制系统是人脑与电脑结合的系统，是会计人利用信息进行决策、参与决策制定标准、记录信息、反馈信息、进行评价和激励的一种管理活动，控制系统是会计管理活动的形式化。

4. 会计实践为财务会计与管理会计融合理论的提出提供了实践基础。在管理会计产生之前，传统会计应用复式簿记，有人说这实际上是管理会计系统，并且，"会计一开始就是现在人们所说的'管理会计'"（胡玉明，1999）②，到

---

① 胡良才，彭家生，郭晓曦. 财务会计与管理会计一体化［J］. 云南财贸学院学报，2002（12）：90－114.

② 胡玉明. 二十世纪管理会计的发展及其未来展望［J］. 外国经济与管理，1999（5）：3－7.

了现代，由于金融市场和现代企业制度的发展，只是为了"适应企业的所有者和经营者的不同信息需求，现代会计才逐步形成两个相对独立的领域：财务会计与管理会计"。① 如果用"财务会计"与"管理会计"的概念进行划分，早期的会计或者簿记实际上是"财务会计"与"管理会计"的复合体，在现代社会里，大多数企业的会计都是这种"财务会计"与"管理会计"复合体，财务会计收集、加工、处理和传递信息，同时也及时对财务会计信息进行进一步加工处理以满足对未来进行规划和事后分析、考核的需要。即使是在一些上市公司和实行现代企业制度的企业中，财务会计与管理会计也是紧密相连的，从管理角度来看，财务会计也具有管理和控制职能，如财务会计账户体系的监控职能和稽核职能、原始凭证审核和传递的监督控制和组织职能等，与管理会计的规划、控制职能是无法分开的，财务会计与管理会计主要还是理论和方法上的划分。

实际上，在西方，也存在着把为企业服务的会计叫做管理会计的说法。前文说过，美国把为企业服务的会计叫做管理会计师，为公众服务的会计人员叫做执业会计师；即使在财务会计与管理会计概念并列的情况下，美国仍然把企业内部会计系统叫做管理会计系统，编制对外财务报表只是其中一个职能②；英国成本与管理会计师协会（ICMA，1982）和美国全美会计师协会管理会计实务委员会（NAA-MAP，1986）以及国际会计师联合会（IFAC，1988）的广义管理会计的定义也是这种实践的反映。并且，在企业内部会计组织设置上，主计长既要编辑对外报告的文件，同时也是为各分支机构规划和控制提供帮助的关键的行政主官。在主计长（controller）以下，会计的记录功能、指出问题功能和解决问题功能也是交叉分设的。

三、财务会计与管理会计融合的方向和模型

现实中的财务会计与管理会计在资本成本、责任会计、成本会计和衍生金融工具会计、现金流动会计模式、作业会计、人力资源会计等（费伦苏，2006）方面已经出现了融合的趋势。作为人造系统的会计，还有人提出了增值会计的融合模式（熊楚熊，1996），但是这些都是在具体问题上

① 葛家澍，余绪缨. 会计学 [M]. 北京：高等教育出版社，2000：9，41.
② 托马斯·约翰逊，罗伯特·卡普兰. 管理会计兴衰史：相关性遗失 [M]. 金马工作室，译. 北京：清华大学出版社，2004：序.

或局部的融合，整体系统融合的概念框架还并不成熟，没有达成一致。如前文所述，财务会计与管理会计融合的途径和方向各种各样。在手工会计技术上，胡良才通过把责任目标指令纳入账簿体系来实现二者的融合（胡良才，1998）；还有在 IT 技术下把财务会计与管理会计融合起来的模型，这种设想最早是 20 世纪 90 年代初美国高德纳（Gartner）公司提出的 ERP 思想，在后来开发的 ERP 系统中，财务会计与管理会计、会计与管理融合在一起，但是其提出的初衷和指导思想是基于计算机集成制造的供应链管理（SCM），会计管理系统只是其中的一个子系统。我国有人以此为基础，在会计管理角度上提出了基于 IT 的财务会计与管理会计融合模型，较早的如鲍芳、王志庆、王耕等人于 2001 年提出的基于同一数据库和不同模型运算的财务会计、管理会计同源分流融合模型，该模型比较简单，尤其是没有深入涉及财务会计与管理会计的相互关系和二者融合的基本运作模式，只是指出了二者与数据库的"同源"关系。2004 年，王世定和徐玉德提出了一种基于会计管理概念的财务会计与管理会计融合模型，即 IIMS 模型（information integrated and management system），该模型比较完善，在此专文叙述，见图 3 - 1 ~ 图 3 - 3。①

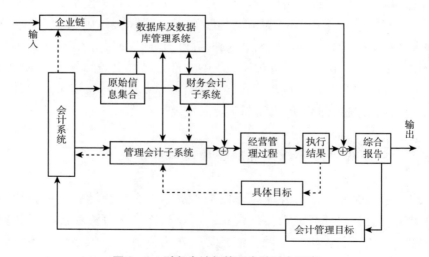

图 3 - 1　财务会计与管理会计融合示意

---

①　王世定，徐玉德. IT 环境下会计系统重构：一种融合理论及模型构建 [J]. 会计研究，2004 (9)：42 - 46.

在图 3－1 中，财务会计与管理会计在基于 IT 平台的数据库及数据库管理系统基础上结合模块化的会计程序及报告生成器融合在一起并与管理和业务链紧密结合，形成完整的会计管理。同时，该模型也反映出了两个会计管理循环：（1）管理会计子系统与财务会计子系统通过决策和监督、控制作用于经营管理过程，产生执行结果，与具体目标结合，再返回管理会计子系统进行比较分析，作出修订目标或采取纠正行为的决策，继续作用于经营管理过程……（2）会计系统通过管理会计和财务会计子系统作用于经营管理过程，其执行结果通过数据库和数据库管理系统定期编制综合财务报告，与会计管理目标对比，返回会计系统进行分析，通过管理会计子系统和财务会计子系统进行决策和控制，作用于经营管理过程。也许是限于模型本身的容量，该模型没有明确提出会计管理目标和具体目标的内容以及具体的控制循环机制，稍嫌泛泛。

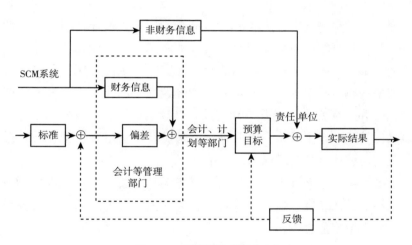

图 3－2　预算目标控制示意

图 3－2 是一个比较具体的预算目标控制图，将会计控制和管理的目标明确设定为预算，通过预算控制表现了图 3－2 所涉及的会计管理循环：（1）整个企业的会计管理标准与实际结果对比确定的偏差与供应链管理系统提供的财务信息结合在一起共同决定预算目标，下达给责任单位；（2）责任单位的预算目标与其财务和非财务数字表示的实际反馈结果比较以决定是否调整预算目标；同时，整体实际结果定期反馈回会计管理部门与标准比较确定偏差，形成反馈回路。但是，由于这是研究财务会计与管理会计的融合模型，所以

没有明确标准和预算目标的关系，没有区分出整体会计管理循环与责任会计管理循环。

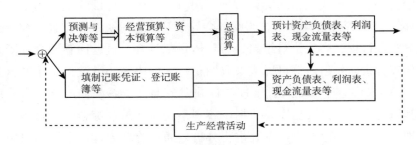

图 3 – 3　财务会计与管理会计的功能融合示意

图 3 – 3 实际上是一个预算控制内容的具体展开，涉及会计管理标准或目标的具体内容，也涉及实际执行结果的具体会计表现。现代会计管理表现为预算管理，通过预测、决策形成的预计资产负债表、预计利润表和预计现金流量表与对实际再生产活动"观念总结"的实际资产负债表、实际利润表和实际现金流量表构成了会计管理标准和会计实际记录的对照和比较，比较和分析的结果（输入控制循环）形成对生产经营活动的作用，对未来生产经营活动的预测和对现实生产经营活动的反映继续构成未来和现实的信息……该模型显然比前面两个更具体、更明确，但是没有反映出责任会计管理循环的内容以及它与整体会计管理循环的关系。

以上各图结合起来基本上反映出了财务会计与管理会计融合模型——会计管理循环的总体轮廓，这也是笔者所看到的国内最详细的研究财务会计与管理会计融合模型的文献。

前文笔者已经论及以下观点：会计是人设立、人参加的按照既定目标对生产过程进行管理和控制的实践活动，会计管理概念是财务会计与管理会计融合的基础并蕴涵着二者融合的含义；财务会计与管理会计是整个会计系统的同源分流，二者各有自己的管理职能，并相互补充、交叉和制约；财务会计与管理会计的融合或者重新结合才可以实现完整的会计管理职能；会计信息与决策的紧密联系是会计系统设计和会计管理与其他管理融合的逻辑基础和指导思想。借鉴以上 IIMS 模型，可以得出以下结论：无论从理论上还是应用上，会计管理概念与财务会计和管理会计的融合概念都是等价的，即会计管理蕴涵二者融合的结论，也只有二者融合才可以实现完整的会计管理，会计才能起到应有的作用。所以，只有基于会计管理，才能真正实现财务会计与管理会计的融合。

与基于会计管理概念的融合模式相类似，英美等西方国家提出了包含财务会计的广义管理会计概念（英国成本与管理会计师协会，1982；美国全美会计师协会管理会计实务委员会，1986；国际会计师联合会，1988），财务会计与狭义管理会计结合形成广义管理会计，这个概念的出现说明在西方也认识到财务会计与管理会计在管理基础上的融合趋势，而这种广义管理会计概念也非常接近会计管理的概念。但是，这种广义管理会计概念与我国"会计管理"概念仍然存在区别。（1）从概念上来说，西方广义管理会计概念主要是以内部会计系统为主体加上对外提供财务报告，仍然立足于所谓狭义"管理会计"，仍然叫"管理会计"，而我们所说"会计管理"是把财务会计与管理会计同等看待，着眼于二者信息加工的内在联系以及他们共同的本质和职能的互补，把财务会计与管理会计有机地融合起来，构成一个全新的、更具有普遍意义的会计系统，这既不是管理会计，也不是财务会计，而是"会计"。（2）西方广义管理会计概念与我国会计管理概念的一个最大区别就是没有把会计看作是有人参加的管理实践活动，因此，西方管理会计更多采用技术方法进行管理，而我国会计管理也结合企业内部和外部环境，采用多种方法进行管理；西方管理会计更注重物质激励和行为激励方式，而我们也考虑精神鼓励乃至政治思想工作方法来激发人们的工作积极性和热情；西方管理会计更多追求利润目标，而我们还要考虑更多的社会目标。（3）西方广义管理会计概念仍然是站在技术角度，否认会计的社会性，而我国会计管理概念认为会计具有技术性和社会性两种性质。这些区别与我国和西方的社会制度、政治经济体制和文化传统不同都有一定的关系。若从技术角度考虑，形式化地分析，这种广义管理会计概念与我国"会计管理"概念的确已经相当接近。

在会计管理概念基础上实现融合，核心是管理职能融合。有会计学者说，"我们……常常假定使用的是一个简单的手工会计系统。这样一个系统对于阐述基本会计概念是有用的"。[①] 为了便于分析，我们也假定使用的是手工会计系统，不考虑会计电算化系统的情况，从而抽象掉技术问题，专心从理论和概念上考虑财务会计与管理会计融合途径和方向的问题。会计管理的具体

---

① R. R. 阿罗. 剑桥商务管理百科全书［M］. 韩枫，编译. 北京：光明日报出版社，2002：9.

职能在第二章已经简单论述过，财务会计与管理会计的职能互补特性也在前文论到，此处通过引证前人的观点，进一步展开论述。

关于会计管理的职能和任务，杨纪琬提出："如果把核算和监督的职能具体化，以会计机构的主要职权的方式予以表述，可以有五项：第一，参与编制各项经济计划、业务计划，制订定额，签订经济合同，参加经营管理会议，参与经营决策；第二，执行并有权要求本单位全体职工执行预算、财务计划、财务会计制度，遵守和维护财经纪律；第三，记录、计算经济活动，为国家和本单位管理经济提供真实可靠的会计资料；第四，分析和考核预算、财务计划的执行情况，提出增产节约、增收节支、提高经济效益的建议；第五，检查资金筹集和使用情况，防止、制止和揭发经济上的损失浪费、违法乱纪行为。这些任务如果加上时间的观念来概括，就是事前预测、参与计划、参与决策、事中控制，使过程按既定的目标进行；事后反映、分析、考核，以便总结经验，为今后指明方向。"① 笔者认为，这段关于会计管理职能的论述，与会计关系最直接、最关键的是第一、第三和第四条，即制订计划、定额等管理标准；记录、计算经济活动，提供真实可靠的会计资料；分析、考核预算、计划的执行情况，提出改进的建议。

2003 年 1 月，阎达五、李百兴提出了会计事前管理、会计事中管理、会计事后管理，包括预测、决策、预算、预报、核算、控制、分析、业绩考评 8 个环节的会计管理循环。"事前管理又分为会计预测、会计决策、会计计划（或称预算）、会计预报四个过程，在这四个过程中，会计计划（或预算）是管理的核心，它是企业财务活动的基准。事中管理又分为会计核算和会计控制，其中，会计核算是基础，会计控制是核心。事中会计控制是一种动态控制或过程控制，可以实时进行，具有对价值运动调节、指导、约束和促进的作用，是企业实现经营目标、贯彻经营方略、完成经营规划、取得良好业绩的重要手段。事后管理主要是对企业的价值运动进行分析、考核和评价，其中，建立一套科学的、内外紧密结合的、适用性很强的报表体系是关键。"② 以价值管理为主线，有机融合了财务会计、管理会计和财务管理，每一个会计管理环节又包含了许多方法。

王世定在谈到会计信息的反馈价值时说道："有效的管理必须了解实际

---

① 杨纪琬. 社会主义会计理论建设［M］. 北京：中国财政经济出版社，1988：64.
② 阎达五，李百兴. 会计管理学基础［M］. 北京：首都经济贸易大学出版社，2003：前言.

运行状态，并使之与目标比较，找出差异，进而进行差异分析，作出控制方向和强度的决策，并加以实施，消除或减少差异达到管理的目的。会计信息的反馈性包括两个方面：一是编制体现企业经营目标的预算——设定目标；二是定期编制财务报表综合反映企业生产经营活动的实际情况。此二者比较而得的差异，为实施管理的重要依据。如果会计信息不具备这种反馈价值，会计的管理职能也就无从谈起了。"① 这里实际上已经谈到了会计的四个职能，一是制订目标和预算，二是反映企业生产经营的实际情况，三是对二者进行对比分析，四是反馈以作出控制方向和强度的决策，并且认为这是会计管理职能的具体体现，否则会计的管理职能无从谈起。

澳大利亚巴顿教授（Allan D. Barton，1982）从会计基本概念和会计目的的高度提出"使用者获取有关企业经营、企业的负债、资源以及各项义务信息，是基于决策、控制和落实经管责任的需要。会计信息在决策、控制和经管责任方面能起到应有的作用。首先，所有会计报告使用者之所以获取这些报告，是为了将它们用于决策。其次，人们也要获取控制所需信息。在控制过程中，需要将实际结果与计划或与指标比较，以确定这些计划或指标是否实现，是否需要修改。最后，经管责任是一个含义广泛的概念，它要求，企业的一切业务、资源和义务均必须予以记录、说明。"② 这也说明了会计具有对未来的决策（以进行计划）、记录、实际记录与计划或指标的比较职能。

美国著名管理会计学家、斯坦福大学查尔斯·T·霍格伦（H. T. Horngren，2002）提出了各个层次的管理都需要以下三个方面的信息：（1）记账、算账：我做得好还是不好？（2）业务指导：我应该调查哪一个问题？（3）解决问题：在做此项工作的几种方法中，哪一种最佳？而会计信息对以上三个方面的信息需求都可以满足。作者进一步从"会计与管理是不可分割的"观点出发，依据管理的计划与控制职能即计划、执行、反馈职能明确把会计职能分为预算、计量记录和（把实际记录与预算、标准相比较和反馈的）业绩报告三种。③

其实，早在 20 世纪 20 年代，管理会计学的创始人 J. O. 麦金西（J. O. Mckinsey）、M. V. 海斯（M. V. Hays）和 H. F. 格雷戈里（H. F. Gregory）

① 王世定. 我的会计观 [M]. 北京：人民出版社，1995：69.
② 张为国. 会计目的与会计改革 [M]. 北京：中国财政经济出版社，1991：195.
③ Introduction to Management Accounting Chapersl—19, 12thed. by Charles T. Horngren, Grey L. Sundem, William O. Stratton. Copyright 2002 by Pearson Education, Inc. P6.

等就注意到了会计的管理职能，并提出了类似的观点，麦金西指出，"会计应当把握住标准，并注意在标准与业绩比较的基础上做好服务于经营管理的记录"；海斯一方面"认为管理会计的核心应当是标准和科学而系统的记录，另一方面又指出管理会计中所提供的信息是与企业决策层有关的信息"；格雷戈里在 1928 年发表的会计的代表作题目就是《企业管理中的会计报表：结合为维持有效管理和控制所实行的标准和业绩记录程度，论述财务报表和营业报表的使用》。他们都把会计的核心设定为标准和记录及其比较。①②

根据控制论原理，结合前面的引证，融合了财务会计与管理会计的会计具体职能包括制定管理标准、记录反映再生产活动、对比标准和执行记录进行分析、信息反馈，合起来形成一种管理或控制循环，财务会计侧重于反映，管理会计侧重于预测、决策、预算与对比分析，并融合了责任会计的预算、反映、对比分析和反馈职能，结合长短期决策和预算，这种管理循环存在于企业生产经营的各个环节、各个层次、各个方面以及各个时间间隔的管理循环之中，甚至在财务会计实践中的审核控制也可以用这种模型来说明，是一种高度抽象、概括又简明美观的对会计管理概念的表述，而且在这种控制循环模型上，财务会计与管理会计通过职能配合高度融合起来。

1. 建立价值标准体系，编制预算。会计管理要建立价值标准，包括标准成本、预算等，会计管理是一种价值的管理，价值标准体系最集中的表现就是预算系统，因为预算涵盖了企业价值管理的所有关键方面的标准（包括各项经济计划、业务计划、消耗定额和标准成本等）③，匹配于财务会计的全面性、系统性和完整性的反映。预算除了企业各个方面、环节的总预算以外，还包括各个层次的责任预算，形成全方位的控制标准。所以，预算的编制、执行和考核涉及企业经济活动的各个环节、项目或科目，企业生产经营和管理的各个层次，直至各个岗位和个人。由于现行财务会计报表的综合反映职能，预算的编制结果最终体现在三张预算报表中：预算资产负债表、预算损益表、预算现金流量表。从整个企业总预算到不同层次的责任中心预算，构成全方位、多层次的控制标准。"预算管理是业务全覆盖、管理全方位、影

① 费文星. 西方管理会计的产生和发展 [M]. 沈阳：辽宁人民出版社，1990：10.
② 郭道扬. 二十世纪会计大事评说（六）管理会计的产生与演进 [J]. 商业会计，1999（7）：24－27.
③ 参见：邹韶禄. 基于战略导向的企业全面预算管理体系研究 [D]. 长沙：中南大学，2004：导论.

响最全面的管理体系"（王斌，2019）①，"管理者可借此平台植入'市场分析与经营预测''客户价值分析''成本管理''流程优化与供应链管理''零基预算与费用管理''投资评价与资源优化配置'等工具方法；从组织控制上看，可借此平台植入'责任预算与控制''内部转移价格''绩效评价与激励'等工具方法。"（王斌等，2020）②

预算"一般是以一年为周期的，但年度预算可以被分成更短的期间，如月或季的预算，这样就提供了更多比较预算数据和实际数据的机会。有时也可能要求编制周或日的预算，这样可以经常提醒管理者想到企业在开始年度制定的目标，并向目标努力"。③ 不同时间长短的预算既应该考虑不同的业务、不同层次的责任中心和不同性质的预算指标，也要考虑反馈的频度。一般来说，基层责任中心的预算可以并且应该分割到较短的时期，而高层的责任中心由于指标的综合性和反馈周期较长，不同时期长短的预算指标搭配，结合不同频度的反馈信息，形成"全时间"的控制。

为了正确比较差异以便科学分析造成偏差的原因，会计预算的指标或科目与核算的指标在口径上应该保持一致。对于总预算而言，一般应按照财务会计准则来设计预算科目和计算方法与口径；由于责任核算和考核的灵活性，对于责任预算，保持责任预算和责任核算双方协调一致就可以了。

为了编制预算，会计部门需要结合大数据进行预测，并根据预测结果采用适当的模型进行决策分析，根据决策结果编制预算。在决策分析时要结合各种生产经营决策分析方法和投资决策分析方法，决策方案和预算结果最终由决策者拍板。

2. 及时反映经济运行和预算的执行情况信息，为外部投资者和本单位管理者的管理提供真实可靠的会计资料。麦金西指出，"会计应当把握住标准，并注意在标准与业绩比较的基础上做好服务于经营管理的记录"。④ 记录、计算主要依靠财务会计以及责任会计的核算系统。财务会计的主要职能是核算或反映，并将核算或反映的结果传达给决策者。财务会计"主要反映企业资

① 王斌. 论管理会计知识与管理会计应用 [J]. 财会月刊，2020 (3)：3-8.
② 王斌，任晨煜，卢闯，焦焰. 论管理会计应用的制度属性 [J]. 会计研究，2020 (4)：15-24.
③ [美] 贝尔·李. 管理会计 [M]. 赵玉洁译. 北京：人民邮电出版社，2002：42.
④ 郭道扬. 二十世纪会计大事评说（六）管理会计的产生与演进 [J]. 财会通讯，1999 (6)：25.

金的运动过程，它是一种动态核算，为信息使用者提供有关规划、预算执行过程和执行结果的信息。会计核算的方法是确认、计量、记录和报告，其中，记录是关键……会计记录是通过设置会计科目和账户、采用复式记账方法、填制记账凭证和登记会计账簿以及编制会计报表等方式来进行的"。① 为了确保记录、计算的真实可靠，会计也要采取一些信息控制措施，这种控制措施是以企业内部规章为标准对经济活动过程的控制和监督，如原始凭证的审核，包括对支出是否超过预算的审核；同时为了确保公允并使会计记录的信息对信息使用者更加有用，记录前的确认和计量以及会计报告环节都应该符合一定的规则，财务会计的确认和计量实质上也是以财务会计准则为标准对经济利益关系和再生产活动的协调和控制。但是，作为整个会计管理过程来说，财务会计的主要意义在于对经济活动事实的记录和反映，反映整个企业的再生产活动，主要以货币计量，具有全面性、连续性和系统性，通过"再生产活动—使用价值运动—价值运动—价格运动—会计信息"就是对再生产活动过程"观念"上的"总结"，这种"观念总结"主要是通过货币形式对再生产活动不断归纳、整理、系统的过程，财务会计准则是信息处理的规范和标准，记录、反映的结果最集中地体现在各种内部和外部报表中，最全面、系统的报表仍然是财务会计的三种主要报表：资产负债表、损益表和现金流量表（葛家澍，2002），作为预算执行情况和结果的记录，年度报表也叫做决算报表，这也是对企业再生产活动比较全面概括的"观念"上的"总结"。

责任会计与财务会计可以分离也可以合一，可以采用"单轨制"也可以采用"双轨制"（阎达五、龙涛，1987），也就是说，会计的记录、计算职能可以集中在企业财会部门也可以分散在各个责任中心进行。责任中心的记录往往是局部甚至是某个项目或科目的记录，既是对本责任中心局部或个别预算指标执行过程和结果的反映，也是责任中心自我控制的依据；责任会计信息处理的规范和标准可以不同于财务会计准则也可以与之相同；责任中心的记录过程也是对责任中心经济活动的控制过程；"双轨制"基层责任中心的责任会计记录比较灵活，可以采用非货币形式计量；相对于企业财务会计系统来说，"双轨制"责任会计可以及时提供会计报告，及时反馈，以与各个期间责任预算进行比较，及时提出纠偏措施，"当实际运行状态与目标偏离时，反馈得越及时，越容易得到控制"（徐玉德，2002）。各个责任中心的记

---

① 阎达五，李百兴. 会计管理学基础［M］. 北京：首都经济贸易大学出版社，2003：202.

录应该经过内部审计人员的审核。

3. 比较预算和实际报告数字，分析、考核预算和财务计划的执行情况，提出提高经济效益的措施和建议。"会计分析主要以会计报表和其他有关资料为依据和起点，采用专门方法，系统分析和评价企业过去和现在的经营成果、财务状况及其变动情况，目的是了解过去、评价现在、预测未来……会计分析的方法，有比较分析法和因素分析法两种。"① 一般来说，因素分析法是在比较分析的基础上的进一步分析，首先应该是比较分析，即以事先制订的价值标准与标准实际执行的记录进行对比分析，最典型的是以预算报表与决算报表进行比较，既可以直接以报表的绝对数进行比较，也可以把报表上的绝对数加工成相对数（偿债能力比率、营运能力比率和盈利能力比率）进行比较。然后再进行因素分析，目的是找出原因和影响因素，可以结合大数据及可视化工具按照"会计信息—价格运动—价值运动—使用价值运动—再生产活动"路径还原再生产过程并不断深入分析：是执行的问题还是标准制订方面的问题；是数量原因还是价格原因；是可控原因还是不可控原因；是主观原因还是客观原因；等等，从而提出增收节支、提高经济效益或者调整标准的建议和改进措施。

由于预算目标可以划分成不同时间长度和不同执行者或责任中心的预算，会计的记录和反映也可以有不同层次、不同时间间隔的记录和反映，结合不同时期、不同层次的预算和执行记录，对比分析既可以以一年为周期，也可以以月或季甚至周和日为周期，甚至可以通过 IT 技术"实时"进行，这样就实现了预算数据和实际数据随时和经常的比较。

4. 将比较分析的结果或有关改进的建议和措施反馈回各级管理部门，作用于再生产活动，实现会计预算目标。对比分析的结果只是信息，只有作用于再生产活动才能变成管理，中间环节就是将对比分析的信息反馈给要素投入者，由后者发出纠正偏差、修订预算或进行激励的指令。

由于预算包含了不同时期、不同层次主体的目标，对比分析也包括不同时间段、不同层次主体的对比分析。对比和因素分析的结果既可以在预算执行过程中通过适时、实时的反馈，变成管理者的决策指令，交由执行者执行，及时纠正偏差，实现该主体和时间段的预算目标；也可以通过在比较长的时间和比较大的范围内通过定期的比较分析和因素分析进行反馈，这种反馈属于决算反馈，往往结合对各级经营管理者的业绩评价与奖惩激励进行，通过

---

① 阎达五，李百兴. 会计管理学基础 [M]. 北京：首都经济贸易大学出版社，2003：439.

对个人岗位的调配、奖惩等实现强化或弱化原有管理措施，实现长期经营管理目标或战略。

会计预算的其中一个职能就是对管理者进行评价和激励。总括的财务报表与预算的比较是对整个企业管理者的考核，对企业内部各责任中心责任人的评价分别以对成本中心、利润中心和投资中心不同的指标进行对比。例如，成本降低额和成本降低率、部门和经理贡献毛利、投资收益率和剩余收益等，评价的结果是奖惩和激励的依据。

当经过对比分析发现，偏差是由于预算不合理造成的，那么信息反馈的结果也可能导致预算目标的修订。

王世定进一步把这种会计职能归纳为制定标准、进行记录、对比分析、信息反馈四个方面或者说四个步骤，这种概括更加明确、清晰，与现代控制理念非常吻合。例如，这种模型非常类似于戴明环——PDCA 循环，与上一章通过对一般控制系统的分析所得到的结论也一致，与管理程序学派的控制程序说法也很接近，更重要的是这种财务会计与管理会计四步骤融合模型符合会计与管理实践，说明这种概括非常科学、合理，在各个层面上都可使用，并且是周而复始、阶梯式上升的循环。用制定标准、进行记录、对比分析、信息反馈四个方面及其不断循环的模型来说明会计管理并且融合财务会计与管理会计，这种融合模式不同于事前、事中、事后管理模式，前者具有更高的抽象性和概括性，并且也更科学，更接近会计管理实际。会计实践中的很多问题是事前、事中和事后管理所不能说明和解释的，例如，很多学者都承认控制包括事前控制、事中控制和事后控制，既然是控制，那么应该包含标准、执行记录、比较分析、反馈和纠偏等环节，事前控制也应该包括前述环节，那么事前只进行预测、决策、计划、预算就说不通了；并且，预测、决策、计划等八项职能并不是严格按照顺序排列的，有很多交叉环节；事中的控制与整个管理循环也存在"嵌套"现象，存在"适时控制"[1]，还有"实时控制"[2]，这些与整个管理循环到底是什么关系等问题都无法用会计管理循

---

[1]　张瑞君在其博士论文《网络环境下的会计实时控制研究》（2002）中指出："事中管理是从会计计量到会计控制，即把计量的结果与预算的标准进行比较对照，形成一个小循环，以完成适时控制的要求。"

[2]　张瑞君在其博士论文《网络环境下的会计实时控制研究》（2002）中对实时控制定义为："是指通过实时收集信息、实时对比分析，在经营活动过程中进行控制。""从控制的视角理解，每一天、每个月、每一年的经营活动时时刻刻都有会计控制。"

环本身加以说明；用事前、事中和事后管理之说来说明把标准、记录和对比一起嵌入的会计系统也不够准确和全面。另外，事前、事中和事后是一种相对的概念，只有在一个具体问题中才能进行区分，而一个具体问题或事情有大小、繁简和过程长短之分，所以难以准确概括和表述不同事情的前、中、后的会计管理职能，因此，抛开事前、事中和事后的限制，将会计管理的具体职能定义为制定标准、进行记录、对比分析、反馈更为准确、可靠；更何况，这种分析框架是建立在管理和控制的概念基础之上而不是建立在具体"事"情和时期的分析上的，所以这种会计管理的概念分析框架更具有理论意义和实践指导意义。总之，运用控制论原理和方法建立会计控制循环①是抽象性最强的一种模型，无论何种时空层次的会计管理，也"无论采取哪种控制形式，基本程序都是：确定控制标准→对比执行情况→纠正偏离标准的差异，实现系统的总体目标"。② 具体来说，就是制定标准、进行记录、对比分析、信息反馈。

　　作为总结，在不考虑技术条件的前提下，这里也从理论上或概念上尝试用一种框图来表达财务会计与管理会计融合模型——会计控制循环，如图 3 - 4 所示。

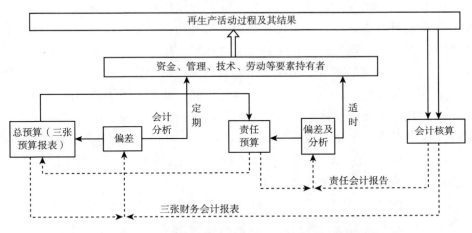

图 3 - 4　财务会计与管理会计融合的会计控制循环模式

---

① 本书 4 个环节的循环由于是基于控制论而设计的，所以称为会计控制循环，以区别于阎达五教授 8 环节的会计管理循环。该会计控制循环实际上是会计管理活动论的形式化和模型化，并非会计管理概念的全部，下文有说明。

② 李树林. 系统论，信息论和控制论与现代会计 [J]. 天津理工学院学报，1999（9）：37 - 40.

在图 3 - 4 中，再生产活动的信息通过会计核算系统进行加工处理，形成会计报表信息，包括三张财务会计报表和各种责任会计报表，构成多时空信息系统，财务会计报表与责任会计报表只是理论上的划分，它们实际上来自同一个会计信息处理系统；各种时空的会计报表信息与各种对应时空的预算报表进行对比计算偏差，会计部门再对偏差进行分析，并形成分析结论适时或定期分别反馈给要素投入者，实现对管理决策的影响，管理决策作用于再生产活动，完成会计控制循环。另外，会计对比和趋势分析的结论还可以作为修订和编制预算的依据。在"自下而上"编制预算方式中，责任预算目标也是总预算的编制依据之一。

作为循环，会计管理围绕着再生产活动从制订"会计标准（预算）→执行记录→对比分析→反馈信息→新的标准→……"周而复始、反复地进行，达到再生产活动的优化，实现提高经济效益的目的。其中，由"总预算（预算报表）→实际财务报表→财务分析→反馈信息→新的总预算……"可称为大循环，这里所谓由"责任预算→责任报告→对比分析→反馈信息→结合新的总预算制订新的责任预算→……"组成的循环相对于前者也可以称为小循环；既然是循环，就不存在起点，在一个持续发展的再生产活动中，既可能以会计记录为循环起点，还可能以对比分析为循环起点，当然也可能是以制订标准为循环起点，等等，会计控制循环具有动态属性；进一步，这种会计控制循环具有时空属性，"从控制的视角理解，每一天、每个月、每一年的经营活动时时刻刻都有会计控制"。① 笔者认为，由于控制的时间属性和各个时空范围目标和标准的不同，即使有实时控制，在各个不同长短的时期，仍然需要战略、计划、预算等以及相关的控制，有实时控制、适时控制、定期控制，并且，在整个企业到个人不同层次的责任中心，也有各自的控制循环。"大智移云物区"技术使得预测更加准确、核算更加智能、反馈和信息传输更加及时、决策分析更加科学合理。

总之，图 3 - 4 融合了财务会计核算的全部和管理会计的预算管理、责任会计框架，在预算管理框架内还可以嵌入各种预测、决策、控制模型、工具和方法，完美地体现了财务会计管理职能与管理会计管理职能的耦合，这也是本书会计管理活动论中会计控制循环的基本框架，财务会计与管理会计在这种框架内的融合会显著提升会计管理的效能。

---

① 张瑞君．网络环境下会计实时控制研究［D］．北京：中国人民大学，2002.

融合财务会计与管理会计后的会计控制循环模型就是本书所谓的会计概念，是会计管理的核心和骨架，也为本书构建了基本的框架结构。内在的理论逻辑是什么？会计控制循环又如何导向会计管理？这些问题还需要阐释，下面我们将从会计最直接的可感知的现象——信息处理和通信系统出发，逐步推演出会计信息与决策的关系、决策与控制的关系。控制与管理的关系，进而构建本书的理论演绎路径。

第二节　研究前提：会计信息与管理的关系

本节基于会计是一个信息处理和通信系统，分析会计信息系统与决策的关系、决策与控制的关系、控制与管理的关系，试图构建下一章的理论推演进路。

一、决策理论基础：管理就是决策

西蒙认为，"决策是管理的心脏，管理是由一系列决策组成的，管理就是决策"。[1] 决策就是选择，渗透于企业生产经营的各个环节、各个部门、各个层次中。按照层次划分，决策应该分为战略决策、战术决策、执行决策；政策决策、策略决策、手段决策；决策者决策、职能部门决策、执行者决策；董事会决策、监事会决策、总经理决策、部门经理决策、职能管理决策、生产和经营行为决策、生产操作人员决策，当然，决策分类也有集中（或集权）决策、民主决策之分。在会计上也是如此，每个环节都需要决策，例如，预算的编制需要决策，确认、计量、记录、报告的方法、时间、金额等的确定需要决策，纠偏和激励措施需要决策，任何决策也都需要信息。

二、通信理论基础：会计信息与决策的双向关系

"会计信息在会计工作中具有认识功能和管理功能"[2]，会计管理活动的基础性工具就是会计信息，会计信息就是会计收集、处理、加工、传输的对

---

① 郭道扬. 会计史教程：历史现实未来，第一卷 [M]. 北京：中国财政经济出版社，1998：478.
② 于玉林. 现代会计哲学 [M]. 北京：经济科学出版社，2002：227，228.

象，按综合程度可分为业务凭证信息、账簿和业务报表信息、会计报表信息、计算分析信息；按用途分，可分为业务处理型、管理控制型、决策支持型、专家型会计信息①，会计信息作为管理控制手段是因为：从收集信息角度上说，会计信息是会计主体与会计客体（主要是再生产活动及其执行主体）交互作用的媒介，体现会计的监督职能；从处理、加工信息角度上说，会计信息是对价值运动和经济关系的确定或定义；从信息传输角度上看，规划和控制会计信息是对其他决策者的支持、影响、促进和引领。

会计从整体上看是一个会计信息的通信过程，根据美国 AAA（1966）和钱伯（Chambers，1974）的观点，会计信息系统实际上就是通信系统、沟通系统，是影响人的决策的系统（AAA，1966）。信息的输入端和输出端都是人，是会计人与决策者的通信系统，信息提供者的意志和价值观会传输给信息使用者，结合相关激励措施引导其作出有利于再生产活动和契约的决策。有人说，财务会计信息就是"人格化"② 的价值信息，既是包含会计法规、会计准则、会计制度、责任制度制订者和会计人员个人意志或价值观（职业判断）的信息，也是包含产权关系和经济利益关系的信息，因此，会计信息的传播实际上蕴涵着管理内涵，是一种"规制"信息。会计通信系统既包括正式的通信系统，也包括非正式的通信系统，后者主要是会计人员与相关决策者之间的沟通，通过沟通获取决策者对信息的需要，通过沟通提供有影响力的建议。会计通信过程的每一个环节都包含了管理的职能，没有会计通信系统，就不可能进行真正有效的会计管理和控制。总之，会计通信系统是会计确认、计量、记录、报告和传输信息以影响决策的系统。

随着信息处理和信息通信技术的迅速发展，信息处理与信息通信工具和方式从口语、文字书写、印刷媒体、电信号、光信号传输迅速进入各种电子终端设备网络传输时代，会计也由大脑处理和语言传输、手工书写处理和文字传输、打字印刷处理和媒体传输进入了电子终端设备联网进行信息处理和传输的时代，这也对应于企业组织的发展演变阶段。原始社会人们的经济生活非常简单，人与人之间距离较近，会计是管理者通过大脑处理信息并用语言传输，会计信息处理、提供和决策是合为一体的；随着生产力和信息处理技术的发展，人类社会逐渐过渡到手工书写和文字传输的时代，大概对应于

---

① 这里不严格区分数据、信息、消息这些概念，通称为信息。

② 谢邦柱. 试探会计信息的人格化 [J]. 财会月刊，1999（9）：15.

小农经济和手工工厂时代，会计机构逐渐独立，会计与决策职能逐渐分离；机械打字印刷技术的发展出现了打字信息处理、存储和打字媒体的传输，大致对应于机械化大工厂时期，这时候信息处理规模逐渐复杂，必须由专业化分工的专职的会计机构来进行，会计与决策职能分离趋势明显；随着电力技术和自动化技术的发展，出现了大型公司，投资人也逐渐分散，开始出现电脑信息处理和电信号（电报等）传输，会计逐渐分化为为投资者决策提供信息的财务会计和为管理者决策提供信息的管理会计，还有税务会计、责任会计等的分野；技术的进一步发展以及要素持有者的进一步流动，电脑和互联网信息处理和传输就变成了现实，会计信息处理、传输和决策的关系进一步密切，会计的专职化使会计管理成为一种专家型的管理，再加上预算目标和相关激励措施的影响，其对决策的支持、影响、促进、引领甚至替代效应逐渐明显，会计通信系统不只是支持、影响、促进、引导决策者的决策，还可以直接作出决策。会计信息系统与其他信息系统的一个很重要的区别就是会计信息系统可以是一个专家系统，直接提供决策方案。专家系统与决策支持系统的主要区别在于：决策支持系统是被动的工具，它要求使用者有较强的利用决策模型进行决策的能力；通常提供多个可能的结果，让决策者选择最优方案。而专家系统是一个主动的教员或伙伴，它能指引决策者进行操作，提供唯一的结果，因而使用者无须很多的专业知识，此时的会计通信系统显然已经是会计管理系统了。本来，会计决策与领导人的决策联系就非常紧密。在进行决策时，除了角色不同外，会计决策与领导决策没有严格而固定的界限（汉斯·克里斯蒂安·波夫勒，1989），有时甚至出现领导决策完全听命于会计决策的情况，在一些大型自动化无人企业里，信息输入、存储、处理、输出、决策、执行完全由自动化通信和控制设备实现，会计信息提供和决策、执行完全合为一体。除了支持、影响和引导决策以外，要素持有者之间的信息沟通也需要会计这样的通信系统来实现，为此，会计应提供公开透明的会计信息实现要素持有者之间的相互信任，从而维护契约的稳定性。所以会计既是一个通信系统，也是一个决策控制系统。

按照香农通信理论，会计通信系统应该分为信源、信道、信宿、解码器、译码器。会计信源是再生产活动过程，再生产活动的执行者先把再生产活动产生的信息以原始凭证的形式报送给会计主体，然后会计主体将其按照会计准则和职业判断采用确认、计量的方式以会计科目为语言、会计账簿和会计报表为载体进行编码，最后以一定的会计报表为载体、以有线和无线的手机网络、电脑网络、纸面媒体、电视、广播等为信道传递给相关要素持有者（即信宿），但是要素持有者难以准确理解其中的含义，难以通过这些信息发现再生产活动过程中的信息，这就需要会计软件或者会计人员对其进行会计分析（也就是译码），使要素持有者获得再生产活动的各种实际情况从而做出自己要素的投入、退出、增加、减少等决策，决策的执行实现再生产活动的变化和经济效益的增减、升降。会计通信系统不仅包含信息载体、记录工具和传输媒介等硬件系统，还有编码、解码规则和程序等软件系统。由信源—编码—信道—译码—信宿—决策—执行，每个环节都会有噪声的干扰和信息的筛选、遗漏和改变，从技术上，通信系统主要解决的是保证信息传输的及时性和可靠性。

会计信息可以影响决策的一个重要原因就是会计通信系统、会计准则、会计科目、会计账表体系等都是因为决策的需要而建立的。人们为什么按照公允价值和可变现净值计量相关资产？为什么计提减值准备？是因为公允价值和可变现净值与投资者决策有关，会计的决策相关性目标不仅仅指外部投资者的决策相关性，更重要的是指内部决策者（剩余控制者）的决策相关性。为什么资产以是否获取经济利益定义？那是因为人们确认、计量资产的目的是获取经济利益。为什么获取经济利益的实物不能作为资产确认、计量，是因为这样的实物与决策者的决策无关，人们把资产和负债按照流动性分类，也是因为流动性强弱与人们的决策关系非常密切。所谓受托责任目标实际上也是为了委托人对受托人进行续聘与解聘的决策，会计反映是会计想反映的。所以，会计的目标和动因就是决策，会计与决策是双向关系。

三、控制理论基础：决策与控制的关系

通信本身不是目的，通信的直接目标是产生正确的决策，决策的目标是实现预期的经济效益或者价值目标，所以，决策是通过控制系统产生作用的，会计通信系统也是通过控制系统产生作用的，或者说会计主体通过操作通信系统来实现控制目的。通信理论的源头是信息论，控制理论的源头是控制论，二者都是基于信息论，目的是实现对系统的控制。

根据前文的分析，"决策—执行—信息处理和通信"是任何控制系统生存和发展的必要结构。企业组织从结构上也可以划分为通信系统、决策系统、执行系统，而且构成"通信系统—决策系统—执行系统—通信系统—决策系

统—执行系统……" 循环往复的过程。决策是制定控制目标和下达纠偏指令，执行是执行目标和纠偏指令，信息处理和通信是为决策提供预测信息、决策方案信息、标准信息、执行过程信息、确定并分析偏差、反馈偏差信息和原因信息，所以，从信息处理和通信系统上来看，其主要职能是标准制订、执行记录、分析偏差、信息反馈。会计是企业系统最完备、最正规的通信系统。所以说，会计系统是企业和其他经济组织，进而也是任何经济系统的必备结构和功能，以上信息处理和通信系统的职能由会计部门来承担，具体地，标准制订包括预测、决策、编制预算，预算成为控制的标准，会计承担标准制订尤其是决策的部分职能是管理复杂化的必然要求，它也替代了部分决策者的工作时间和专业能力；记录就是簿记的职能，目的是对实际执行情况进行反映，包括各种原始信息（原始凭证）的传输、加工、处理、存储，从内容上看，可以分为确认、计量、记录、报告，会计记录的方法和手段也越来越复杂、先进，电子计算机的利用也使得会计可以承担更多的职能；分析偏差属于财务报表分析的职能，会计进行报表分析节约了各类内外报表使用者的时间和知识积累；信息反馈可以使决策者和执行者及时纠正偏差。至此，会计通信系统所传递的信息既包括历史信息，也包括未来信息，既包括标准信息，也包括执行信息，还包括二者偏差及分析信息，通信系统变成了控制系统的一部分，其余部分交由决策部门进行审批、确认和指令下达。在前面基于剩余控制权理论、管理分工理论以及对会计与决策关系的分析之中，我们已经知道，会计与要素持有者的决策是密不可分的，按照关系的密切程度可以分为支持决策、影响决策、促进决策、引领决策和替代决策。所以，决策和会计通信系统共同完成和支持控制循环，会计通信系统承担的部分称为会计控制。

四、实践论基础：控制与管理的关系

按照《辞源》的解释，"管"，即管钥、枢要，在我国古代指锁钥，引申为管辖、管制之意；"理"本意是治玉，即对玉进行加工，引申为整理、治理、治疗。"理"引申后也有"顺""法则""条理"的含义，显然是指整理、治理的依据和效果。[①] "管理"合称就是管、理使之成理、合理、条理。

① 广东、广西、湖南、河南辞源修订组，商务印书馆编辑部. 辞源（修订版）[Z]. 北京：商务印书馆，1979：2361，2061，2062.

简单地说，管理就是通过人的有目的的、能动的活动和行为，作用（可分不同程度如制约、指导、影响）于对象，使之合理化的过程。

管理是伴随着人类的生产活动而产生的，几乎和人类的历史一样久远。最早的有记载的管理现象出现于人类社会的早期，"管理实践……至少可以追溯到几千年以前。生活在幼发拉底河流域的闪米尔人，早在公元前 5000 年已经开始了最原始的记录活动。这也是有据可考的人类历史上最早的管理活动"。① 随着社会和社会生产的发展，管理活动也越来越复杂，加上人类认识水平的提高，管理科学逐渐产生。

管理思想很早就有了，在四大文明古国的历史文献中，有许多关于管理思想的火花；古希腊甚至产生了比较系统的管理理论（如色诺芬的家庭管理），但是那时候的管理理论是与经济学、哲学等结合在一起的。近现代意义上的管理理论是伴随着资本主义的产生和发展以及现代自然科学的出现，于 19 世纪末（泰勒科学管理）诞生的。

管理是与实践紧密联系的学科，随着实践（组织的发展、竞争的加剧、实践中管理的创新）的发展，管理科学也不断发展。管理科学的发展也与其他相关学科的发展，特别是"哲学←→科学"形成的主流范式的发展以及管理环境的演变有关。现代科学意义上管理理论一般都是指西方管理理论，西方管理理论的发展演变包括很多流派，影响较大的是法约尔的管理过程理论、西蒙的决策理论和行为学派。

按照法约尔的管理过程理论，管理是计划、组织、指挥、协调和控制，也有人将管理的基本职能归纳为计划与控制，西蒙认为，管理就是决策，行为学派把管理看作是对组织和个人行为的领导和协调。笔者认为，对管理职能的分析应该联系其管理客体，分为对流水线式生产经营活动管理的职能、对人的系统管理的职能和对外部环境管理的职能。前者一般是采用控制职能，使生产经营活动按照一定标准进行。控制包括预测、决策、计划、控制、考核、分析等职能的循环，随着计算机的发展，控制的时间缩短，所以有人提出实时控制的概念，那么包括预测、决策等的控制就可以认为是一定时期的控制。以上过程也是正式信息（数字和文字的系统记录信息）处理过程；对人的系统管理主要是采用组织、指挥、协调、沟通的方式，尤其是知识经济

---

① 周三多，陈传明，鲁明泓，等. 管理学——原理与方法（第三版）[M]. 上海：复旦大学出版社，1999：1.

时代，由于绩效管理和个人管理（德鲁克，2019）的完善，对人的管理从依赖于行政命令逐渐转向信息的引导，包括正式信息和非正式信息（语言信息和文件信息）的交流和传递过程；对外部环境中人的系统的管理主要采用法律手段、协商方法、公共关系方法、政治手法等。再生产活动本质上是人与物结合的活动，既包括对物的管理，也包括对人及人际关系的管理。

　　显然，管理并不仅仅是模型化的控制系统，更重要的是人的实践活动。会计理论、会计模型与会计实践不能画等号，会计准则本质上是一种契约，是利益相关者之间利益博弈的结果，会计准则的执行也不等同于会计准则，会计准则的执行受制于会计人员的认知、价值观、能力、环境以及管理者的要求，往往与会计准则的规定存在偏差，包括确认、计量、记录、报告方面都会存在偏差，会计信息的接受也受制于会计信息使用者的理解能力等因素存在偏差（杨雄胜，1996）。"因为会计应用一般都表现为真实人的会计行为。"[①]

　　管理会计更是一种实践活动，我国《管理会计基本指引》（财会〔2016〕10 号）认为，"单位应用管理会计，应包括应用环境、管理会计活动、工具方法、信息与报告四要素"。作为实践活动，管理会计"人员必须经常到企业现场去熟悉生产、弄懂技术"。[②]"管理会计应用是为了特定目的而利用管理会计知识的管理活动，在本质上是'人'与'知识'的结合过程，即'何人'在'何种情形下'选择并使用'何种管理会计知识'这一机制或过程。"[③] 在现代信息技术条件下，人们逐渐认识到通过"微表情分析、语音识别"[④]等分析消费者乃至经营管理者的动机也是会计人员需要做的，作为信息处理和传输活动的会计，未达到传递以致形成合理判断和决策并对再生产活动产生影响的效果，会计学必须与行为科学相结合，"管理会计师要考虑信息使用者或决策者、决策内容、决策方式特点的不同选择不同的沟通方式、沟通渠道、详尽程度、沟通时机；强调沟通的效力和效果，要达到影响决策的目的，要通过提供'稳健、可信、及时、以适当证据为基础的信息'施加影响；'建议'要'简明扼要、方式适当、理由充分'，能够形成影响力，使得决策者作出更加可靠的决策并对决策形成'有影响力'的传播以有效地执行决策"[⑤]。

---

　　①②④　杨雄胜，缪艳娟，陈丽花，时现，李翔. 仰望会计星空静思会计发展〔J〕. 会计研究，2020（1）：67 – 76.

　　③　王斌. 论管理会计知识与管理会计应用〔J〕. 财会月刊，2020（3）：3 – 8.

　　⑤　商思争，骆阳，易爱军. 基于会计管理活动论的全球管理会计原则解读〔J〕. 财会通讯，2017（4）：4，119 – 122.

即使是"智能会计"或"智慧会计","财务机器人的出现并不能完全取代人的综合处理和判断能力,如战略规划、业务流程成本管控、内部报告设计、管控机制设计和 DSS 智能化设计等高端业务,财会人员还有较大的提升和发展空间"。①

会计系统的设置、运行、维护都是人们有目的的实践活动。会计系统是人参与的系统,也是企业的子系统,企业是一种要素持有者(利益相关者)的契约,"会计人"不是生产经营要素的持有者(可以将会计人员作为管理知识人力资本持有者,但这不是直接的生产要素,拥有会计系统的剩余控制权),会计信息是反映和维护利益相关者利益的,会计准则、会计科目、预算标准、评价指标等都是利益相关者(要素持有者)协商一致的结果,所以,会计系统也是利益相关者之间的一种不完备的契约,会计人和管理者拥有会计契约的剩余控制权(下面还要详细展开)。所以,基于马克思主义实践观,本书在此将会计实践活动模型化为会计人和管理者拥有剩余控制权的要素持有者的一种不完备契约(就如同企业是一种要素持有者的不完备契约同时也是一种要素持有者投入要素后形成的再生产实践活动一样),用于与企业不完备契约相结合,将其定义为可以融入会计控制系统的会计管理活动,也将会计人员的行动约束在契约框架内,防止其滥用职权,同时发挥其剩余控制权。

五、小结

会计通信系统与会计控制系统本质上是一样的,前者侧重于通信系统的结构,后者侧重于通信的功能;前者侧重于通信的技术和手段,后者侧重于通信的目的;前者侧重于会计系统本身的结构,后者侧重于会计系统与绩效管理系统的结合。会计管理活动则是以契约及其执行为基础的会计控制系统。

---

① 傅元略. 智慧会计:财务机器人与会计变革 [J]. 辽宁大学学报(哲学社会科学版),2019 (1):68-78.

第四章 理论分析：会计是对再生产过程和组织契约进行反映和管理的一种活动

基于第三章财务会计与管理会计融合概念及相关理论，本章将具体展开论证会计的管理活动本质，并分析会计管理的两个对象：再生产活动和组织契约及其相互关系。

第一节 会计管理活动论的初步理论分析

一、历史上：会计产生发展史：会计管理职能不断发展、不断完善的历史

"会计"一词，"起源于我国西周时期。当时的基本含义是：既有日常的零星核算，又有岁终的总合核算，通过日积月累到岁终的总合核算，达到全面、正确考核财政经济收支的目的。"① "会计"二字连用，"既有计算又有管理之意，它包括计算、记录、考察、监督等含义。"②

在相当一部分小生产者脑中，在普通百姓头脑中，"会计"即"记账、算账"，懂会计的人"精明"，会"算计"；甚至有的会计专家也把"会计学"称为"算计之学"。何谓"算计"？笔者认为，就是将收入与支出进行比较以确定利润，也包含利害权衡，既可用于事前规划（预测、决策、计划、预算），也可用于过程中的控制和事后的分析、评价，显然这就是管理；"精明"就是懂经营，会管理。这种朴素的会计观念显然与"会计"古义有契合之处。

---

① 郑汉中．"会计"一词源流考 [J]．财会月刊，1994（11）：37–38.
② 杨纪琬．社会主义会计理论建设 [M]．北京：中国财政经济出版社，1988：135.

无独有偶，英语"accounting"的词根"account"也是既有"计数、书写、账目、报告"也有"考虑、盘算"之意，后者如"take something into account"直译为"把某事放入账户"，意指"当做决定或判断时，要考虑到某个事实"。非常接近于"慎重判断或决策"之意。显然，"accounting"（账户、会计）有慎重决策、盘算之意。

会计自古以来就是一种管理活动，会计产生发展史就是会计管理职能不断发展、完善的历史。本书着重从生产方式、管理职能、管理体制三方面对会计史作一简要分析，对以上观点进行论证。

（一）原始采集狩猎阶段

这一阶段处于原始社会末期，生产方式为集体采集、狩猎，统一分配。此时的会计属于简单的"计量、记录"，如"刻契记事，绘图记事，结绳记事"，在我国（如"画卦结绳，以理海内"）以及在日本的德川时代、拉丁美洲秘鲁人、北美印第安人等都有结绳记事的记载。原始计量、记录的目的是维持生产、进行合理分配："在剩余产品出现之前，人们计量、记录生产收入是为了达到合理的分配，以求得共同的生存；在有了剩余产品之后，从公有部分讲，人们计量、记录生产、交换过程及其收支的目的，是正确处理分配、交换及储备的关系，以求部落经济的发展。从家族私有部分讲，主要是核算私有财产的数量，以求保护和不断扩大其私有财产。"① 以上论述，反映了两个方面的计量与控制，一是对组织契约的反映、维持和控制，手段是计量和记录生产收入以进行合理的分配，目的是求得共同的生存；二是通过计量、记录实现剩余物品的合理分配以求得再生产活动的正常进行以维持部落的发展，或通过记录包括和扩大私有财产，求得家庭的发展繁衍，显然，这是管理者自己的计量记录，这种对再生产活动的"原始的记录活动……是有据可考的人类历史上最早的管理活动"。② 美国著名学者克劳德·小乔治（Claude S. George）认为，世界上某些最早的书面文件，是管理控制实践的证明；柴尔德又进一步强调制作"账单"的人本身便处在管理的位置之上。③

---

① 郭道扬. 中国会计史稿（上册）［M］. 北京：中国财政经济出版社，1982：23.

② 周三多，陈传明，鲁明泓，等. 管理学：原理与方法（第三版）［M］. 上海：复旦大学出版社，1999：1.

③ 郭道扬. 世界会计职能论研究（上）［J］. 财会月刊，1997（2）：3－8.

"会计（或簿记），正是对劳动过程的一种控制活动。"①

（二）奴隶社会和封建社会时期

此阶段官厅会计的管理职能比较完善，在古巴比伦，国家的会计师被称为"记录官（scribe）"，其职责不仅"在文书上反映商业经营业务，而且在签订商业合同时，还要监督是否遵守有关法规"。② 尤其是我国周朝的会计在预算、报账审计和内部控制制度方面都领先于世界，"大宰对预算编制过程和各政府部门的现场审计承担全面的责任，但是，他将二者的具体工作责成司会部门掌管"。③大宰和司会的职能甚至还包括政府官员的考核，司会实际上是官厅的"总管"，"在执行综合管理、集中监督职能方面有很高的权威"，④ 此时"生产和消费混淆不清，没有确定总收益的刺激"，⑤ 所以实行单式簿记，"只反映关于财产和财产权的事实"，⑥不能反映财产的来源与去向，用存量比较来记录财富的增减。民间会计也是采用单式簿记，庄园主采用单式簿记"是由于他需要检查这些管家是否诚实可靠，防止损失和盗窃，提高功效，而从受托的管家方面看，会计记录乃是自己忠实履行义务的证据"，⑦显然，这里是委托人对代理人通过会计信息进行的监督和管理，记录者被称作"监视人"，也是一种代理人，不需要对（庄园）外报告，同时记录也是封建主了解现在、规划未来的工具；而对于小生产方式则是个体所有、个体生产，所有者、管理者、劳动者集于一身，后期虽有手工业作坊，进行雇工生产，但所有者（兼管理者）也参加劳动，不存在委托代理关系和信息不对称现象，不需要通过会计信息实现对代理人的监督、考核、评价、激励，对财产的监督也基本都在目力所及范围内，凭眼睛实现监视，凭手脚实现纠偏，凭大脑实现记忆、计算与规划。因此，小生产者一般没有专职会计，会计仍属生产的附属职能，大多凭脑子记忆、盘算，或者也有非专业化的簿记（王世定，1996），提供信息—决策—执行三合一，会计、管理、经营归一人，这时的会计可称为"记录、计算"阶段，记录并监督钱粮物资的增减变

---

① 文硕，汤云为. 会计审计知识更新 [M]. 北京：中国财政经济出版社，1992：1.

②③ ［美］查特菲尔德. 会计思想史 [M]. 文硕，董晓柏等，译. 北京：立信会计出版社，2017：5，8.

④ 杨纪琬. 社会主义会计理论建设 [M]. 北京：中国财政经济出版社，1988：135.

⑤⑥⑦ ［美］查特菲尔德. 会计思想史 [M]. 文硕，董晓柏等，译. 北京：中国商业出版社，1989：37，18，32.

动，"记录过去是为了规划未来，而不是向什么人报账或提供信息"，① 但是，当时并没有出现规划未来的系统而科学的会计方法。

（三）资本主义商品生产阶段

这一阶段大致处于自由资本主义时期，这时候，生产力比较落后，主要是手工业和小商业资本，理论上主要包括独资企业与合伙企业，也包括完全自然人企业，如个体商业，与自给自足的家庭农业类似，所有者、管理者和劳动者都由一个自然人兼任，或者家庭内部分工。如果自然人兼任所有者、管理者和劳动者，那么会计也是一个人兼任，无论是头脑记忆式会计还是简单簿记，都是为了规划和控制的需要，规划及其形成的标准也许只在头脑中，而财务收支活动的记录可能需要简单簿记，通过簿记记录与头脑中规划形成的标准对照，简单分析偏差形成的原因、反馈纠偏以实现控制，个人式会计当然不需要报账，"在单个商品生产者仅仅用头脑记账，或者仅仅在他的生产时间之外附带地把收支、支付日等记载下来的时候"，② 这种情况下，"信息—决策—执行"仍然是三合一的；如果家庭分工合作，一人负责财务管理、一人负责进货销货或其他经营活动，这种企业已经近似于一种合伙制企业了，负责管理的人一般负责记账，这时候的会计（簿记）主要还是为了规划和控制的需要。另外，负责记账的人还要向负责经营活动的人报账，报账就需要一些凭证作为支持证据，报账也需要一些清晰的表格，这既是信任的需要，也有会计与决策分离报账的需要，或者时空间隔通过信息进行管理的需要。随着企业规模的扩大，无论是资产规模、生产现场还是劳动者人数都开始增加，单凭资本家一人的眼睛、头脑和手脚进行监督控制已经难以实现，资本家作为所有者开始脱离生产劳动，招聘专门的代理人作为监工监督、管理生产工人的劳动，为了及时了解生产情况，监视代理人，经营管理好自己的企业，资本家设立专职会计，或者由代理人自行记账，有了专门的簿记系统和报账制度，也有了记账规则，用于计量和报告财产管理、使用和经营状况等受托责任履行情况，反映财产的管理、使用和经营情况，由代理人或者资本家进行决策、规划和控制。随着资本主义商业、对外贸易的发展，资本家为了更精确地计算利润，更全面地反映经营过程，对经济管理及会计的要

---

① 王世定. 我的会计观 [M]. 北京：人民出版社，1996.
② 马克思. 资本论（第二卷）[M]. 北京：人民出版社，1975.

求越来越强，单式簿记已远远不能满足经济管理的需求，资本主义商品经济的发展产生了复式记账法。例如，佛罗伦萨、热那亚和威尼斯，商业都比较繁盛。从公元 13 世纪到公元 15 世纪，相继出现了佛罗伦萨式簿记法、热那亚式簿记法和威尼斯式簿记法。日记账逐渐过渡到分录账，文字叙述式完全被统计表格式代替，用来检验账户余额的正确性，账户余额表逐步发展出了资产负债表和损益表。在工业革命前，生产力水平低下，会计的职责仍然主要是管好银钱，用账册控制财产实物，反映货币和存货的收支、增减和盈余，计量物力资本和人力资本各自的投入和产出，计量代理人的责任履行情况，提供可靠的盈亏数字，供分红利（合伙企业）、分股息（股份公司）之用；簿记信息报送资本家，但作为"商业秘密"，其对外界是秘而不宣的。这个阶段的企业会计，仍停留在记账、算账的簿记阶段，但是，复式簿记开启了现代会计的大门。

机械化生产以及加工过程的复杂化，出现了以成本控制为目的的成本核算。18 世纪下半期，英国发生了工业革命，随后机械化生产越来越普遍，需要的固定资本越来越多，如何反映固定资产的损耗成为企业会计的一个重要课题。19 世纪下半期，工业化大生产的格局已处于形成之中，人们开始设法并解决了间接费用的分配问题（Henry Metcalfe 发表《工厂成本》，1885），投标竞争以及正确估价的需要产生了成本记录和计算的需要，并进一步使得成本计算与复式簿记结合起来（Emile Garcke，John Manger Fells. 1887），形成了完整的成本记录和计算体系。① 会计逐渐完善了其作为"过程控制"和"观念总结"的职能。20 世纪初，泰勒的科学管理催生了标准成本和预算制度，并实现了标准成本与成本记录的结合，产生了以标准成本控制为目的的成本计划、记录和严格的差异分析（许云，2006），同时诞生了费用预算方法，实现了复式簿记在标准成本与预算制订上的应用，使会计逐渐走向了事前的核算和控制（麦金西，1922），会计计划和预算职能独立出来，所谓现代管理会计开始产生，标准成本和实际成本的记录成为会计的核心，会计规划和控制职能逐渐工具化、成型化并逐步得到发展。20 世纪 20、30 年代，以成本标准和费用预算为基础发展出了经营预算、财务预算乃至全面预算。几乎与此同时，相关的财务分析技术也逐步发展起来，并很快演变为经营分析，会计管理职能迅速扩展，会计分析过去、控制现在、规划未来的职能逐

---

① ［美］查特菲尔德. 会计思想史［M］. 文硕，董晓柏，译. 北京：中国商业出版社，1989.

渐明确化、系统化。美国会计学会认为，"进行历史记录的目的是吸取教训以作为未来的指南"①，会计人员在资本家或其代理人的委托或授权下进行的规划、控制和分析数据经由资本家或其代理人决策变成控制标准、纠偏指令、激励措施成为对整个企业的控制系统。有人说，该阶段的资本主义会计是"资本家直接用来控制和反映经济过程的工具"（裘宗舜、吴茂，1988）②；德国著名经济学家马克斯·韦伯（Max Weber）指出："资本主义存在最起码的先决条件，就是把合理的资本会计制度作为一切供应日常需要的大工业的标准。"③ 这都说明了会计的管理职能在理论上得到了重要的体现，而且人们还深刻地认识到了会计管理对资本主义的重大意义（Max Weber，1904）。

原始社会、奴隶社会、封建社会和早期资本主义时代的会计主要是为了满足生产管理者的监督、决策和控制的需要，不需要向社会报告或对外报告会计信息，会计记账、算账和报账的规则也是由相关管理者制订。但是，随着电气、铁路、矿山的出现，生产规模越来越大，单个资本无力承担，股份公司大量出现，并且出现了证券市场。一个股份公司往往拥有众多现实的和潜在的所有者和债权人，所有者与经营者、管理者、劳动者分工越来越清晰，管理内部分工也逐渐细化，所有者有权及时了解企业经营情况和财务状况，这就需要对外报告和披露企业经营信息和财务信息，以便所有者的考核和决策。财务报告制度实际上是社会对企业的考核和监督制度。企业生产经营的复杂化，使会计要素日趋复杂，产权的划分日益困难，需要专门的确认和计量程序；随着20世纪资本主义世界大危机，出现了财务会计的信息确认、计量和披露报告规则。这样，以"确认、计量、记录、报告"程序为特征并遵从财务会计准则的现代财务会计开始产生，财务会计的目标是便于外部投资者的决策或者考核管理者的受托责任，所以，财务会计是满足外部管理者的需要而产生的，是通过外部管理企业的一种会计。20世纪20年代以后，成本会计进一步发展，变动成本和固定成本实现了分解（希尔格特，1926；迪安，1936），产生了成本—产量—利润分析法（诺珀尔，1933），出现了弹性

① ［美］美国会计学会. 会计基础理论［M］. 文硕，等译. 北京：中国商业出版社，1991：5－6.

② 商思争. 作为记录的会计：会计管理活动论的历史分析和逻辑证明［J］. 财会通讯（学术版），2006（11）：9－12.

③ ［德］马克斯·韦伯. 韦伯文集（上）［M］. 韩水法，译. 北京：中国广播电视出版社，2000：357，358.

预算技术。伴随着竞争的加剧，会计进入决策和利润规划领域，实现了通过反映过去而科学规划未来的职能。企业规模的扩大，管理控制难度加大，出现了分权组织，内部考核和控制的要求诞生了责任会计，管理会计进一步完善。会计信息既要向管理者报告，又要向所有者和债权人报告，以满足外部主体与管理者对企业进行管理和决策的要求，人们开始意识到"会计信息的最终产品是决策"。[①] 会计的各项管理职能进一步明晰、丰富和深化，会计管理进一步成为企业经营管理系统中一个不可分割的重要组成部分。在此期间，受到管理会计发展的影响，以美国的蒂恩和乔尔为代表，出现了一个新的管理学派，叫作管理经济和会计学派（school of managerial economics and accounting），这一学派主张借助经济分析和管理会计来管理经济，直接把会计与管理联系起来，把会计纳入了管理学领域[②]。

（四）知识经济时代

进入知识经济时代，会计信息越来越重要，人们对财务会计信息相关性的需求越来越强烈，美国会计学会（AAA，1966）、美国注册会计师协会（AICPA，1994）和美国财务会计准则委员会（FASB，1984~2002）等组织相继开展改进会计信息的研究并颁布了一些研究报告，财务会计信息逐渐呈现多元化趋势，现金制信息、多种计量模式的信息、非财务信息、分部信息、前瞻性信息等在财务报告上的出现使财务会计信息越来越接近于管理会计信息；"由于财务会计也要为企业经营管理服务，因而西方近年来，这两种会计有合流的趋势。有的会计学者提出管理会计应该包括全部会计工作"。[③] 在企业内部，由于知识型员工逐渐增多，以及绩效管理和自主管理的发展，企业管理重心逐渐偏向于个人管理（德鲁克，2019），行政命令管理逐渐让位于信息的引导，管理会计也越来越重要，英国成本与管理会计师协会（The Institute of Cost and Management Accountants）1982 年出版的《管理会计统一名词解释》指出，管理会计应：确定为达到各项目标而制定的规划；确定短期经营计划；对实际业务事项进行记录；采取行动纠正偏差，将未来的实际业务纳入轨道；获取并控制各种资金；对制度及其执行情况进行检查并作出报告。IT 技术和网络技术的出现有力地推动了会计与管理、财务会计与管理

---

① R. R. 阿罗. 剑桥商务管理百科全书 [M]. 韩枫，编译. 北京：光明日报出版社，2002：6.
② 张维达. 现代经济管理辞典 [M]. 长春：吉林大学出版社，1988：54.
③ 孔祥祯，胡文义，王志超. 会计管理学 [M]. 武汉：武汉大学出版社，1986：2.

会计融合趋势的发展。

借鉴周祖培（1990）的划分，会计产生发展的历史也可以按照其与管理的关系划分为以下三个阶段：

（1）古代计管一体时期。即原始计量记录活动、古代官厅会计、小农经济时期与个人独资企业时期，会计与管理职能没有分离，生产者同时是管理者也是会计人员；（2）近代计管分离时期。封建后期和资本主义初期，会计成为一种专门为管理进行信息处理的活动①，并随着资本主义的发展，会计职能独立发展并逐渐完善，形成了财务会计与管理会计；（3）现代会计管理时期。随着知识经济的发展，财务会计与管理会计走向融合，会计与管理出现交叉。具体如图4－1所示。

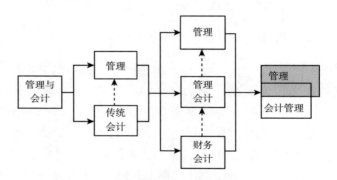

图4－1　会计与管理关系的发展演变过程

会计发展的全部历史证明，会计是经济管理的重要组成部分，"是以劳动投入和产出的对比计算为主要内容，对劳动者是否按预定计划合理进行生产的过程加以控制的活动"，② 是一种重要的管理活动，并且，"会计这一管理部门比起其他管理部门来更成熟，更有成规和成系统的组织、程序与方法"。③

---

① 在资本主义早期，所有者与管理者没有分离、至少没有资本市场的广泛发展的时候，企业会计向既是所有者也是管理者的资本家提供信息，为管理服务，或者虽然也有对外的报告，但是至少财务会计与管理会计没有分离，此时的会计是综合的会计，但是在信息处理过程上与现代财务会计没有本质区别，可以称为财务会计，也有人称为管理会计，如厦门大学葛家澍、余绪婴主编的《会计学》（2000）教材。因此，笔者认为还是称为传统会计比较准确。

② 文硕，汤云为.会计审计知识更新［M］.北京：中国财政经济出版社，1992：1.

③ 张伟康.企业会计管理基础［M］.上海：上海教育出版社，1999：1.

二、逻辑上：会计是一种管理活动

我国部分信息系统论者对会计管理活动论提出了一些反驳或质疑的意见，大体上有以下几点：（1）反对将会计定义为会计工作；（2）认为会计没有决策职能，而是只提供信息或决策依据；（3）反对会计在现代化企业中已形成完整的会计管理和控制循环的观点。以下分析将澄清这些观念，并论证会计是一种管理活动的观点。

（一）会计是一种工作，是一种实践活动，不是虚无缥缈的观念和自然存在的系统

"社会生活在本质上是实践的"，会计也不例外，"'管理活动论'认为，会计不是人的身外之物，而是由人直接参加的，按预定目标管理控制生产过程的一种实践活动"。① 客观地看，无可否认，无论手工会计系统还是电算会计系统，无论人造系统观还是人机结合系统观，会计都是有人参加的系统，没有纯粹无人参与的会计系统，会计系统不是自然界天然就有的。有人参加的系统或活动必对其对立物产生作用和影响。无论是提供信息还是使用信息，也无论是反映还是控制，人在其中都具有一定的能动作用。加入会计系统的人不是机械人，首先是具有一定会计职业道德、会计专业知识技能和相当信息优势、具有创造性和高度智能的会计人；其次是具有自利动机、立场或价值观、情感和意志的普通人；最后，会计人受制于环境中的各种诱惑和压力。会计人在其职业范围和准则框架内可以作出各种各样的职业判断和选择，从而对会计信息的生产过程和结果施加影响；即使是会计人员必须遵守的会计准则，也是由人来制订的，是各个利益集团折中的产物，是一种契约（谢德仁，1997）。作为人造的系统，研究证明，会计核算程序和系统也是一种契约（雷光勇，2004）。实际上，在作为契约的企业里，会计机构的设置也是一种契约安排（商思争，2015），但是，企业的契约是不完备契约，遗漏条款委托掌握剩余控制权的管理者（企业家）执行受托责任，管理者执行要素持有者的意志或者根据自己的职业判断代表要素持有者对契约进行管理和控制、对企业再生产过程进行组织、指挥、决策和控制。由于管理工作的复杂

---

① 王世定. 我的会计观［M］. 北京：人民出版社，1995：10.

性和人的有限理性，需要对管理工作进行层层分责、授权，横向平等的企业契约演变为层层代理的契约；决策和控制过程的复杂性，使得计量、维护和控制企业契约的会计机构成为管理者的代理人（王开田，1998），被管理者所控制，执行管理者的意志和要求，二者之间没有产权和利益冲突，时空距离也最近，信息提供与决策等职能互补，很少出现代理冲突，所以他们可以共同接受要素持有者的委托对企业再生产活动进行管理，会计机构和人员执行什么职能、提供什么样的信息取决于管理者的需求，无论什么职能都是管理职能的一部分，是一种管理活动，会计人对再生产过程进行的预测、决策、预算、核算、分析、评价等工作都属于管理工作。即使仅仅从事会计核算工作，也需要依照（或选择的）具有产权和经济后果的财务会计准则对经济业务进行确认、计量，作为"会计信息系统一部分"的会计人员也是在进行产权和利益契约的维护和分配工作，其报告给各个要素持有者的信息通过报告内容、顺序、格式、媒介、时机、方式的不同选择对要素持有者和管理者的决策和判断产生影响，从而作用于筹资、投资和生产经营活动过程，实现管理职能（商思争，2006）。因为企业是人力资本所有者和物力资本所有者的特别合约（周其仁，1996），人与物的结合产生再生产活动，任何生产经营活动、筹资活动、投资活动都是由人通过决策、执行驱动的。所以，会计管理的客体是再生产过程，但是是通过影响有关资本所有者或要素持有者的决策进行的。"会计无论采用什么方式去反映、去控制，其工作目标总是社会再生产的过程。"① 再生产活动既包括了物的方面，也包括了人的因素。有人参加的再生产活动不是自发的，而是按照既定目标运行的过程，是被管理和控制的过程，"会计不仅影响和控制社会再生产的物质方面，它还要影响和控制处于社会再生产各阶段中人的思想和行为，使他们进一步对再生产过程施加影响。"② 对物的方面的控制属于自动控制，目前还很难实现，多数企业多数情况下是通过影响人的决策实现对再生产活动的控制。换个角度，从会计信息系统原意上看，会计实际上是一种通信系统，是"'一个人的思想可以借以影响另一个人思想的一个过程'……这与管理一词的基本含义（设法要别人完成管理者要做的事）是极为相近的，或者说这里的'通信'与'管理'在语义上是等价的。"③ 管理实质上就是一部分人对另一部分人的影响，

---

① ② 王世定. 我的会计观［M］. 北京：人民出版社，1995：12.
③ 王世定. 我的会计观［M］. 北京：人民出版社，1995：6.

这种影响是靠信息实现的，对最终"拍板者"的影响也是如此。"信息之所以能对决策有作用，是因为它是通过对管理者（人）的信念产生影响来体现的。"① 当存在依据会计信息进行激励和处罚的制度下，在存在执行标准的时候，对执行活动的记录也是一种会计人员代替管理当局进行的实时控制活动，会计人员可以直接对资金、金融工具的管理作出决策。

在美国，其主管会计人员的职称有的已经不带"会计"字眼，而称为"控制师"（controller），这也说明了会计是有人参加的一种管理、控制实践活动。所以，如果把会计看作是一种实践活动，会计这种实践活动就是一种管理活动，会计反映、控制各个方面的工作都是管理工作，这一点就连我国"信息系统论"创立者也是承认的。② 但是也有人把教科书的会计程序和方法系统当作会计，从而把会计看作是信息系统。例如，有人就明确说"整个教材体系都明白无误地体现了会计是一个信息系统"，③ 教材只是对会计实践某个方面和角度（主要是程序和方法）进行研究的成熟的理论总结，不是会计的全部，就像管理理论教材往往研究的也是方法和程序一样，我们能说管理只是一些公式和模型吗？

（二）会计信息与决策密不可分

会计信息生产过程及其结果实际上体现了人的利益和意志，一是通过会计准则的执行体现准则制定者的利益和意志，包括会计专家学者、政府、企业要素持有者构成的利益集团等，强势利益集团的利益起主导作用，在我国，主要是政府的意志；二是体现企业要素持有者的意志和利益，他们通过章程、制度和规范提出要求；三是体现企业管理者的意志和利益，他们通过行政命令或暗示等施加影响；四是体现会计人员的利益和意志，他们的行动受自己思想的支配，实现会计的剩余控制权。而会计信息提供者是会计人员，会计信息使用者是企业要素持有者。如果把会计信息使用者概括为决策者，把各种标准制定、决策方案拍板、纠偏命令下达、用手投票、用脚投票、激励措施的实施等都作为决策，可以看出，决策者和信息提供者的分工实际上是专业化分工和产权分化的产物，决策者自己本来也可以提供这样的会计信息，但是由于专业化、与其他要素持有者存在利益冲突以及提供成本的原因，在

---

① 张尧庭. 信息与决策 [M]. 北京：科学出版社，2000：1.
② 葛家澍. 会计的基本概念 [M]. 北京：经济科学出版社，1986：128.
③ 何满年. "管理活动论"质疑 [J]. 闽西会计，1995（5）：10-11.

契约框架内，共同协议决定由一个无利害关系的会计专业机构专职提供会计信息（商思争，2015）。在个体生产者那里，决策指令的形成、输出和信息输入、转换、记忆等（信息处理＋决策）本来都是大脑的职能，这一点已经为决策管理学大师和认知心理学家的西蒙（Herbert Alexander Simon）等所证实，决策执行者也是自己，但那就是四肢的职能了，在个体生产者那里，会计就是"权衡""盘算"（见前文）和决策，也有很多时候，他们依靠模糊记忆和感觉信息作出定性的权衡和判断，作出直觉决策，但是更可靠的决策还是依据量化信息经过精确计算得出，历史信息的采集和记忆只是为了更准确地预测和决策。只是随着决策的复杂化、会计信息获取的专业化，会计信息提供者和决策者通过通信相连接成为相对独立但不可分割的一个系统，事实上，企业作为一个系统与作为人体的系统有相似之处，决策者和信息提供者也是一个首脑机关内部的分工。尽管这种内部分工也产生了委托代理关系，存在一定代理冲突的可能性，但在同一个职能部门，而且二者在企业内部都没有物力资本产权，没有根本的利益冲突，辅之以必要的内部控制，决策部门和会计部门完全可以实现协同，且会计信息与决策在流程上也无法分割。实际上，信息提供和决策控制还可以进一步分工，但是这改变不了会计部门是管理部门一部分、会计活动是管理活动的事实和性质。即便是当企业变成了要素持有者的契约，决策者即信息使用者变成了所有要素持有者，也仍然如此。

AAA 认为，现代会计是一种"鉴定、计量和传送经济信息的过程，借以使信息使用者能够作出可靠的判断和决策"。[①] 这个定义与其说是第一次提出信息系统的概念，不如说是第一次把信息与决策密切联系起来，而这对于会计概念的理解是非常关键的，通过这种紧密联系，人们可以在认识中把会计与整个管理和控制过程联系起来，从而认清会计的管理职能。从定义中也可以看出："处理经济信息和利用经济信息是不能截然分开的"，[②] 会计既可提供经济信息，又可利用经济信息进行决策，后者主要是管理会计（决策会计）的工作。事实上，在企业会计与管理实践中，根据会计部门和管理人员的专业能力和地位不同，会计与决策的关系按照由远及近可以划分为以下几个方面：（1）提供历史信息（由管理者自己进行预测和决策分析）作为未来

---

① 王世定. 管理活动论的哲学基础［J］. 会计研究，1993（3）：34 - 39.
② 张伟康. 企业会计管理基础［M］. 上海：上海教育出版社，1999：1.

（一般为近期或目前的简单或常规事项）决策的依据；（2）根据历史信息提供未来预测信息（由管理者进行决策分析）以供未来行动决策；（3）提供未来行动的决策方案供（管理者权衡最后拍板）确定最佳方案；（4）会计人员（一般是会计部门负责人）直接确定最佳方案；（5）作为管理会计"参谋"作用（余绪缨，1980）和"通过沟通提供有影响力的建议"（全球管理会计原则，2014）作用的一种体现，在协商式决策中，会计部门负责人或者管理会计人员利用口头传递（口头沟通或通信）历史会计信息、预测和决策分析信息、提出决策建议也属于会计信息与决策关系的一个类型。"信息—决策—执行"形成完整的通信系统或者控制系统，其中，信息与决策的通信系统既可能是正式的基于结构化信息的"人—机—人"通信系统，也可能是基于非结构化信息的"人—人"通信系统，无论何种类型，从本质意义上来说，都是人与人的通信，是会计信息提供者与决策者（要素持有者或要素投入者）的通信。任何信息处理系统最后都要经过人的智能化信息处理和加工变成决策和控制指令。作为"人—人"的通信，会计信息提供者要有效地影响决策者的决策，不仅要考虑通信的语法、语义、语用、信道、通信方式、时间等技术问题，还要事先了解"决策问题、决策者、决策风格或过程"，通过沟通"对决策者的需求进行讨论"（全球管理会计原则，2014），有效地影响决策者决策和执行的过程与管理，与"通过他人的工作达到自己（组织）的目标"的定义完全一致。会计通过会计信息影响决策者决策的过程类似于大脑中神经元与神经元之间通过电和化学物质传递信息的过程，不能因为二者之间不连续就认为二者是相互隔离的两个系统，也许这种不连续才是避免机械和刚性信息传递的手段和途径。在契约型企业、知识型员工增加和绩效管理背景下，信息对决策和执行的影响越来越重要，而行政命令的影响越来越弱化，加上"大智移云物"、财务共享和业财融合的发展，在企业里，会计信息与决策的关系越来越紧密，再也难以把会计仅看做是一个提供信息的系统，会计信息处理和通信系统的最终产品就是决策。除了会计主体利用会计信息影响管理者决策之外，还有会计主体与管理者一起利用会计信息影响现实和潜在的投资者、债权人、政府等的决策，前者即通常所认为的管理会计，后者即所谓财务会计，二者统一于会计通信系统这个概念，通信的语义、语法、语用都是基于管理的需要人为制定的，因此，也可以说二者都统一于会计管理活动论。如果硬要区分，管理会计作为对再生产活动的直接管理是基础和主体，财务会计只是会计内部管理活动结果的对外报告，当然也是对外部资源流量流向的管理。最早的所谓头脑式会计（作为生产附带的会计），往往是会计、决策和执行一人兼三任，现在在一些个体生产经营者那里仍然存在，在企业里对于会计系统无法提供的信息（如人力资本、各种无形资产等），仍然由有关管理者自行确认、计量，并利用自行确认、计量的信息进行决策，会计信息提供与决策合二为一。

"决策是一个过程，不能仅看做是拍板定案的一瞬间。"① 决策论创始人 H. 西蒙（Herbert Alexander Simon）认为，决策过程"包括确定要解决的问题，拟定备选方案和选定方案三个主要步骤。需要强调的是：第一，会计作为企业的管理部门之一，是决策活动的参加者；第二，在整个决策过程的三个步骤中，会计根据企业财务状况和经营成果的综合分析、判断，在提出问题、制定备选方案、促成方案的选定和实施以及监控方案的实际效益等方面所起的作用，不是其他管理活动所能代替的。"② 另一方面，信息与决策的分工只是一个技术问题或者是权力制约、不同知识和能力人员的配置问题，没有本质和严格的界限，当决策问题太复杂时，管理者可能把决策过程的一些环节授权给会计部门去做，会计人员利用自己的专业知识可以高效率地提供决策所需要的信息和方案，即使仅仅搜集决策相关的信息也仍然是决策过程中的一部分，二者合称为决策部门。决策也不是领导人的专利。"就以最高领导人拍板定案而言，也是指从诸多方案中最后选取一种。如果领导人选择的是由财会部门和财会人员提出的方案，则这种决策从实质上而不是形式上看，你能说财会部门没有参与决策吗?!"③ "'管理'既不是一种独有的特权，也不是企业经理或企业领导人的个人责任。它同别的基本职能一样，是一种分配于领导人与整个组织成员之间的职能。"④ "随着信息在大多数领域内具有完全性，传统意义上的决策可能会不复存在。例如，在自动化工厂本来由人作的决策现在根据自动收集的信息改由机器来作。这方面的发展显示了信息职能与决策职能的结合。在此本来由管理者进行的决策可从会计信息中自动产生。"⑤ 笔者认为，机器或信息系统完全取代人进行决策是不可能

①③ 阎达五. 论核算型会计向核算管理型会计转化的问题 [A]. 阎达五. 阎达五文集 [C]. 北京：中国人民大学出版社，2004：608.

② 王世定. 我的会计观 [M]. 北京：人民出版社，1995：9.

④ [法] H. 法约尔（Henri Fayol）. 工业管理与一般管理 [M]. 周安华，等译. 北京：中国社会科学出版社，1982：6.

⑤ 美国会计学会. 会计基础理论 [M]. 文硕，等译. 北京：中国商业出版社，1991：75.

的，但是，在相当程度上，基于结构性信息的系统性或程序化的决策是可以由机器替代的，基于非结构化信息的非系统性和非程序性决策必须通过人脑进行决策分析。总之，以上引语都说明了会计信息与决策之间不可分割的关系。事实上，在现行会计程序和方法教科书中，会计不仅提供反映的方法和信息，而且还提供决策模型、最佳方案和偏差原因信息，并且，由于会计的科学管理特点，基于财务会计信息和管理会计决策程序及模型的会计决策是一种系统决策，更加客观、可靠、科学、合理，这样得到的决策信息与指令信息之间也没有不可逾越的界限。如果机械地考察会计与决策者的分工，从而把会计只看作反映过程或者看作完整的反映循环与不完整的控制循环的结合，那就不仅仅否定了会计对再生产活动的控制职能，而且也否定了会计的信息系统属性，因为按照 AAA 的定义，所谓信息系统实际上是通信系统，按照信息论和控制论原理，这样的信息系统同时也是控制系统。决策是管理的核心，作为与决策过程紧密相连的会计当然是一种管理活动。

作为直接置身于会计信息处理过程的部分基层会计人员和学校里面部分进行会计信息处理教学的师生可能认识不到自己的工作和知识是会计管理工作、会计管理知识，而会计是一个信息处理系统的感受却非常强烈。这可能主要是因为他们在执行固定的、完备的会计准则或者会计制度，每个人、每门课都只是设计好的会计管理工作的一个环节和部分，如果跳出会计信息处理的某个部门或者环节，把会计准则、会计系统的设计与会计准则、会计系统的运行联系在一起，尤其是把会计信息处理工作与整个会计通信系统及决策者的决策联系在一起，把会计记录的数据与预算制定、考核、评价、激励联系在一起，那么会计是一种管理活动的概念就比较清晰了。

（三）会计管理是一个包含管理对象的闭循环

历史信息来自再生产活动执行过程及其结果，历史信息是预测性信息的基础，预测性信息是决策性信息的来源，决策的结果形成执行的标准，依据标准执行的结果性信息再次形成历史性信息，所以，"信息—决策—执行—信息—决策—执行………"是一个不断循环往复进行的过程。因此，会计循环通过"决策—执行"程序形成对再生产活动的控制和管理。

关于会计管理的职能和对象，马克思在《资本论》第二卷（1885 年版）中，以高瞻远瞩的伟大气魄对"簿记"的重要性、本质及其发展规律作出了科学的论断："过程越是按社会的规模进行，越是失去纯粹个人的性质，作为对过程的控制和观念总结的簿记就越是必要。"会计的职能是"过程控制"和"观念总结",或者称为"反映"和"控制"。这表明会计不仅仅反映企业的整个生产经营过程及其结果,将客观经济现象如实显示出来,更重要的是,会计还要对整个生产经营活动过程发挥控制性作用,以使再生产活动按照预定的轨道和目标运行。实际上,所反映的"过程"也是被控制的"过程",所以,"过程控制"与"观念总结"是相互作用、相互影响、辩证统一的关系,但其地位和所起的作用又有区别:"反映是控制的基础,控制是反映的目的。控制是居主导地位的职能。第一,控制规定反映的范围和程度。第二,控制是推动反映发展的动力。控制为反映提出新课题,促使反映的内容和形式不断向前发展;反映的内容要通过控制才能变主观的东西为客观的东西,才能转化为现实的力量;反映的结果要通过控制的有效性来检验。"①经济控制论证明,企业作为一个由人和各种要素组成的经济系统,在自我控制方面与生物系统和人体系统没有本质区别,都需要感觉器官(探测器或传感器)、传导器(传输网络)、评定器(对比分析器)、指令器(由于评定器与指令器联系紧密,评定器和指令器可合称为指令器)、执行器官(受动器)。如罗伯特·N·安东尼等人所说,无论是机械系统、生物系统、人体系统还是人机结合系统等,"任何控制系统"至少包括探测器或传感器、鉴定器(笔者认为实际上是评定器与指令器的结合,类似于信息处理 + 决策)、受动器和通信网络四种要素:探测器说明在控制过程中究竟发生了什么;鉴定器将实际发生的信息与标准进行比较并发出指示;受动器是在鉴定器指示行为变动时改变运动的设备;通信网络是在感应器和鉴定器、鉴定器和受动器之间传输信息的设备。任何系统都是信息系统,同时也都是控制系统,完整的信息系统一定是完整的控制系统,否则只能是脱离反映对象的封闭的信息孤岛。控制系统还可以概括地划分为施控系统、受控系统和信息传输通道。以上对控制系统的结构分析完全适用于会计系统。会计历史信息或预测性信息可以影响财务资本所有者的决策和执行,决策方案信息影响管理者的决策,前馈和反馈的偏差信息和纠偏方案影响执行者的执行,分别属于直接施控系统和间接施控系统,会计系统的运行过程既是"反映"过程,又是"控制"过程,既有来自再生产过程的信息,也有对再生产进行反馈、控制的信息,既来自对象,又通过决策作用于对象,来自对象的信息也是控制结果反馈的

---

① 王世定. 我的会计观 [M]. 北京:人民出版社,1995:11.

信息，输出的信息还要与标准进行比较，通过决策分析输入再生产过程，循环往复，直到再生产过程停止。信息系统论只"截取"了整个循环过程的反映"片段"和环节，解释了会计的反映程序和方法，没有看到完整的会计与再生产相互影响的过程。"在一个企业里，控制就是要证实一下是否各项工作都与已定计划相符合。"① 广义的控制包括计划和狭义的控制职能，狭义的控制指的是纠正偏差。通常认为，管理的职能也包括计划和控制，所以，广义的控制就是管理，需要制订计划和标准，一般包括制订计划或控制标准和纠正偏差两个环节，如果与执行过程结合起来，就是三个相互联系、循环往复的过程：制订计划或标准、执行标准和纠正偏差。同样，会计的"控制"职能与"反映"过程结合起来，可以把会计的具体职能概括为制订控制标准、反映标准执行过程和结果、纠正执行偏差三个方面，这也符合管理程序学派的控制步骤，即控制过程分为三个基本步骤：建立标准、衡量成效、纠正偏差②。按照现在会计学科的划分，反映主要是财务会计担当的职能，控制（包括制定标准和纠正偏差）主要是管理会计担当的职能，财务会计学侧重于反映的程序和方法，管理会计学侧重于决策和控制的程序和方法。无论在理论还是实践中，就像会计职能相互结合的情况一样，财务会计与管理会计实际上也是不可分割的。

　　决策是控制的手段，控制是决策的目的。西蒙认为，"决策是管理的心脏，管理是由一系列决策组成的"。③ 会计管理也是由一系列会计决策组成的，会计决策体现在会计管理的各个职能、各个环节之中。按照阎达五的观点，会计决策包括两种含义，可以称为直接决策和间接决策，在会计职业范围内，会计直接进行决策，既包括"诸如确定筹资的渠道和额度、决定投资方向和水平、制定成本和利润目标等"，也包括"有关会计事项处理方法、程序的选择问题"，"还有一种含义是协助企业领导进行企业经营决策，即参与企业经营决策"。④ 并且，作者认为，现代会计决策的对象与会计反映和控制的对象是一致的。有些学者依据管理的计划和控制职能（如 Horngren，

---

① ［法］H. 法约尔. 工业管理与一般管理［M］. 周安华，等译. 北京：中国社会科学出版社，1982：6，135.

② ［美］R. M. 哈吉茨. 企业管理：理论·程序·实务［M］. 许是祥，译. 北京：中华企业管理发展中心，1979：214.

③ 郭道扬. 会计史教程：历史现实未来，第一卷［M］. 北京：中国财政经济出版社，1998：478.

④ 阎达五，李百兴. 会计管理学基础［M］. 北京：首都经济贸易大学出版社，2003：18，93.

C. T. 、Sundem，G. L. 、Robert W. Ingram，2002；王美兰、乐梅江，1996；等等）把作为管理"心脏"的决策分为计划决策和控制决策，计划决策主要涉及未来，一般时间较长；控制决策是为了实现计划的决策，主要涉及过去和现在，涉及过去的决策如评价和激励决策，涉及现在的决策如计划执行方式、工具等的决策和纠偏决策，控制决策往往是短期的。综上所述，笔者认为，会计决策包括制订计划和标准决策、计划和标准执行方式决策、反映过程中的信息处理决策、纠正偏差（或者叫做狭义控制）决策、评价和激励决策。信息处理方面的决策可以由会计人员在职业范围和准则框架内直接作出，但是计划、执行方式、纠正偏差、评价和激励决策需要会计人员利用会计账户技术、计算分析技术、会计信息处理知识、有关规则知识和历史信息优势进行技术方面的测算，利用会计公正诚信的立场作出产权和利益协调决策，因为这些决策要么直接指向再生产活动，要么涉及要素持有者的利益，要么涉及其他职能部门的职责或利用其他部门的信息，因此，所形成的最终决策结论一般还需要管理者、其他职能部门、执行部门或要素持有者签字、"拍板"。其中，计划决策和执行方式决策是确定一项经济活动是否发生和如何发生，属于前馈控制；纠正偏差决策（或狭义控制决策）是确定发生后的偏差和偏差的原因以及如何纠正，属于反馈控制；激励决策属于强化的反馈职能，本质上都是使企业再生产活动按照人们期望的目标进行，都可以是长期的或短期的、定期的或日常的。对于已经发生的现实的经济活动，集中体现会计管理职能的是纠正偏差（或狭义控制）决策即反馈控制，这也是本书的重点。这种决策需要会计人员通过信息反馈间接进行，即通过会计分析来确定偏差形成的原因，进行信息反馈，影响和控制处于社会再生产各阶段中人的思想和行为，从而确定纠偏措施，通过他人或者自己执行决策，进一步对再生产过程施加影响，以便纠正偏差，实现既定目标。对再生产过程直接起作用的就是这种决策，属于上面所说的控制决策。总体来说，会计决策的目的就是通过对再生产活动的管理和控制，实现既定的目标，提高经济效益，合理分配经济利益。所以，也可以说会计是有人直接参加的、由一系列决策连接起来的按照预定目标对再生产过程进行管理和控制的一种实践活动。

会计控制的对象不仅是再生产活动，还包括企业要素持有者的契约。按照阿尔钦（Armen Alchian）和德姆塞茨（Harild Demsez）的团队生产理论（Team Production），团队生产（尤其是大规模团队生产）：（1）使用几种类型的资源；（2）其产品不是每一参与合作的资源的分产出之和；（3）生产所使用的所有资源不属于同一个人；（4）团队需要管理层进行管理和控制，企业是一个生产团队，管理者需要对几种类型的资源集合进行运作和管理，但同时，资源集合的投入者也需要管理和控制。从资源投入者角度来看，企业还是一系列合约的集合（Ronald Coase，1937），是管理者通过行政手段协调资源配置的装置，结合要素持有者理论（Freeman，1984），企业是要素持有者结合而成的契约，也是人力资本与非人力资本的合约（周其仁，1996），人与物的结合产生再生产活动，契约的不完备性要求赋予管理者剩余控制权，管理者成为要素持有者的代理人，他既要维护要素持有者的契约，也要管理再生产活动，实现要素持有者的预期利益。为了科学、公正地履行这两种受托责任，管理人员把契约计量与再生产决策分析职能赋予会计部门，会计部门执行根据专业知识和要素持有者协商议定的会计准则、会计处理方法、会计科目体系、预算账户体系、会计分析体系，对要素持有者契约（与再生产活动过程）进行公允地反映和维护、控制。对企业契约的控制是指通过会计公允地计量、报告要素持有者的投入、贡献、回报的信息，降低缔约和履约成本（Shyam Sunder）。实际上，计量和控制契约也是对再生产活动的反映和控制，因为人力资本所有者需要激励（周其仁，1996），作为人力资本拥有者（包括劳动要素和管理要素的投入者）的投入计量（或者激励）是维持再生产活动的重要方面，而会计的契约维护和控制的基本职能就是对投入的计量，财务资本所有者的筹资和投资活动也需要会计系统提供相关产出绩效的预测信息，其投入的产权维护以及公允的收益计量和分配也是对财务资本投入者的一种激励。由于会计是会计人与要素持有者的信息通信系统，使得会计控制标准的制定过程成为一个要素持有者之间利益目标的协调过程，会计控制标准实际上是一个通过会计的预测、决策技术集成的要素持有者目标集合；会计核算系统实际上是会计依据要素持有者订立的会计准则契约（强调公允性）对各个要素持有者利益和产权账户增减变化情况的反映系统；偏差分析系统也是对完整生产经营活动过程和结果按照要素持有者账户进行分解归权归责的系统。反过来说，由于各个要素持有者同时是各种生产要素的投入者，在劳动要素的作用下，各种要素的集合运行就是企业的再生产过程，所以，会计控制循环及其各个环节和要素既是对再生产活动的控制循环和要素也是对契约的控制循环和要素，对再生产活动的控制和对契约的控制是统一的，一定程度上，也正是由于有对契约所规制的产权关系和利益关系的反映和控制，我们也才把这种有人参与的会计控制系统称作会计管理活动，该观点划归会计管理活动学派而不是会计控制系统学派。会计对契约的控制使企业契约得以维护，使通过契约连接起来的各个要素集合和要素投入者集合构成一个系统（企业或组织），企业资产得以持续保存。会计的契约控制职能是会计再生产控制职能的前提，没有契约的维护和控制，企业就不存在了；并且，会计人通过会计信息影响再生产过程中要素持有者的思想和行为，从而影响要素持有者的决策，最终作用于再生产过程，实现预期目标；没有对再生产活动过程的控制，契约约定的要素保值和增值目标也难以实现。二者互为目的和手段，且对象是统一的，如同资产负债表、利润表的左边（上面）和右边（下面）指的是同一事物一样。所以，本书把会计控制的对象仍然界定为对再生产活动的控制，按照控制论、系统论的观点设计会计控制理论框架，作为有人参与的系统，会计的契约控制和维护职能包括组织、协调、沟通和计量（激励）各个要素持有者，渗透进控制标准和会计反映规则与技术的制定、会计分析归责归权到人、激励措施的设计与实施方面，内在地包含于会计对再生产活动的控制循环中。所以，除了需要严谨区分的地方外，本书的整体框架和技术路线仍然按照对再生产活动的控制来安排。

第二节　会计管理是对组织契约和再生产活动的维护、控制与管理

基于前面对会计管理活动本质的论证和分析，本节将进一步深入分析会计管理的对象：再生产活动、组织契约及其相互关系。

一、组织契约与会计管理

企业会计是由于各个经济利益主体对自己经济利益管理的需要而产生的。每个要素持有者投入自己的要素构成企业，聘任管理者管理企业，要求获得相应的回报，并对这些投入和回报进行管理和决策，决策需要信息，经济利益信息主要来自会计信息。所有者管理自己投入的要素需要企业净权益和净损益信息，债权人管理自己的借贷及其利益需要企业财务状况信息，管理者决策需要管理会计信息，税务部门需要税务会计信息，责任中心需要责任会计信息，劳动者需要薪酬会计信息，等等，其共同需要或者"并集"构成了

企业会计信息系统。所以企业会计系统是适应要素持有者管理自己要素和利益需要产生的一种信息系统，也可以说是各个要素持有者协商一致的结果，是各个要素持有者的契约。

具体来说，每个要素持有者（或要素投入者）对自己要素和利益的管理都应该有自己的目标系统、目标执行过程和结果的反映系统、执行偏差计算和反馈系统、纠偏系统。所有要素持有者这些子系统的集合构成了企业会计的目标系统、记录系统、分析反馈系统、考核评价激励系统，以上分别称为企业预算系统、账户核算系统、会计分析和反馈传输系统、会计考核和评价系统。预算系统、账户核算系统、会计分析和反馈传输系统、会计考核和评价系统也是各个要素持有者相应管理要求的契约，要素持有者投入要素构成了企业资产，要素持有者的利益需求构成了企业的"负债"（会计上叫做"权益"）。要素持有者管理自己利益需要的会计信息子系统交由企业代理构成了企业会计信息系统，就像要素持有者把自己的要素交给管理者代理一样，企业会计信息系统也交由管理者控制，这是管理者剩余控制权的一部分。但是管理者对要素持有者提供的未来信息、现实信息和历史信息要遵守要素持有者制定的信息提供标准或者叫做会计准则，包括管理会计准则和财务会计准则。这些会计标准或准则也是要素持有者协商一致达成的契约。以上契约都是为了维护企业契约而协议并履行的。另外，由于要素持有者的不完全理性、或然现象的难以预测、难以协商一致以及难以证实，导致以上会计契约也是不完全契约。

首先，会计机构和会计系统的设立是要素持有者协商一致的结果，根据经济利益会计原理（商思争，2011），每个要素持有者（包括管理者）对自己经济利益的管理都有自己的会计系统（包括上述目标子系统、目标执行过程和结果的反映子系统、执行偏差计算和反馈子系统、纠偏子系统，可以是头脑式的或者正式会计系统）（商思争，2012），随着要素和资源的投入以及一部分自治权的放弃，要素持有者也放弃了一部分会计管理权，交给企业构成一个满足各方利益的企业会计系统，要素持有者转而要求企业会计系统（由剩余控制权拥有者控制）对自己的利益进行核算和管理，并向其提供会计报表或其他形式的会计信息，但是要素持有者的利益决策和控制权没有放弃，可以根据企业会计系统提供的信息用手投票和用脚投票、增加和减少投入。这就是企业会计系统的来历。但是由于要素持有者没有预见到自己的利益管理需求（或者无法控制自己的利益，如有些企业的基层劳动者）或者无法协商一致，又或者无法得到第三方的首肯，导致企业会计机构的设立可能是不完备的，由此带来会计机构偏向（或者忽略）于某一方的利益管理需求或者所有要素持有者的利益管理需求都无法得到满足，企业会计机构无法实现自己的职能。

由于谈判能力的制约，当内部普通员工的利益无法通过用手投票或者用脚投票的方式控制时，普通员工可能不关心相关会计信息的提供，这时，企业的会计可能只按照外部要素持有者制定的规则对外提供报表和报表分析信息，这部分会计规则、会计程序叫做财务会计；相反，如果内部普通员工的委托代理契约非常清晰，责权利非常明确，内部员工就非常需要有关自身利益的会计信息，提供这部分信息的会计规则和程序叫做责任会计。同理，当管理层对决策分析信息和控制信息的需求大于其他各方时，企业会计表现为管理会计，当税务局信息需求大于其他各方时，企业会计表现为税务会计。

其次，会计准则是不完全契约。会计准则的契约属性已经有很多论述，例如，瓦茨（Watts）用实证方法研究了会计政策选择与企业契约之间的关系，形成了当代会计理论的"契约观"。"契约观"认为会计信息主要反映了契约履行的需要，会计准则的制定也可从契约履行的需要中得到解释（Watts，2001）；孙德轩（Shyam Sunder）认为，"会计准则就如同构造契约组合的预制件"，是由会计惯例演变而来。① 雷光勇、郭道扬（2000）认为，"会计政策是企业契约耦合体中各要素持有者之间通过博弈达成的均衡契约"。雷光勇进一步指出会计准则是不完全契约，"作为管束人们进行会计事项的确认、计量、记录与报告活动的行为规则，其本质是……一种不完全契约"。② 田昆儒从产权理论的角度探讨了会计的契约本质。他认为，会计行为被限定在契约范围内，"会计契约的直接表现之一是会计规则"，"同一经济事项（会计事项）在不同企业处理存在差别，并不在于其管理上的好坏，而同'会计规则'相关"。③ 谢德仁用交易费用理论解释了会计准则产生的原因，认为会计准则本质上是一份公共合约（谢德仁，2001）。由于企业会计是要素持有者为了管理自己的利益达成的契约，会计的确认、计量、记录、报告产生的信息往往涉及企业要素持有者的经济利益关系及其调整，会计准则（规范、标准等）是要素持有者为了保护各自利益在博弈基础上达成的契

---

① ［美］夏恩·桑德. 会计与控制理论［M］. 方红星，等译. 大连：东北财经大学出版社，2000：160.

② 雷光勇. 会计契约论［M］. 北京：中国财政经济出版社，2004：208.

③ 田昆儒. 再论会计契约：基于产权理论的会计本质考察［J］. 企业经济，2012（6）：5-10.

约也就不难理解了。但是由于经济业务和会计活动的复杂性以及签约人的不完全理性，会计准则显然也是要素持有者达成的不完全契约。

会计账户是不完备契约。资产是企业拥有和控制的，所以资产类账户是企业的账户，反映了企业拥有和控制的所有资产的类别，但是企业本质上是一种要素持有者的不完备契约，资产背后反映的是各个要素持有者投入的要素以及拥有的权益和利益，所以，会计账户本质上是各个要素持有者的权益和利益，基于会计准则的通用会计账户体系实际上是各个要素持有者的权益和利益集合，会计确认与计量是对各个要素持有者投入及其权益和利益在相关账户中的确认与计量，计量的标准主要是按照企业契约签订时确认的价格，会计分录反映的是要素持有者经济利益的变化。这其中，对人力资本拥有者的投入、消耗、贡献的计量是企业会计的重点、难点，这也是产品成本计量的关键，而成本计量是企业会计的一个重要职能，成本又是市场形成价格的基础。但是由于会计核算的成本、技术和认知能力的限制以及企业契约的不完备性，会计账户对要素持有者经济利益及其变化的确认和计量也是不完备的，一些要素持有者的利益无法反映和保护，如人力资源及其消耗、一些要素持有者带来的无形资产及其消耗等。在物力资本所有者权益会计观统治下，一些人力资本的脑力劳动、体力劳动、知识、才能等的消耗得不到如实反映甚至有意加以忽视，由此形成的标准化的、通用的报表体系也是不完备契约。

会计预算是不完备契约。企业预算是企业的目标。预算科目与会计科目一样本质上是人的科目，是要素持有者的利益和权益科目，因为资产的背后是权益，收入的背后是收益及其分配，所以预算科目体系以及预算报表是要素持有者利益目标的集合。另外，企业契约的要素持有者的经济利益是相互冲突的，如所有者与管理者、管理者与员工、投资者与债权人、所有者与征税机关、企业内部员工与客户等的经济利益都是相互冲突的，在总量既定的情况下，相应确定的利益目标也是相互冲突和竞争的。因此，总预算目标的确定是内外、上下讨价还价的结果。所以预算是一种契约，因为未来的不确定性以及有限理性，当然这也是不完全契约。关于预算的契约属性，谢获宝（2009）、林峰国（2004）、汪家芬（2006）都有论及。

会计分析体系也是一种不完备契约。会计分析也叫财务分析，站在不同要素持有者角度进行分析的方法、指标都是不同的，通用的报表分析体系和方法是一种要素持有者的不完备契约。会计报告、会计偏差及其分析信息的反馈时间、方式、渠道也是要素持有者协商的结果，是会计规则这种不完全契约的构成部分。

基于预算和实际偏差及委托代理关系的企业内部考核、评价和激励体系也是一种不完备契约，是要素持有者商定的方法，只能做到相对完善、公平、有效。由于人力资源贡献的难以计量，也由于人的需求的多样性，作为被激励对象的要素持有者，无论何种激励方式，总会有疏漏和不到位之处。

总之，企业的会计是为要素持有者管理自己权益和利益而设立的一个会计系统，是要素持有者利益管理的会计系统，简称为管理的会计系统，是利益关系人协议成立的一种不完备契约，为与企业契约区分，称之为会计契约。显然，会计契约既是反映和控制经济利益关系人利益的，也是反映和维护、控制企业契约的。

不完备契约主要是指会计规则、会计程序中有一些疏漏以及企业契约履行过程中将要出现的或然事项，这需要剩余控制权的拥有者来处理。

二、剩余控制权、再生产活动与会计管理

其一，企业作为不完备契约，剩余控制权由管理者行使，而在会计契约不完备的情况下，为了便于剩余控制权的行使，管理者应该设置用于实现剩余控制权的会计系统。按照（Knight. F. H. , 1921）的观点，"企业在本质上是管理者和雇员之间的决策分工和风险分摊机制。经营管理者在分担风险的同时，获得经营剩余，而雇员通过转嫁风险获得契约所规定的固定工资并允许管理者监督他们在企业内的活动。"[①] 如同股东一样，管理者承担了较多的风险，拥有剩余控制权和部分剩余收益权，也因此应该拥有较多的信息用于决策，这样其他要素持有者承担了较少的风险，拥有契约控制权和契约收益权，也因此拥有较少的信息控制权。管理者与其他要素持有者的关系同样如此，因此，作为剩余控制权的一部分，也作为行使剩余控制权的一种方式，管理者应该设立专用会计系统并利用其为自己剩余控制权的行使提供规划、控制用信息和方案以降低风险和不确定性，管理者作为要素持有者之一也同时放弃了自己利益的部分会计控制权转交给企业形成企业会计系统，作为剩余控制权拥有者的管理者也代理控制了该企业会计系统[②]，以促进企业在充

---

① 杨瑞龙，刘刚. 不确定性和企业理论的演化 [J]. 江苏社会科学，2001（3）：1–9.
② 剩余控制权拥有者放弃自己利益的部分会计控制权转而控制了企业会计控制权反映了管理者作为个人要素持有者和管理职业者角色的区分。

满不确定和风险的市场中发展，以扩大要素持有者的经济利益。为了节约会计系统设置和运行的成本，同时由管理者控制的企业会计系统和管理者的会计系统可以合二为一。归纳一下，管理者控制企业会计系统并设置管理者的会计系统以获得比其他要素持有者更多的信息和方案是因为管理要素的投入和消耗对应的是宽度更大、程度更复杂、变化更剧烈、风险更大的对象——由人参与的在复杂多变的市场中运行的企业的生产经营活动。换句话说，谁面对的决策复杂，谁需要的信息和决策分析就多，谁就应该设置专门的会计系统来为自己服务。

其二，无论是通用的财务会计准则还是企业内部会计规范，都不可能预测到未来和企业面对的所有情况和事项。当或然事项发生时，管理者和会计人员就应该发挥作为职业判断能力和自由裁量权的会计剩余控制权进行会计确认、计量、记录、报告，实现利益相关者的利益，实现自己的剩余控制权。

其三，预算的不完备性主要表现在预算制定后的情况变化和预料之外事项的发生，管理者应该发挥剩余控制权，修改预算或者管理者下达新的指标，通过各种激励手段调动员工积极性实现预算。

其四，对于不完备会计账户体系，管理者和会计人员可以自行设置内部管理用账户，以监督资产的运用和收入的实现，同时设置各式各样的管理用会计报表，根据管理需要确定报送时间、报送方式、报送渠道。对于企业契约中没有规定又难以计量的劳动、技能和知识价值，往往由管理者结合人力资源部门进行评估并确定价格（有时候管理者能够更准确地评估人力资本价值），这是管理者的一个职能，是企业形成的一个原因，同时也是导致盈余管理的原因之一。

其五，为了降低报表分析的遗漏和片面性，也为了改善管理，管理者的会计系统应该注重全面的经济活动和财务活动分析，以发现偏差发生的主客观原因，找到可控制的原因和责任人，配以激励和考核措施，促进预算目标的实现。

其六，考核和评价体系，结合对人力资源消耗的计量以及非物质激励，结合人的不同需求，设计不同的奖惩、激励方案。

企业是一个契约集合，参与契约的人是资本、劳动、土地、技术、管理、关系等各类要素持有者，其所持有的各类生产要素只有投入企业与其他要素相结合才能生产出市场所需要的产品，实现自身要素的回报，所以，企业也是一个要素集合，企业再生产活动是各类要素增减变动的产物，具体来说是人力资本要素与物力资本要素投入、消耗、退出、转换等各种变化的产物，这些变化都会产生各种各样的信息，主要包括形象信息和抽象信息，形象信息是再生产活动各个过程自行发出的信息；抽象信息需要人工提取，抽象信息主要表现为数量信息，又分为实物数量信息和价值数量信息。对于以盈利和获取财务资源为主要目的的企业来说，价值数量信息既是要素持有者最为关注的信息，也是最为抽象、最难捕捉的信息，现实中，通常用交易者提供的交易证明来反映这些数量信息。

根据以上的分析，再生产活动实际上是各类要素持有者（依据相关反馈信息作出决策）驱动自己的要素变动实现的，这些要素变动包括投入、消耗、退出、转换，管理要素的投入和消耗是对其他要素的组织、指挥、协调和对其他要素持有者的激励。这些要素的变动统称为业务，可以分为企业与企业之间的交易与企业内部各部门要素的消耗、转换，前者分为货币性交易和非货币性交易，表现为货币性和非货币性的筹资、投资、购买、销售；后者称为事项，包括劳动的消耗、财物的消耗、财物的转换和移动，表现为生产活动的进行和实物资产的储存。交易是事项产生的前提，企业没有交易就无法获取各类要素，也就没有要素在企业内部的消耗、转换和移动，没有生产和储存。在市场经济中，货币性交易既是主要的交易类型，也是其他交易和事项的源头和基础。市场经济也是信用经济、法治经济，为了能够证明交易的发生以备今后发生纠纷后的解决或者解除自己的受托责任，交易者需要获取交易证明和法律文书，包括发票、收据和合同等，对于货币性交易来说，这些交易证明和法律文书可以提供价值量信息作为获得要素的价值计量，以此为基础，非货币性交易和事项也可以获取价值量信息并对相关资产以价值计量，非货币性交易和事项的执行者为了证明交易的发生和解除自己的受托责任也需要提供相关法律文书和证明文件，要想最终解除受托责任，交易和事项的完成者还需要将这些交易证明和法律文书在经审核后提交委托人，委托人一般是企业的管理者，这样企业再生产活动的信息最后都可以集中到管理者，便于其据此作出相关控制和激励决策。随着交易规模的扩大化和交易的复杂化，管理者的头脑和手工记账方式无法处理越来越复杂和扩大的信息，大量的信息需要专职信息处理部门来进行处理，价值信息的处理部门被称为会计部门，会计部门将获得的大量价值信息（其载体就是法律文书和业务证明）整理压缩后呈交、传递给管理部门，随着通信技术的发展与企业规模的扩大以及投资者和管理者及其内部分工的复杂化、会计信息需求部门的增多和需求多样化以及信息供求双方的远程化，会计部门不仅承担信息处理职能，还要主动沟通了解并分析信息需求者的需求，提供其所需要的会计信息，承担利用通信技术和设备准确及时地传输决策相关和可靠的信息以引导各个要素持有者（包括各个层级的管理者）作出合理有效的决策（通过协商性的目标设置和激励措施，同时有利于企业和自身），会计系统演变为通信系统，从质料上看，会计就是通信系统。这样，再生产活动作为信源，其所提供的数量信息是先通过要素投入者（业务经办人）提供直接的原始信息，然后会计部门将信息编码后发送到会计通信系统中去的。推而广之，再生产活动过程发送的信息包括图像、声音、语言、文字、数字，前三者是形象信息，在距离较近的情况下不需要通信部门编码利用通信系统传输给信息使用者，而可以由再生产活动过程自动发送，信息使用者利用感官和大脑采集、编码、译码和使用，这些信息的使用者是业务执行者，不是管理者。而后两者作为抽象信息需要通过会计部门编码归整后经由通信系统发送给远程信息使用者译码后使用，随着"大智移云物"技术的不断提高，所谓形象信息也可以由电脑采集并结构化后与数量信息共同构成会计信息系统的一部分，大数据信息可以作为财务数据的支持数据。

综上所述，可以归纳如表 4-1 和图 4-2 所示。

表 4-1 会计对组织契约与企业再生产过程管理的基本理论框架

决策			会计				（会计准则）
决策者	决策对象	决策结果	会计准则执行				
			会计预算	会计核算	会计分析	会计反馈	
要素投入者	投入的要素，资产负债表右边	要素的投入和退出	要素投入者预期的要素产出目标集合	账户体系、会计准则，要素持有者的契约	要素及其集合变动结果、原因、规律及趋势分析	财务会计报告	财务会计准则，要素持有者的契约
剩余权控制者	企业再生产活动过程，资产负债表左边	企业资金取得、退出、循环和周转	生产经营目标	管理会计准则，管理者制定的会计规范	财务状况及经营成果变动原因、规律及趋势分析	管理会计报告	管理会计准则，管理者制定的会计规范

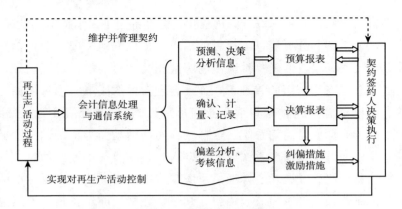

图 4 – 2　会计、契约、决策与控制关系

综上所述，会计既是会计人与决策者掌握剩余控制权、由要素持有者（也是利益相关者）协商制定的一组契约集合，也是会计人在会计契约框架下规划和控制再生产活动、维护和控制企业契约的一种管理实践活动，对契约的维护与对再生产活动的控制互为目的和手段。

第五章 应用实务：会计是一种包括预算、反映、分析和反馈的控制循环

会计机构和会计人员通过预测、决策、预算、确认、计量、记录、报告、分析、反馈等环节通过决策部门的决策或者直接决策并作用于再生产活动和组织契约实施会计管理活动，下面分析具体步骤及其与会计管理和会计控制的关系。

第一节 会计预算

在不确定的环境下，人类社会要生存、发展，有效地从事生产活动，必须对未来进行预测，虽然这种预测也许不准确甚至只是一些假定的框架，但是没有预测的信息，就没有对未来较明确的认知，人们根本就无法采取任何行动，即使是基于信仰的行动，也仍然无法消除人们内心的不安全感，而且信仰事实上也是人们的一种预测框架。对于面对复杂环境的现代组织，要生存、发展更需要严格规范的预测，预测的目的是确定发展的方向、路径和目标，防范可能的风险，所以，预测后还需要经过决策，并根据决策结果制订计划和预算。预测是对未来和环境的推测和判断，由于再生产活动具有延续性（或规律性）、相关性（各个会计要素之间的变化具有相互关联性）和统计规律性（庄恩岳，1997；阎达五，2003），使得我们可以对企业再生产活动采用相关方法进行趋势分析，即利用历史时期财务会计报表数字采用发展趋势分析法、速度预测法、移动平均预测法、指数平滑预测法、三点预测法、回归分析法等各种方法进行预测分析。决策是在预测基础上所应采取的不同行动方案的选择，包括长期投资决策和短期经营决策，短期经营决策通常采用差量分析法、贡献边际分析法、本量利分析法、边际分析法、线性规划法等，长期投资决策分析方法通常采用静态投资回收期法、净现值法、净现值

率法、差额投资内部收益率法、年等额净回收额法等。决定好采取何种行动后，就需要进入计划和预算程序，配置资源，确定将来行动的目标和标准，计划包括目标和措施，预算是计划的数量表示。通过计划和预算统筹安排，并作为未来行动的控制标准，可以依据决策的时间长短分别编制长期的预算和短期的预算。总之，预算是预测、决策的结果，预测、决策是编制预算的过程，在"大智移云物"时代，会计人员可以通过物联网、WEB 数据、日志数据、数据库等基于财务、业务、市场、客户、供应商等各种结构化、半结构化和非结构化数据，采用特种模型和方法进行更为准确的预测，如通过回归分析、知识图谱、用户画像进行客户及客户需求预测，利用神经网络进行智能财务预警、股价预测等，通过 Monte Carlo 模拟进行项目风险分析等；也可以采用更加精准的决策分析方法进行决策，如通过线性规划优化资源配置、利用决策树进行决策分析、通过关联分析进行精准营销等。

管理和控制需要有一个标准或轨道，因为管理或控制就是使对象按照标准或者轨道运行。标准既是衡量事物的尺度、规范或准则，也是对事物进行控制的依据；标准表示的不是曾经如何，而是应该如何。建立标准是为业绩衡量和偏差纠正提供客观依据，为了更好地进行管理和控制。广义地说，会计管理和控制的标准包括定性的标准和定量的标准。在我国出现过的会计管理标准称谓比较混乱，前者包括会计法规、制度、原则、准则等，后者如战略、预算、计划、目标、定额、标杆、经济最佳量（如经济存货量、最佳资本结构）等，有时也包括各种业务量和消耗量指标。会计管理就是以理性来管、以法规来管、以指标来管。一般认为以法规、制度为标准的会计管理叫做会计监督；以定量指标为标准进行的会计管理叫做会计控制，在这里，我们不加区分，都叫做会计管理。定性标准很多不是会计所能决定的，大多来自会计系统外部；作为价值管理的会计管理来说，主要是定量标准，具体指预算，"对具体产品来讲，主要是标准成本；对整个企业来说，就是预算；对责任中心来说，就是责任预算"。① 预算是涵盖面最广泛的会计标准，会计管理历史上曾经出现过的战略、计划、目标、定额、标杆、经济最佳量甚至各种业务量和消耗量标准都可以包含在预算或预算管理过程之中，标准成本也是制订预算的基础和依据，责任预算是预算的构成部分。战略是预算制定的导向和归宿，

---

① 刘明. 工程项目财务管理与内部会计控制规范实务全书 ［M］. 广州：广东海燕电子音像出版社，2004：1170.

战略预算也是一种长期预算。"从管理活动论的角度来看，……无论是企业层级目标的确定，还是作业层级目标的确定，都离不开会计的参与，……尤其是会计可以给目标的设定提供尽可能精确的价值表述。"① 本书以预算作为典型的会计管理标准。

预算账户包括人的账户和物的账户，人的账户就是各要素持有者的账户或者各要素持有者的预期目标。预算报表就是各要素持有者预期目标的集合。物的账户就是预期资源分布，是实现要素持有者预期目标的手段和方式，是利益的源泉。由管理者控制，预算损益表是未来的经营活动目标。预算的编制不仅是各个要素持有者的汇总，还有会计部门的平衡和衔接。由于每个要素持有者都是不完全理性的经济人，因而需要靠会计部门利用其掌握的历史、环境信息优势加之其计算技术来编制。

预算的编制也是资源的配置和生产任务的安排，预算的执行就是生产的进行。

一、预算的概念

（一）企业预算的本质

预算管理最初应用于政府，英国于 17 世纪编制了第一个国家（政府）预算，在企业中的应用是 20 世纪 20 年代美国开始的，1921 年美国《预算与会计法案》颁布，推动预算控制引入管理会计，1922 年著名学者麦金西的《预算控制》一书问世，相关文献逐渐增多。实践中，1930 年前后，美国有162 家公司实行了预算控制，其中 80% 是在 1922 年以后才实行的（郭道扬，1999）。20 世纪 80 年代预算管理引入我国，陆续开始在企业中应用，学术界也陆续增加了企业预算及预算管理的研究，企业预算管理的本质和属性目前尚无定论，根据本书的视角，大概分为以下几个方面的观点。

1. 管理控制工具论。早期预算管理与成本控制都属于科学管理理论范畴，基于"经济人"和理性组织假设，认为人是完全理性并以追求经济利益为动机的抽象的人，企业是一个封闭的有目标的理性的科层组织，通过预算目标和指标的分解并辅之经济激励措施可以控制人并保障企业目标实现。麦金西（Mckinsey，1920）认为，预算是具有科学性、系统性的经营管理工具。

---

① 高建兵. 会计控制的契约理论研究 [D]. 上海：复旦大学，2001：25.

后来管理过程学派哈罗德·孔茨（Harold Koontz）和海因茨·韦里克（Heinz Weihrich）合著的《管理学》将管理分为计划、组织、人事、领导、控制，预算是控制的工具和标准。著名会计学者齐默尔曼（Zimmerman，2000）认为，"预算是一项可以对公司中的各种活动进行协调的决策制定的工具，同时也是对行为实施控制的一项工具"。①

具体又有以下几种观点：

（1）把预算看作是计划的数量表达，一般用金额表示。例如，查尔斯·T·霍格伦（Charles T. Horngren）认为，预算是行动计划的数量表达；加里森（Ray H. Garrison）等认为，"预算是一个特定时期内获得和使用财务和其他资源的详细计划，是一种用数量表示的未来计划"；② 德克斯塔等人将企业预算定义为，"预算就是用金额表示的综合的活动计划，是用金额表示经营管理者在将来特定期间内的计划及目的的正式计算书"（Decosta，1976）；考普兰德（Copeland）等人则将预算定义为"将特定的活动方案以计算数字表示的正式活动计划，并明显表示企业目的及其达成手段"（Copeland，1974）。③

（2）预算是一种用财务术语表示的全面的计划。例如，彼得·德鲁克（Peter F. Drucker）指出，"预算常常被人们认为是一个'财务'过程，实际上，它表示出来的数据是财务的"④；弗雷姆根（Fremgen）认为，预算是一项广泛而协调的计划，以财务术语表达⑤；斯蒂芬·布鲁克森（Stephen Brookson）认为，"预算是未来行动的计划，通常是指用财务术语对企业的全面描述"。⑥

（3）把预算看作是预测的结果和控制的标准，是公司会计系统的一部分，从性质上来说是一种会计技术。例如，哈罗德·比尔克曼（Harold Bierman Jr）认为，有两种预算：一种是预测（forecast），告诉管理人员他在未来将可能处于何种地位；另一种是标准（standard），告诉管理人员预定的效率

① ［美］齐默尔曼. 决策与控制会计 ［M］. 邱寒，等译. 大连：东北财经大学出版社，2000.

② ［美］雷·H. 加里森，埃里克·W. 诺伦. 管理会计（英文版）（第八版）［M］. 大连：东北财经大学出版社，1998.

③ 转引自：苏寿堂. 以目标利润为导向的企业预算管理 ［M］. 北京：经济科学出版社，2001：10.

④ 胡震. 管理学十日读 ［M］. 企业管理出版社，2001：87.

⑤ James M. Fremgen. Accounting for Managerial Analysis ［M］. R. D. Irwin，1977.

⑥ ［英］斯蒂芬·布鲁克森（Stephen Brookson）. 预算管理 ［M］. 张显东，译. 上海：上海科学技术出版社，2001：6.

水准是否已维持或达成。克里斯·阿里吉斯（Chris Argyris）把预算定义为一种由人来控制成本的会计技术。齐默尔曼（Jerold. L. Zimmerman）认为，预算体系既是公司会计系统的一部分，也是公司计划的一个组成部分，预算是对某一组织在未来一段时间内有关经营活动的正式管理性定量标准，预算要对所有可能发生的交易进行总体的预测。①

2. 契约论。契约论认为预算是"一种股东与经营者、经营者与员工之间的契约关系"。② "预算管理的本质是多层次的契约链。预算管理的行为不是简单地由经济契约唯一决定的，还会受到心理契约的影响。"③ "预算管理……综合反映了公司内部不同层次、不同单位之间在预算期间应完成的目标。"④ "任何预算目标的确定，从根本上说都是公司股东、董事会、经营者等利益相互协调的过程。"⑤ 也有人认为，"预算管理的本质是约定管理者和各级员工的权利与义务关系的契约"。⑥ "预算管理是一种企业内部契约机制。"⑦ 契约论的前提是企业的契约理论，它认为企业是一组以经营者为中心签订的契约集，企业没有目标，企业的目标是由签约者协商确定的，往往表现为稀缺要素所有者（也就是强势的签约者）的目标，预算作为未来经营的目标体系，当然也是一种契约。契约当然存在博弈，博弈和签约各方力量不等，"预算目标是预算参与各方博弈均衡的数量化表现，产生的预算目标是次优的"，最终预算往往由力量强的一方决定。

3. 交互系统论。该观点的前提是企业是一个不断与环境交换物质、信息、能量的开放系统。"从开放系统看，预算管理是以战略为中介的外部环境与内部资源的交互系统。起点是环境分析，形成了环境—战略—预算模式"⑧，环境是千变万化的，"全面预算管理的本质是对不确定性的预测、决策和控制，是不确定性下的情景规划。对企业将来可能会面对怎样的前景做

---

① 高晨. 企业预算管理——以战略为导向［M］. 北京：中国财政经济出版社，2004：38.

② 谢志华，杨涵博，粟立钟. 企业预算的本质［J］. 财务研究，2016（2）：3 – 10.

③ 李志斌. 组织理论视角的预算管理本质及优化研究［J］. 华东经济管理，2011（3）：85 – 87，146.

④ 付永水，秦中甫. 预算管理［M］. 北京：经济科学出版社，2005：25.

⑤ 王斌，李苹莉. 关于企业预算目标确定及其分解的理论分析［J］. 会计研究，2001（8）：43 – 47.

⑥ 谢获宝，秦照金. 契约观下的预算管理探讨［J］. 财会月刊，2009（18）：37 – 38.

⑦ 林峰国. 公司治理中的预算管理：一种契约观［J］. 财会通讯，2004（14）：39 – 41，48.

⑧ 李志斌. 组织理论视角的预算管理本质及优化研究［J］. 华东经济管理，2011，25（3）：85 – 87，146.

出判断，对每个可能的前景发生的概率可以做出分析，对每个前景发生之后对应应该采取怎样的措施做出规划，然后再做全面预算管理"①，"预算管理的本质就是不断向企业输入负熵，抵消内部产生的正熵的过程。这一过程在形式上表现为由目标设定、传送信息和控制行为构成的管理循环，在功能上使企业的整体性得以维持、各要素之间有机关联、物质和信息有序流动、企业实现流动平衡，最终实现企业目标。"②

总之，预算首先是目标和计划，应基于预测和决策结果制定，没有预测无法编制预算，预测需要基于历史数据结合未来变化来进行，所以对未来的预测要求对每个时期的生产经营活动进行记录，对经营活动结果如实核算，同时也要求对未来的环境和其自身的变化进行分析，考虑到各种可能的风险和机会；在预测的基础上还需要对未来的筹资、投资、采购、生产、销售、利润分配的各种可能的方案进行决策分析，确定可以使利益相关者利益最大化的方案或者最佳方案，根据确定的具体方案编制各个环节的预算。预算既是一种控制标准，也是控制系统的构成部分。作为控制循环的一个环节，预算目标完成情况是考核、评价、激励的重要依据，所以预算目标具有控制效应。作为计划目标和控制标准，预算具有科学性。由于预算用财务术语，并主要用财务数字表达，分账户编制，用报表上传下达。因此，预算是全面的计划，我国抗日战争时期民族企业家卢作孚说："预算本为事业中财务问题之一，但实涉及事业的全部问题。事业所需的一切人力、物力皆须以钱为计算的根据"③；预算的编制是对未来生产经营活动的反映和预测，类似于对实际生产经营业务的全面、连续、系统地核算或反映，预算是按照企业未来生产经营过程连续、系统地编制的，几乎覆盖了未来生产经营的所有方面，最后形成的财务预算报表，也类似于财务会计报表，是一种对其他预算的总结，具有全面概括的特点。预算具有全过程性、连续性、系统性特点；预算的编制、指标涉及企业内部各个方面、各个层次的人员，所以预算具有全员性特点；预算的编制是建立在科学理论和方法基础之上的，指标具有严密的钩稽关系，衔接严密、科学、合理，如同会计反映方法，真实地反映了经济活动的内在联系，所以，预算具有科学性；预算指标是控制的标准，是企业一切生产经营活动的"宪法"，必须得到执行，否则预算将失去意义，为此，"公

① 郑延巍，陈琳：全面预算管理的本质 [J]. 新理财，2016（9）：81 - 82.
② 俞盛新. "三论"视角下的预算管理本质研究 [J]. 航空财会，2020，2（6）：9 - 13，17.
③ 财政部企业司. 企业预算管理的理论与案例 [M]. 北京：经济科学出版社，2004：12.

司预算必须有提供成本信息的账目的支持。"① 预算指标的设置、口径、计算方法等应该与会计核算的科目、考评的指标以及激励的基础联系起来，这样才会使预算实现其作为控制标准的价值。会计管理是全面管理、系统管理和定量管理，正是由于预算的全面性、全过程性、全员性和连续性、系统性、科学性、严肃性的特点，才使得预算成为会计管理和控制的依据和标准。从契约视角来看，企业不是一个实体组织，而是要素持有者的契约集合，企业没有目标，所谓企业的目标实际上是要素持有者目标的集合，"组织目标实际上是各参与者个体目标协调的结果"②，是各个要素持有者目标的集合，他们各自目标的确定也是自行预测、决策的结果，在财务资本稀缺时，财务资本要素持有者的资本回报目标往往起主导作用；由于契约的不完备性，企业资产经营的目标还需要拥有剩余控制权的企业会计部门和管理部门对企业未来整体进行预测、决策，并结合各个要素持有者的目标进行协商确定整体目标，以构成企业的预算。预算科目本质上是关于"人"的科目，预算金额是根据预测和历史契约拟定的目标（如预算资产负债表的债务与债务契约、所有者权益与权益契约，预算损益表上的员工薪酬与薪酬契约、税金与税务契约、管理费用与供应商服务契约、财务费用与银行契约、销售收入与销售契约、投资收益与投资契约等），由于企业内部上下级代理目标也存在着矛盾，所以对于外部确定销售、成本、利润等业绩目标及其指标分解也需要企业内部上下协商确定。因此，预算的制定包括预测、决策，不仅具有科学性，同时也是利益相关者共同参与的实践活动，是利益博弈的结果，具有社会实践性。从交互关系上看，随着市场风险与不确定性的加大，企业预算应基于战略制定，战略应基于环境分析，制定风险预算、弹性预算等，并且企业预算的制定应该与价值链、供应链联系起来，制定价值链预算和供应链预算。

（二）预算与会计管理其他部分的关系

无论是从教科书还是从实践上，预算与预算管理都是会计的重要组成部分。预算利用会计术语表达，是"公司会计系统的一部分""是会计的一项

---

① ［美］查特菲尔德. 会计思想史 ［M］. 文硕，董晓柏，译. 北京：中国商业出版社，1989：297.

② 李志斌. 组织理论视角的预算管理本质及优化研究 ［J］. 华东经济管理，2011，25（3）：85－87，146.

本职工作"①，"企业内部的会计系统，……由企业的经营和资本预算、企业产品的单位成本核算、企业当前存货的核算以及每期的财务报表几个部分构成"②。编制预算属于会计主管（Controller）的具体职责。孙茂竹（2003）认为，编制计划和预算，进行财务会计、成本会计或责任会计记录，进行对比分析、信息反馈以及司库都是企业广义管理会计的职能，但是显然前三者属于会计，与司库即财务职能是有区别的。

从理论上说，预算管理理论和方法是管理会计的内容，实际上，预算的编制与财务会计理论和方法关系也很密切，查特菲尔德说，"现代预算……为'复式簿记在计划编制中的应用'"③。财务会计报表的编制要以对报表体系指标的核算为基础，企业的再生产活动的各个方面都反映在财务会计报表之中，是对企业再生产活动的全面核算和反映，预算也以预算报表各个项目的预算编制为基础，预算涵盖了未来企业再生产活动的方方面面，是对企业未来再生产活动的全面核算，几乎是财务会计核算过程在未来的翻版；预算实行责任预算，财务会计也可以实行责任核算，"理论上说，核算单元划分到哪一级，预算的编制和下达就应当落实到哪一级；相反，如果企业要求从班组甚至个人编制预算，那么内部会计核算也应当细化到这一步，否则这两种报表提供的信息就无法相互传递、验证和鉴定"④；当代财务报告包括了非货币性信息，与此类似，超越预算的提出也把一些非货币性指标结合进了预算系统；预算的三张报表与财务会计核算的三张报表在原则、结构、指标和编制方法上并无不同，现代预算是复式簿记原理在事前核算和管理方面的应用，或者说预算就是会计的事前核算与管理，预算财务报表是事前核算的结果。

会计管理既是财务会计与管理会计的融合，也是财务会计和管理会计其他部分（如责任会计、决策会计）与预算或预算管理的融合。一方面，无论是预算的编制、执行还是预算的分析考核都与财务会计和管理会计其他部分（如责任会计、决策会计）紧密结合在一起。会计人员先利用财务会计报表

① 潘飞，中国会计学会. 管理会计应用与发展的典型案例研究——预算管理与绩效评估案例 [M]. 北京：中国财政经济出版社，2002：9.

② ［美］齐默尔曼，决策与控制会计 [M]. 邱寒，等译. 东北财经大学出版社，2000：3.

③ ［美］查特菲尔德. 会计思想史 [M]. 文硕，董晓柏，译. 北京：中国商业出版社，1989：286.

④ 李锡都. 企业预算管理与会计核算有机结合的探讨 [J]. 西南科技大学学报（哲学社会科学版），2005（9）：54-56.

进行的趋势分析和差异分析资料结合管理会计系统搜集处理的未来信息进行预测，运用决策会计进行决策，为预算编制提供信息资料，然后运用财务会计核算的原则、标准、科目、方法编制预算；财务会计和责任会计的信息搜集、处理和传递系统追踪记录企业和责任中心预算执行情况——财务会计连续规范的历史信息也有助于降低预算松弛程度，责任会计系统还可以更及时地进行对比分析并反馈信息，起到适时控制作用；财务会计和责任会计报表分析系统将预算数据和核算数据进行对比分析，考核企业预算和责任预算的完成情况，同时提供趋势信息和预算合理程度信息以编制下期预算。另一方面，现代会计管理以预算管理为核心。预算是对公司未来的核算，预算管理（包括预算编制、执行和分析）"实际上也是对公司未来的一种管理"[1]，"是会计管理功能的延伸"。[2] 财务会计的信息处理过程中也包含利用预算指标进行监督和实时控制职能，如在一些预算指标被嵌入的财务会计系统中就是如此。会计管理过程包括：（1）建立价值标准体系，主要是指预算体系；（2）记录、计算经济活动，及时反映经济运行和预算的执行情况信息，为国家和本单位管理经济提供真实可靠的会计资料；（3）比较预算和实际报告数字，分析、考核预算和财务计划的执行情况，提出增产节约、增收节支、提高经济效益的建议。查特费尔德说"会计的控制职能是以过去的规划职能为前提的，而且每种会计制度都潜在地包含着将实际业绩与期望的预算进行比较的内容"。[3]

预算与会计管理系统的其他部分密不可分，预算是会计管理的标准。

（三）小结

总之，对于企业来说，预算管理是对企业未来所有经济活动的事前核算与管理，企业各种预算表及其体系是企业未来规划的数量表现，是一种全面而又协调的计划方案，主要以货币表示；预算既是计划的数量表达，也是对企业进行控制和管理的标准系统；会计管理是融合了预算管理、财务会计和管理会计其他部分如决策会计和责任会计的实践活动，预算管理无论在预算编制、预算执行还是在预算执行情况的分析等各方面都应与其他会计子系统密切结合。

---

① 付永水，秦中甫. 预算管理 [M]. 北京：经济科学出版社，2005：25.
② 高晨. 企业预算管理——以战略为导向 [M]. 北京：中国财政经济出版社，2004：19.
③ ［美］查特菲尔德. 会计思想史 [M]. 文硕，董晓柏，译. 北京：中国商业出版社，1989：286.

二、预算的分类

（一）按照预算的内容分类

由于预算是对未来各个方面规划的数量表现，与财务会计核算数量表现所包括的方面比较近似；由于再生产活动的连续性，一个方面的业务总有"来龙"和"去脉"两个方面，因此，预算的编制方法也与财务会计方法相同，也是要采用复式方法。"现代预算包括了关于未来事件的两方面的意见，即应该做什么和需要花费什么。有位作者称之为'复式簿记在计划编制中的应用'"①。所以，预算的具体分类与财务会计科目的分类也基本相似，作为具体业务，一般划分为资本项目和经营项目。所以，预算按照内容应该划分为资本预算、经营预算，最后归结为预算财务报表，以下逐一讨论。

资本预算包括投资预算和筹资预算，预算期一般超过 1 年，由于预算期长，在短时间内无法评价，所以需要单独编制预算，编入年度预算的是当年的预算数字。投资预算包括固定资产投资预算、长期证券投资预算、无形资产投资预算如研究开发预算和投资收益预算等；筹资预算就是长期资本筹资预算如发行股票（新发、增发、配股等）、长期借款预算、筹资费用预算等。一些教科书把资本预算称作专门决策预算，是因为这种业务和预算不经常发生，其内容与这里所说的资本没有区别，但是笔者认为在名称上不太确切，因为专门决策并不是只在长期投资和筹资活动②中有，在企业的经营活动中也会有一些需要会计部门进行专门决策的，属于短期经营决策，形成责任中心和分支部门短期的经营预算。投资预算的结果除了形成一些专门预算表格以外，还会以长期资产、负债和权益的形式反映到预算财务报表中。

经营预算，也可以根据其经常发生的特点称作日常经营预算或业务预算。它又分为基本业务预算和特殊业务预算，特殊业务预算还可以包括附营业务预算和营业外收支预算，是指与企业日常经营活动和其他活动直接相关的经

---

① ［美］查特菲尔德. 会计思想史 ［M］. 文硕，董晓柏，译. 北京：中国商业出版社，1989：286.

② 在我国的教科书中，长期投资决策和日常经营决策属于管理会计的内容，而筹资决策属于财务管理的内容.

营业务的各种单项预算，如销售预算、生产预算、直接材料消耗及采购预算、直接工资及其他直接支出预算、制造费用预算、产品生产成本预算、销售及管理费用预算、其他业务收支预算、营业外收支预算等。与财务会计核算的科目关系类似，这些预算之间以及和相关的往来科目、存货科目之间等都存在前后衔接和相互勾稽关系，而且，这些预算最后都以货币形式反映在预算报表之中。

　　预算财务报表是综合反映企业整体在未来一定预算期（一般指 1 年）内预计财务状况、财务状况的变动以及经营成果的各种预算报表的总称，具体包括预计利润表、预计资产负债表和预计现金流量表等内容，这三张预算财务报表是以投资预算和经营预算为基础，是预算的最终表现和预算编制的最终结果，全部是财务指标和财务数字，具有综合性、概括性。在很多预算和管理会计专著和教材上，预算财务报表连同现金预算被称为财务预算并与投资预算、经营预算并列。笔者认为，虽然在形式上预算财务报表可以与其他预算表格并列，但是，从内容上来看，所谓财务预算尤其是三张预算报表起着归纳、汇总反映其他预算的作用，并不是独立的、可以与资本预算和经营预算并列的预算种类，这就像会计核算的三张财务会计报表归纳、总结反映了账户体系的内容一样。并且，资本预算和经营预算各个预算表格都是主要以财务数字、财务术语表达的，即使是狭义的财务即筹资和投资预算也都隐含在资本预算和经营预算中，不必再单列一个所谓的财务预算。西方财务预算术语的出现更多的是由于在预算发展史中，财务预算是其一个发展阶段（只对财务结果编制预算的阶段）。因此，在本书的框架内和逻辑关系下，所谓财务预算的预计利润表、预计资产负债表和预计现金流量表称为预算财务报表，而现金预算主要是现金余缺进行规划，以便安排资金筹措和运用，一般在有关涉及现金部分的经营预算和投资预算编制完成后，在编制筹资预算时编制。

（二）按照预算主体分类

　　霍格伦（Charles T. Horngren）说："预算可以就组织作为一个整体，或者就所属的每个单位编制。总预算总括一个组织所有下属单位的目标——它们的销售、生产、分配和财务。它对预期将来的收益、现金流、财务状况和所附带的计划予以定量化。这是通过对组织的未来进行仔细考察所产生的一系列决策的最终结果。在大多数情况下，总预算是整个组织的目标，是它的投入和产出的正式模型的最佳实际近似值"。① 所以，根据预算的覆盖范围或者主体分类，预算包括企业层面的总预算和责任预算。从整个企业的角度来编制企业的预算，称为企业总预算，包括以上所说的资本预算、经营预算，归结为三张预算报表；以企业所属的组织单位为主体来编制企业的预算，称为责任预算，责任预算不同于按照分工由各个不同部门承担编制的部分总预算，而是把企业总预算中所规定的总目标和总任务进行分解，落实到企业内部各责任单位，以调动它们的积极性，从而保证企业总目标和总任务顺利实现的预算体系，"预算的落实必须有待于责任预算的支撑。"② 各个层次的责任预算相互支撑、相互制约并共同与总预算构成支撑和制约关系，形成企业预算管理网络。

（三）按照是否有期间限制分类

从预算是否有期间限制来看，企业预算可以分为期间预算和项目预算。期间预算是以一定时期内的生产经营活动为规划对象的预算，以涉及的时期长短为标准，又可以分为长期、中期和短期预算。长期预算一般超过一年，超过一年的往往是具有战略意义的远景规划，带有方向性。正常经营预算和预算财务报表大多是以一年为期，年内再按季、月细分的短期预算，"有时也可能要求编制周或日的预算，这样可以经常提醒管理者想到企业在开始年度制定的目标，并向目标努力"。③ 预算与反馈形成一个控制循环，预算期间与记录反馈的期间应该一致，也就是说，预算期间应该与会计核算期间一致起来，短期预算应该与短期的反馈结合起来，否则没有意义。项目预算是针对特定问题的将来活动预算，它是不受阶层、不受时期制约的预算。例如，可否实行合并的预算、新产品开发预算、设备投资预算、研究预算、追加投资预算等，是对个别问题或项目制定的（潘爱香、高晨，2001）。

（四）按照预算层次分类

按照预算层次划分，预算可以分为战略预算、战术预算和作业（或实施）预算。战略预算是以战略规划为基础编制的，预算期较长，一般在 5 年

---

① 霍格伦. 成本管理会计 [M]. 季泽临，译. 北京：冶金工业出版社，1985：51.

② 北京商学院会计系. 企业预算管理的构造与运行 [M]. 北京：中国人民公安大学出版社，1999：18.

③ [美] 贝尔·李. 管理会计 [M]. 赵玉洁，译. 北京：人民邮电出版社，2002：8.

以上；战略预算是战略规划的数量表现，但是数字比较概略；战略预算的编制要围绕战略目标，需要更多的环境信息。战术预算一般指年度预算，是战略分年度实施计划的数量表现，一般是指年度预算财务报表。作业（或实施）预算是指经营预算，是为了完成年度目标对具体业务的规划和实施，需要详细逐个地进行预算，虽然非财务预算指标在各个层次中都有，但是这种预算包括更多、更具体的非财务指标。无论编制何种层次的预算都应围绕战略目标制订。

按照预算层次划分，企业预算又分为经营预算和管理预算。经营预算是企业高层次的、全面的预算，往往以较为综合的财务指标为主；管理预算是企业较低层次的、具体执行性的预算，往往结合运用财务指标和非财务指标，并且越低层次非财务指标运用越多。

三、预算的编制

预算是一种契约，预算目标是要素持有者（利益相关者）目标的集合。由于要素持有者（利益相关者）利益的冲突性，所以要素持有者（利益相关者）的目标也相互冲突，如财务资本持有者和人力资本持有者、股权持有者和债券持有者、内部委托人与代理人等，其利益和目标冲突是由相关治理机构和管理控制结构协调的，而且个人最大目标利益之和并不是整体最大目标利益，而企业最大化的利益目标倒是各个要素持有者的共同目标利益，所以在既定的治理和管控框架下，预算编制工作由拥有剩余控制权的管理者代理进行，具体由会计部门操作，目的是由会计部门按照专门的方法在科学合理地预测、决策基础上编制整体预算以实现组织最大化利益，从而实现各个要素持有者的最大化利益，同时也由于会计部门相对独立的地位和公允的立场可以较好地协调各个要素持有者的利益和目标诉求，所以预算编制既是一种技术工作也是一种社会性的实践工作。从技术属性上看，在急剧变化的环境中编制预算是一个极大的挑战，既要基于既有的历史性会计记录，也应该基于环境分析（采用如 SWOT、PESTEL、五力分析等工具），在社会性"黑天鹅事件"频发和自然灾害、流行性疾病等不确定事件增多的情况下，应该善于运用多方面知识和信息，基于大数据进行计算分析，制定切实可行的战略，并与战略地图、BSC 相结合，将战略落实为具体的相关指标，基于客观公允地预测，根据各种不确定、风险和概率情形对资金、经营、分配进行的决策来编制企业年度预算，年度预算的编制也应依据契约属性，由内到外、由外到内、自上而下、自下而上反复协商确定，所以预算编制过程也是一种签约过程。在财务资本持有者目标诉求既定的情况下，预算目标是靠人力资本持有者实现的，根据代理理论，人力资本持有者的利益和目标也存在冲突，所以，预算的编制主要是上下协调的过程。

根据要素持有者的共同利益，预算的目的是改善管理、提高效益，由于财务资本的稀缺性，财务资本持有者的目标往往作为主导，其他目标作为支撑，构成的全面预算具体职能包括规划、控制、协调、激励。研究表明，根据行为科学理论，参与制预算更具激励作用和协调作用，能够增加信息透明度、提高员工满意度和工作积极性、提高协同效果和组织经营绩效；但与此同时，参与制预算与员工激励和经营绩效的关联度还受其他因素影响，参与制预算的使用效果也是有条件的，参与制预算的运用以及预算参与的程度还要考虑如下一些因素的影响：（1）信息不确定的程度。迈克尔·D·希尔兹和S·马克·杨（Michael D. Shields & S. Mark Young）认为组织内部上下级之间信息不对称是实施参与制预算最为主要的原因，信息的不对称程度与参与制预算的使用正相关。（2）参与制预算的使用效果与以预算为基础的报酬制度及预算的重要程度以及任务的特性（不确定性和困难性）正相关。越是重要的预算，越是与报酬制度相连的预算，任务越困难、不确定性越强，就越需要员工的积极参与，参与制预算的效果也就相对越好。"布劳内尔和邓克（Brownell & Dunk）提出对预算的重视程度及预算的参与性之间的关系影响着产出变量，如工作的紧张度或业绩等，他们认为对预算的重视程度必须与预算的参与程度相互配比才能取得期望的绩效。"[1]（3）参与程度还应与预算的公正性结合起来。"组织的公正性（organizational justice），……一是结果的公正性，二是过程的公正性，……影响着员工的行为和态度，因而影响业绩"[2]，程序的公正性主要是指预算的参与性和透明度以及是否按预先规定的程序进行。在特里萨·利比（Theresa Libby, 2001）的实验中，采用不公平的预算程序制订不公平的预算目标所导致的业绩最低；如果指定的预算目标是公平的，那么预算过程公平与否并不影响业绩；如果用一个公平的预算程序决定不公平的预算目标，那么平均业绩与指定公平目标的平均业绩没有显著差异，因此，程序的公平是最重要的。（4）在环境不确定性增加的情况

①② 高晨.企业预算管理——以战略为导向［M］.北京：中国财政经济出版社，2004：110.

下，阿伯内西和布劳内尔（Abernethy & Brownell，1999）运用澳大利亚 63 家公立医院 CEO 的调查资料来检验战略变化、预算使用模式和业绩之间的关系，结果表明，交互式预算模式有可能减轻战略变化对业绩的影响。总之，预算编制是一个有人参与的过程，编制预算时要考虑预算的信息不确定程度、预算重要程度、报酬计划与预算的关联度以及预算程序的公正性和环境不确定性，灵活确定预算参与程度。

　　预算的控制职能的实现要靠科学合理的预算目标，在总目标和财务资本持有者目标既定的情况下，参与制预算目标的确定需要上下协商配合。根据委托—代理理论，由于：（1）上级与下级之间在下级的努力程度和产出的潜力方面存在着信息不对称；（2）下级的努力程度与产出结果之间存在着不确定性；（3）上下级目标之间存在冲突；（4）下级管理者和员工存在机会主义和自利倾向。根据理性经济人假设，个人都是经济理性人，是自利的，在可能的情况下，会尽力提高自己的收益和效用，减少付出和降低努力的程度，不会考虑其他人的利益和效用，更不会考虑如诚实、公正之类的抽象价值观，所以下级会在参与预算编制的时候留出预算宽余，这就形成预算松弛。预算编制的另外一个重要问题就是预算松弛问题，即由于信息不对称，导致预算目标较低，使预算比较容易实现。按照代理理论，预算松弛的出现是必然的。但是，任何事物都是对立统一体，时至今日，人们对预算松弛问题的解决也积累了更全面的认识，提出了一些解决预算松弛问题的办法。例如：（1）韦茨曼（Weitzman，1976）提出了一种在不确定条件下基于预算的报酬计算模型——真实导向型（truth-inducing）激励计划，这种模型能减少下级隐瞒或低报业绩能力的动机，能激励下级努力实现业绩最大化的目标；（2）费希尔等（Fisher et al.，2002）的实验结果显示，通过设计适当的内部控制和信息系统，能够激励下级提供更精确的预算信息；（3）乔等学者（Chow et al.，1988）认为，当上级掌握下级以往的业绩信息时，能有效降低松弛程度。显然，与预算紧密相连的会计（通常认为主要是财务会计子系统和责任会计子系统）对再生产活动和下级单位预算执行情况信息的连续、如实地反映将有助于预算松弛程度的降低。另外，人们还发现了一些事实，说明预算松弛并非必然现象，预算松弛还受到其他因素制约。例如：（1）社会压力。杨（Young，1985）的实验显示，当不存在信息不对称时，下级感受到更多的社会压力（误报预期业绩会引起人们的非议），这种社会压力与预算松弛负相关。（2）下级的风险偏好。即使按照经济人假设，收益的取得也是以风险为代价的。沃勒（Waller，1988）对杨（Young，1985）发现下级的风险偏好对预算松弛也有影响。沃勒（Waller，1988）通过实验证明，在采用真实导向型报酬计划时，风险中性参与者的预算松弛程度有所降低，但厌恶风险者的预算松弛程度并没有显著降低。（3）社会声誉的影响。R. 艾伦·韦伯（R. Alan Webb，2002）发现人们并非只受经济激励影响，社会声誉也能降低预算参与者的预算松弛程度。（4）不同的预算参与程度与公平程度进行搭配可以产生不同的业绩。不同的预算参与程度可以用"发言权""投票权""解释"来表示。林德奎斯特（Lindquist，1995）认为，如果预算目标公平，预算过程中下级的"发言权"和"投票权"结合在一起，能产生更高的满意度和业绩；而如果预算目标不公平，只有发言权的情况比其他情况能产生更高的业绩。特里萨·利比（Theresa Libby，1999）设计的实验结果也表明，同时存在"发言权"和"解释"所导致的业绩显著优于只有"发言权"的情况。不仅如此，在急剧变化的环境中，预算松弛的存在有利于企业的发展。维姆·A·范德·斯蒂德（Wim A. Vander Stede，2000）运用调查 153 个经营单位主要管理者的问卷资料，发现不确定的环境要求预算控制有较大的灵活性，以便对环境变化作出有效的反应。允许松弛存在，这是使组织免受不确定性影响的一个重要途径，预算松弛能提供一个缓冲余地，释放一定的资源，可以用它们来利用市场机会和开发新产品。选择较宽松或严厉的方法实行预算管理与不同组织的发展战略和策略有关。总之，应辩证地看待预算松弛问题，预算松弛的存在并不只受一个因素影响，预算松弛的影响因素既有正向因素也有反向因素，对预算松弛问题的解决也应具体问题具体分析，采取切实可行的办法；在不确定环境中，一定程度的预算松弛能够增强企业的环境适应性。

在具体编制预算时，除了以行为科学、代理理论、战略管理理论等为依据，结合企业具体情况，尽量采取参与制或交互式预算方式，努力降低过度预算松弛以外，还应充分搜集历史信息和未来信息、企业信息和价值信息、财务信息和非财务信息，尤其充分利用财务会计信息，准确预测，合理决策，在此基础上编制全面的、科学的、具有先进性和合理性的预算财务报表（并以此为目标进行控制和考核，实现最佳经济效益），同时，预算编制的具体规范、标准、编制基础也应该与会计核算的规范、标准、基础保持一致，因为预算是对未来再生产活动的综合反映，预算的编制是财务会计理论、方法、原则的运用，是复式记账法的应用。所以，财务会计的理论、原则、标准和方法就是预算编制的具体理论和方法依据。同时，预算既是预测的结果和计划的数量表现，也是会计控制的依据，控制就是使行动按照预定的轨道或标准运行，重要的是解决运行偏差，要准确确定偏差的大小和方向，即预算与实际执行信息的差异，具体来说，就是预算信息与会计反映信息的差异，所以，编制预算时应充分考虑财务会计核算的特点，达到预算与核算的呼应，真正实现会计的管理和控制职能。从信息量和信息结构上看，预算与会计核算两个系统是相通的，功能上是相对的，因此，预算报表体系在结构层次、经济内容、编制原则和方法上应与会计核算报表体系保持基本的一致，即主体一致、控制目标一致、科目一致、用于确认和计量的标准基本一致、编制基础一致、计算口径一致、编制时期一致、所反映的经济业务内容一致，否则，预算将无法起到控制标准的作用。财务会计核算也要充分考虑预算管理的要求，如对于编制责任预算的企业来说，应按照责任单位设置明细账户，并采用科学、明确的方法分割责任单位之间的成本、费用和收益。

抛开内外协商，企业预算的编制主要包括"自上而下"式和"自下而上"式两种模式。"自上而下"式预算编制模式以美国为代表，体现的是战略观念、集权思想。在这种程序下，预算由公司总部按照战略管理的需要，结合公司股东大会意愿及企业所处行业的市场环境而提出，各分部或分公司只是预算执行的主体，一切权力在公司总部，是一种强制式预算。这种方式的优点是编制效率较高，责任比较明确，控制效果比较好；缺点是不利于调动基层单位和职工的积极性，执行效率较低，沟通、协调和激励效果较差，这种模式适用于集权管理组织。"自下而上"式预算编制程序以日本为代表，体现的是作业基础、民主参与思想。在这种模式中，总部主要起到预算管理中心的作用，预算编制主体在下层责任中心，总部只对预算负有最终审批权。总部的管理责任是提出预算责任目标或只提出预算编制方针，由下属单位确认预算责任；或由总部确定预算目标，下属单位的责任是执行、实现总部确定的预算目标，这是一种参与式预算。研究显示，这种模式能集中管理者的智慧，考虑问题也比较周到，能调动下属的积极性，因而推行起来比较容易，执行效果比较好。"另外，在分权管理模式下，部门与部门之间、个人与企业之间的信息得以充分交流，个人的预算目标在企业预算目标中得以充分显示，并且使企业内部的资源得到最佳的配置。"① 显然沟通、协调效果较好。

---

① 潘飞. 中国会计学会. 管理会计应用与发展的典型案例研究——预算管理与绩效评估案例 [M]. 北京：中国财政经济出版社，2002：6.

但是因为预算编制需要反复协调、沟通，所以编制效率较低，控制效果比较差，适用于分权管理组织。预算是全员参与的预算，我国具有分级核算和分级管理的传统，也只有执行人参与的预算的编制，才能使预算成为他们自愿努力完成的目标，而不是外界强加于他们的枷锁。因此，预算的编制一般应采用"自下而上"式或"上下结合"式。具体指"预算目标应自上而下下达，预算编制则应自下而上地体现目标的具体落实"。① 具体程序一般为：

（1）最高领导机构根据长期战略规划，结合当年实际业绩及预算年度工作要求和相关标杆，利用本量利分析等工具，提出企业年度预算总目标，并报最高决策机构批准；

（2）总部相关决策机构依据已批准的预算总目标和既定的目标分解方案，计算、确定各部门的分目标，分部再依据类似的目标分解方法，计算确定其各下属部门的子目标，同时逐级下达目标指标；

（3）各分部和责任中心根据本部门和责任中心的责权利，依据预算目标及对本部门和中心预算年度业务预测，挖潜革新，探索实现预算目标的途径和措施，制订本部门的年度预算并报上级部门；

（4）上级部门依据本部门年度预算目标，审核下属部门预算，通过或驳回其预算，并编制本级部门可控、下级不可控的指标预算，最终形成本部门年度预算，并逐级报送、汇总和初编，分别编制出直接材料等生产费用预算、生产预算、销售预算、利润预算等，呈报预算委员会；

（5）预算委员会审查分部预算草案，沟通和平衡经营预算，汇总出公司的总预算草案；

（6）预算方案再反馈回各部门征求意见，经过自上而下、自下而上的多次反复，形成最终预算；

（7）经过行政首长批准，审议机构通过或者驳回修改预算；

（8）主要预算指标报告给董事会或上级主管单位，讨论通过或者驳回修改；

（9）批准后的预算下达给各部门执行。

---

① 潘爱香，高晨．预算管理：整合"四流"，创造"一流"［M］．杭州：浙江人民出版社，2001：109.

四、预算目标的制订与下达

预算目标是所有要素持有者目标的集合，但是稀缺要素持有者的目标居主导地位。预算目标是预算管理的核心，预算的编制必须与预算目标相符，在执行与控制中要以预算目标为最根本的出发点，差异分析最终应解释预算目标的完成情况，并对影响目标完成的差异提出改进建议以保证年度预算目标的完成，预算的考核指标即是下达的预算目标，配合公司考核政策，对各责任中心责任人的预算目标完成情况进行业绩评价与奖惩。

（一）制定预算目标的依据与应考虑的因素

公司制定的年度预算目标是将公司中长期发展计划分解细化的过程，在制定目标的过程中应以如下几个方面为依据：

1. 公司、行业和国外同行业历史水平，包括历史最好水平、历史平均水平；

2. 公司外部环境的影响，包括市场预测、经济政策预测、新技术预测及行业发展预测；

3. 公司内部环境的变化，包括内部资源及利用能力、公司自身的管理能力、公司预算年度的资金融通能力；

4. 制定预算目标应考虑公司的财务能力，即利润、现金流量、投资回报率及资产净增值率；

5. 公司的市场开拓能力，即市场增长率、市场份额；

6. 考虑公司的经营能力，即成本控制水平、费用节支率、工作完成率等因素。

总之，制定预算目标不仅要考虑外部要求，还要考虑自身的能力；不仅要考虑外部条件，还要考虑内部条件；不仅应考虑财务指标，还应考虑公司的非财务指标，这样制定的目标才更加完善。

（二）制订预算目标的要求

公司向各责任中心下达的预算目标对公司的预算管理具有指导作用，因此，制定合理的预算目标十分重要。以前公司的预算目标只是经营目标，或是一些统计指标，这些统计指标不能代替预算目标。目标，具体而言就是对做成事情有准确定义并有明确的时间要求，目标的确立应该符合五项标准，即 SMART 标准①，作为预算管理的目标同样应该如此：

1. 具体化（specific）：年度预算是战略计划的具体化，它要求全面、细致，囊括业绩考核的各个方面。

2. 可度量（measurable）：预算本身是数字化的计划，即每个目标都应有明确的可以客观计量的标准。

3. 相关的（relevant），它必须与公司的战略目标、部门的任务及职位职责相联系。

4. 现实性（realistic）：预算目标应该基于企业的实际情况，至少应有 60% 的实现可能性，才能保证对执行者的激励和约束作用。

5. 时间要求（time-based）：具体化的预算目标往往包括许多阶段性的目标，必须有明确的时间要求。

按照行为科学理论，要使目标真正发挥作用，首先，预算目标要具体（目标清晰）、明确（即可度量）；其次要与战略目标相关，要切实可行；最后要有时间要求，"时间要求"也可以认为是"明确"的第二含义。

（三）公司的预算目标

依据上述目标制定的标准及要求，公司的预算目标的制订应该考虑公司的战略、年度计划，企业外部主要利害关系人的约束和要求，企业的自身情况以及所处生命周期的不同阶段。处于初创期的企业应以资本预算为起点编制预算，处于增长期的预算应以销售为起点编制预算，市场成熟期的预算应以成本控制为起点，衰退期的预算管理应以现金流量为起点（王斌，1999）。以利润为起点编制年度预算就应该主要以利润为目标，以销售为起点编制预算就应该以一定的销售指标作为企业年度预算目标，等等。首先确定目标性质，然后确定目标值。目标值的确定不仅是计算技术问题，还是一个博弈问题，尤其是责任中心在目标确定过程中会有预算松弛、宽打窄用现象出现。

---

① 1954 年，彼得·F·德鲁克在《管理实践》一书中提出了目标管理的概念和基本原理。SMART 是衡量目标的五项标准。目标管理认为目标只有符合五项标准，才是聪明（smart）的，即具体明确的（specific）、可度量的（measurable）、可实现的（attainable）、符合实际的（realistic）、有时间要求的（time-based）。人们据此提出了多种 SMART 概念。预算管理比较符合目标管理的参与式和分权管理原则，与目标管理过程也比较一致，这里借用 SMART 概念框架提出预算目标的 SMART 要求。

（四）预算目标的分解与下达

预算目标自上而下分解并下达，先从公司长期目标分解到中期目标，再分解为年度、季度目标，最后分解到每天，同时也是目标从公司先下达至责任中心、再下达至员工的过程。公司目标的实现也是通过每个人每一天的努力，实现责任中心乃至公司的目标。也就是说，通过执行细分目标，最终汇总即达到公司长期目标。分解到各个责任中心的预算目标与各个责任中心的权责性质有关：成本中心的预算目标是成本降低指标，如成本降低额和成本降低率；利润中心的预算目标可以是部门贡献毛益、部门经理毛益、部门毛益和企业税前利润等几种形式；投资中心的预算指标主要有投资利润率和剩余收益等；各个责任中心的预算目标值的确定要遵从"上下结合"的方式，进行沟通协商；各个责任中心的预算目标值互相之间应该具有比较严密的勾稽关系并共同构成企业"总预算"目标值的支撑指标体系。各个责任中心的预算目标除了财务指标形式外，还应该包括非财务指标形式，如客户保持率、合格品率、雇员满意度、产量计划等，并且，非财务指标的制订与各个责任中心的性质也有关系，越接近基层，非财务指标目标也就越多。"非财务预算目标的独立性较强，不同部门根据其职能所确定的非财务预算目标并非是一种分解或汇总的关系，但是这些非财务预算目标制定的出发点，与要达到的目的是一致的，那就是抓住成功的关键因素，实现财务预算目标。"[①]

五、年度总预算

企业预算包括经营预算、资本预算和预算财务报表。企业年度预算，一般首先编制经营预算，其次是资本预算，最后根据经营预算和资本预算编制预算财务报表。编制预算应当按照内部经济活动的责任权限归口分级进行，如管理费用由各职能部门分别编制，财务费用由财务部门编制，生产预算由生产车间编制，预算财务报表由财务部门编制，筹资和投资预算由投资中心编制，利润预算由利润中心编制，成本、费用预算分别由成本中心、费用中心编制。

---

① 史习民. 预算管理［M］. 上海：立信会计出版社，2003：40.

(一) 经营预算的编制

经营预算可以分为基本经营预算和特殊经营预算，基本业务既是企业主要的经营活动和企业目标的主要实现途径，也是预算管理的基础。在现代市场经济下，企业的生产经营应以顾客和市场为导向，所以，经营预算应从编制销售预算开始，然后依次编制生产预算、供应预算，包括销售量及销售收入预算、销售税金及附加预算、材料供应和直接材料费预算、直接人工供应量和直接人工费用预算、变动性经营或制造费用预算、设备及低值易耗品购买预算、固定性经营及管理费用预算、期末存货预算等。特殊经营预算包括其他业务收支预算、营业外收支预算等。

1. 销售预算：销售量、销售收入、现金收入和销售应收款预算的编制。编制销售预算的主要依据是各种产品的历年销售量，结合市场销售情况预测和产品的市场占有率等资料，编制时分别按产品的名称、销量、单价、金额来编制。准确的销售预算应建立在销售预测的基础上，所以应首先采取定性、定量等各种专门方法预测销售量，然后编制销售收入预算，最后依据现金销售和赊销情况编制现金收入和应收账款预算。

由于在销售过程中存在分期、延期付款等情况，当期现金收入不一定等于当期的销售收入。当期现金收入实际上包括当期销售产品收取的现金和当期收回的因前期赊销商品形成的应收销货款两部分。所以在销售预算中还包括一个现金收入预算表，以计算预算期内的现金收入数，作为编制现金预算表的依据之一。现金收入和应收款预算的关系公式如下：

预算期末应收账款 = 期初应收账款 + 本年销售收入 - 本年现金收入

2. 生产及产成品存货量预算。编制出了销售预算以后，我们可以根据各种产品的预计销售量，分产品来编制生产预算，用以具体安排预算期内的生产活动。应该注意到，预算期内除了必须备有足够的产品以应销售外，还应考虑到期初、期末产成品预计存货水平对产量的影响。生产预算中预计产品的生产数量可按以下公式计算：

预计生产量 = 预计销售量 + 预计期末存货数量 - 预计期初存货数量

产成品期初、期末的存货数量之所以要列入生产预算，进行统一预算，主要是为了避免生产经营过程中存货过多，造成资金积压、浪费和制成品保管上的困难，或是为了防止存货过少，影响下季或下年初的正常销售。所以生产预算的编制对避免存货资金积压、促进均衡生产、保证未来年度的销售货源都是十分重要的。

3. 直接材料预算：材料采购成本、耗用成本、现金支出和应付款预算。直接材料预算包括直接材料需要量预算、直接材料成本预算、直接材料采购量预算、直接材料采购成本预算。确定方法如下（假设单一品种）：

预算期预计生产需要量 = 产量预算 × 标准单耗

预算期直接材料(生产)成本 = 预算期预计生产需要量 × 材料计划单价

预计材料采购量 = 预算期预计生产需要量 + 预算期末预计材料库存量 − 预算期初预计材料库存量

预计材料采购成本 = 预计材料采购量 × 材料计划单价

预算期末应付账款 = 预算期初应付账款 + 预计材料采购成本往期采购本期付款数 − 本期采购本期付款数

对于品种较多的材料成本预算，还需要区分材料需要量和消耗量。在编制预算时，把采购和领用时间也纳入预算体系，依据先进先出法等相关方法计算确定材料消耗量和消耗成本，所采用的方法与财务会计核算的方法应该一致。

4. 直接人工成本预算：直接人工成本及现金支付和应付工资预算。直接人工成本预算，主要包括：（1）人工时数需求预算：此计划是估计为完成生产目标所需的直接人工时数，最好能制定出每一单位产品的标准直接人工时数；（2）人工成本耗用预算：此计划是估计人工耗用所发生的成本，必须确定各部门、各成本中心或各项工作的标准工资率，再与标准直接人工时数相乘，即可决定人工成本；（3）某工种直接人工预算是以生产预算为基础，根据生产预算中预计的生产量以及单位产品所需的标准直接人工小时数和每小时的标准工资率进行编制的；（4）各工种直接人工成本汇总求得直接人工总成本预算。

直接人工现金支付预算 = 直接人工预算 − 预算期末应付工资

5. 制造费用及现金支出预算。由于制造费用内容复杂，成本习性不同，预算编制方法也就不同。编制制造费用预算首先应将制造费用按成本习性划分为变动费用和固定费用两部分，然后分别按费用的明细项目编制。变动费用应根据预计生产量和预计变动费用分配率计算，预计变动制造费用分配率既可以根据过去实际的变动制造费用分配率数据进行调整，也可以先计算变动制造费用各成本项目的标准分配率，再计算总的预计变动制造费用分配率。固定费用按基期资料考虑预算期变动因素或采用零基预算法分析计算。制造费用中的混合成本项目应先将其分解为变动成本和固定成本两部分，然后再分别列入变动费用项目和固定费用项目编制预算。

制造费用项目中，大部分是需在当期以现金支付的，但也有一部分是以前年度已经支付、需要分摊到本预算期的，这部分不再需以现金支付，如固定资产折旧费、低值易耗品摊销费及其他长期待摊费用摊销费等；还有一部分是计入当期费用但要在以后各期支付的预提费用，这部分也不需要在当期以现金支付，如预提的固定资产大修理费用。为了编制现金预算，在编制制造费用预算的同时，还要附有预计现金支出计算表，把不需要当期支付现金的项目扣除，公式如下：

预计需用现金支付的制造费用＝预计制造费用－折旧等非付现成本

6. 产品单位成本预算及期末产品存货和产品销售成本预算的编制。

（1）计算单位产品标准成本。在编制直接材料、直接人工、制造费用预算的基础上，以单位直接材料费、单位直接人工费、单位变动制造费用相加即得到变动成本法下的单位产品标准成本。如果计算完全成本法的单位产品标准成本，还需要计算单位产品固定制造费用，方法是先用单位产品人工工时或机器工时等有关分配基础乘以固定制造费用预算分配率，固定制造费用预算分配率的计算方法也可以采用变动制造费用分配率的两种计算方法。然后以单位产品固定制造费用与单位直接材料费、单位直接人工费、单位变动制造费用相加即得到完全成本法下的单位产品标准成本。

（2）计算产成品存货预算数和产品销售成本预算数。以单位产品标准成本分别乘以产成品期末存货量预算和产品销售量预算数即得。

7. 销售及管理费用的预算。销售及管理费用预算编制方法与制造费用预算相类似，也应将销售及管理费用按成本习性划分为固定费用和变动费用两部分，对于其中混合成本项目可分解为固定和变动两部分。销售及管理费用中也存在不需当期支付现金的费用项目，因而也应编制预计现金支出计算表，把不需要当期支付现金的项目扣除。管理费用预算也可以采用归口预算方式，由各职能部门分别编制各自的管理费用然后汇总得出。

8. 其他经营预算。其他业务一般比较少，也不太重要，既可以采取简便方法编制预算，如估计法和百分比法（主营业务的百分比），也可以采取零基预算方式，由各个责任主体根据本中心材料积压和市场情况确定本中心的材料销售等的预算。

9. 营业外收支预算。"除了上述各项经营预算以外，企业对自办医院、学校及离退休人员费用支出，解除劳动关系补偿支出，缴纳税金，政策性补贴，对外捐赠支出及其他营业外支出等，应当根据实际情况和国家有关政策规定，编制营业外支出等相关经营预算。"① 重要的可能发生的营业外收入如废旧物资收入也应该编入预算。

（二）资本预算

资本预算可以分为资本支出预算、研究开发预算、筹资预算，同时编制现金预算。

1. 资本支出预算的规划与预算编制。资本支出预算是为购置固定资产、无形资产、进行技术改造等活动编制的预算，也包括股权投资预算和债券投资预算。编制资本支出预算的依据是经审查批准的长期投资决策项目。

资本支出的规划程序，大致可以归纳如下（陈晓红，2001）：（1）资本支出计划的拟定：依据参与原则，各阶层管理人员为完成企业年度目标，提出各项资本支出建议；（2）拟定各资本支出可行方案：依据各项建议，收集相关资料，并考虑公司本身的条件与限制，筛选出可行的投资计划；（3）建立各资本支出计划的优先顺序：企业必须采用系统而可靠的评估方法，对各资本支出可行方案进行分析，以决定其优先顺序；（4）拟定资本支出预算：视企业本身的资金额度，选择一项或数项投资方案，并编列资本支出预算，请求核准；（5）支出核准：资本支出预算一经核准，即应按计划付诸实施，以控制其支出，追踪其结果，作为日后资本支出规划的参考。

资本支出预算不仅要确定项目支出总额，而且还要在时间上规划现金流出的时间分布，包括年度现金流量分布和季度现金流量分布。

资本预算还包括权益性资本投资预算和债券投资预算。权益性资本投资预算应当根据企业有关投资决策资料和年度权益性资本投资计划编制。企业转让权益性资本投资或者收取被投资单位分配的利润（股利）所引起的现金流入，也应列入资本预算并同时列入现金预算。债券投资预算应当根据企业有关投资决策资料和证券市场行情编制。投资支付的现金以及企业转让债券

---

① 史习民. 预算管理 [M]. 上海：立信会计出版社，2003：52－53.

收回本息所引起的现金流入，也应列入资本预算并同时列入现金预算。

2. 研究开发预算的编制。编制研究开发费用预算时，首先按照预算年度的预算销售收入乘以一个事先确定的百分比确定年度研发费用预算总额，或者由各个研发中心分别确定预算再加总调整后确定研发费用预算总额，然后分配到各个研发项目或部门，并确定研发的具体费用项目金额。研发支出仍然是资本性支出，计入资产负债表预算，其现金支出计入现金预算。①

3. 筹资预算。筹资预算主要依据企业有关资金需求决策资料、发行债券批准文件、期初借款余额及利率等编制。企业经批准发行股票、配股和增发股票，应当根据股票发行计划、配股计划和增发股票计划等资料单独编制预算。股票发行费用，也应当在筹资预算中分项作出安排，筹资得到的先进和所需要支付现金的也要编制现金预算。由于资金筹集与现金余缺关系比较密切，所以，筹资预算可以与现金预算同时编制。

现金预算是有关预算涉及现金部分的汇总，由期初现金余额、经营现金收入、经营现金支出、资本性现金支出、现金余缺、资金的筹集和运用、期末现金余额几个部分组成。经营现金收入、经营现金支出、资本性现金支出根据有关预算涉及现金部分填列。现金余缺是现金收入合计与现金支出合计的差额，差额为正，说明收入大于支出，现金有多余，可用于偿还借款或用于短期投资；差额为负，说明支出大于收入，现金不足，需要向银行取得新的借款或通过其他方式筹措资金。资金的筹集和运用主要包括借款、发行股票、发行债券、支付有关利息、购买有价证券等项目。

（三）预算财务报表

预算财务报表是根据各种经营预算和资本预算的资料，经过分析、整理而成的一个反映预算期内预计现金流量、预计经营成果和预计财务状况的完整报告体系。它是以经营预算和资本预算为基础编制的，以货币为计量单位对预算期内企业的全部经济活动加以全面地、综合地反映，因而预算财务报表也称总预算或综合预算，各个部门编制的经营预算和资本预算称为分预算。预算财务报表内容包括现金流量预算表、预算损益表、预算资产负债表。

企业在对未来的预测中，形成了各种经营预算和资本预算，分别反映未来的经营业务和资本业务收支预算情况，虽然它们之间存在着勾稽关系，但

---

① 参考：吴井红. 财务预算与分析 ［M］. 上海：上海财经大学出版社，2005：87－91.

是没有形成集中反映的数据体系。与账户记录最后要汇总到财务报表情况类似，各种经营预算数据最后也要形成预算财务报表体系。王化成（2003）认为预算：（1）将企业各部门分散的预算归集为一个整体，使预算形成完整的预算体系；（2）为企业最高管理当局提供管理决策依据，建立在经营预算从而建立在可靠预测基础上的预算财务报表为未来提供了一幅完整的规划图景，可以依此进行决策；（3）为企业总体业绩评价制订了标准，为此，预算财务报表与财务会计核算报表在编制准则和标准、格式和内容上应该一致，使预算财务报表和财务会计核算报表分别成为控制标准和控制业绩记录资料，从而使预算财务报表成为未来行动的框架，实现企业经营的合理的、可靠的控制。

1. 预计现金流量表。预计现金流量表是按照现金流量表主要项目内容编制的反映企业预算期内一切现金收支及其结果的预算。它以经营预算、资本预算为基础，是其他预算有关现金收支的汇总。其他经营和资本业务的各个预算几乎都涉及现金的变动，这些预计的未来现金变动也可以按照经营活动现金流量、投资活动现金流量和筹资活动现金流量三类并按照现金流量表的格式和内容汇集起来，形成预计现金流量表。有的企业在编制现金流量表之前，在编制筹资预算表的时候编制现金预算表，这种现金预算表相对于现金流量预算表来说属于分预算，主要目的是对未来现金余缺和现金流量进度进行筹划，安排资金筹措和现金投资业务。

2. 预计损益表。预计损益表是按照损益表的内容和格式编制的反映预算执行单位在预算期内利润目标的预算报表。一般根据销售或营业预算、生产预算、产品成本预算或者营业成本预算、期间费用预算、其他业务收支预算、营业外收支预算和有关资本预算等有关资料分析编制。预算损益表既可以按照年度编制，也可以按照季度编制，从控制角度上看，预算损益表应该及时编制以及时与实际执行的损益表对比分析，及时提供反馈资料。

3. 预计资产负债表。预计资产负债表是按照资产负债表的内容和格式编制的综合反映预算执行单位期末财务状况的预算报表。一般根据预算期初实际的资产负债表、销售或营业预算、生产预算、采购预算、资本预算、筹资预算等有关资料分析编制。

为了满足会计管理的需要，便于实际数字与预算数字进行比较和分析，会计科目核算、反映的内容必须与预算科目所规定的内容相一致，采用的会计准则和会计政策也应该一致。如此，预算与财务会计报表一一对应，便于对比分析，准确计算偏差，合理确定主观原因造成的差异，以便正确反馈、纠正偏差，实现预算目标。

六、责任预算

责任预算是把企业总预算中所规定的总目标和总任务以可控的成本、收入和利润等为内容进行分解，落实到企业内部各责任中心去的预算体系。责任预算是责任会计目标和计划的定量表示，是对责任中心业绩考评的重要依据，是预算实现的保障，"是责任会计的重要组成部分"①。

"'责任预算'是'总预算'的落实和具体化，'总预算'是'责任预算'编制的依据，因此，两者的总额是相等的。"②总预算是全面的、全过程的、全额的，包含了企业未来经营活动的各个方面，而责任预算往往是受限制于责任中心的职责范围，有的责任预算可能只负责某些费用项目，对其他则无须过问和负责，而有的责任预算可能要同时负责成本、收入和利润；企业总预算一般按年编制，但是责任预算可以分割为季度、月度和旬甚至日的指标；企业总预算是整个企业的预算，是考核企业和企业高层领导的标准，由于层次较高，其指标也大多是货币表示，但是责任预算是考核责任中心及其责任人的标准，层次较低，非货币性指标占的比例就比较大。

责任预算必须建立在责任会计基础上，要编制责任预算，应设置责任中心。根据西方管理会计的研究，企业内部责任单位责任范围的大小和其控制的内容，一般可分为成本中心、利润中心和投资中心。

（一）成本中心预算

成本中心是指只对成本或费用负责的责任中心，是对成本费用进行归集、分配，对成本加以规划、控制、考核的责任单位。

成本中心可能不止一个层次，还可能有三层、四层、五层等。最高层可能是公司制造经理，其次可能是厂长，再次可能是车间主任、工段长、班组长等，依此分层；成本中心还可以按是否有直接产出分为标准成本中心和费用中心。在标准成本中心里，投入和产出之间有直接关系，对每一产出都有核定的投入——直接材料、直接人工和制造费用，标准成本中心一般运用单

---

①② 颜敏. 管理会计学［M］. 北京：中国农业大学出版社，2002：388.

位标准成本作为标准进行控制和考核。费用中心也叫做酌量支出中心，其成本的发生与企业的产出没有直接关系，或无法核定其关系，如各职能部门发生的费用，费用中心一般运用费用预算总额作为标准进行控制和考核。

成本中心预算，只反映成本、费用情况，不反映收入情况。即使是成本，也只反映可控成本，责任中心当期发生的各项可控成本之和就是它的责任成本。

可控成本是指该责任主体可以控制的成本，不可控成本是指该责任主体不能控制的成本。判断成本是否可控一般应考虑是否可以直接影响、直接管理和是否使用支付成本所获得的资产（或者说是否收益于该成本）三个标准（王世定，1995），即：

（1）有权取得和使用企业资产的人，必须对所花费的成本负责；

（2）通过自身的活动，对成本发生直接影响的人，必须对其成本负责；

（3）尽管某些人的活动，并不对成本发生直接影响，但有关的管理要求（如质量标准）必须由这些人制定，那么这些人有义务协助责任者去控制相应的成本。

基层成本中心责任预算通常按该中心可控成本各明细项目分别列示，以上各层成本中心的责任成本一般都应包括两个部分：一部分是成本中心的可控成本项目之和（或各明细项目分别列示）；另一部分则是下属单位转来的责任成本，分别按细目或部门别列示。除了金额和项目以外，有的还列示责任人栏。对其不可控成本项目一般有两种不同的处理方式：一是全部省略，不予列示，以便突出重点；二是在可控成本项目下作为参考资料列示，以便管理当局了解该成本中心在一定期间消耗的全貌。

（二）利润中心预算

利润中心是指既对成本负责，也对收入负责，即对利润负责的责任中心，是可以对其负责范围的收入、成本和利润进行规划、核算、考核的责任单位。在企业层级机构中，利润中心比成本中心层次高，可以控制的范围大。

利润中心根据是否对外销售分为自然利润中心和人为利润中心。在会计上，二者的区别在于，前者的收入是按市场价格计算的，后者的收入是按内部转移价格确定的。利润中心也不一定是一个层次，而可能是多个层次，如子公司、分厂、产品等。

利润中心责任预算主要反映可控利润。可控利润的计算，一般是由销售收入减去变动成本，求得贡献毛益后，再由贡献毛益减去可控的固定成本而得。

利润中心责任预算一般要按产品别、项目别或部门别等利润中心别分层列示各自销售收入、变动成本、贡献毛益、可控固定成本、可控利润、不可控固定成本、部门利润、共同成本和经营利润的预算数字，核心是可控利润，部门利润和经营利润是上级利润中心汇总时需要的，成本不再具体到明细项目。

（三）投资中心预算

投资中心是指既对利润负责又对投入资金的利用效果负责的责任中心，是主要对投资效果进行规划、核算和考核的责任单位。投资中心也是利润中心，但是比利润中心权责范围更大，还可以控制投资及投资效果，有投资决策权。投资中心是企业中最高层次的责任中心，它具有最大的决策权，也承担最大的责任，有权购建或处理固定资产，扩大或缩小现有生产能力。

投资中心预算要反映资金的利用效果。企业对投资中心用什么指标考核，就应在预算中以这些指标为核心。在国外，用得最普遍的是投资报酬率，其次是剩余收益。

投资中心预算表除需列出销售收入、销售成本（或者变动成本）、经营利润的预算数外，还要列示经营资产平均占用额、资产周转率、销售利润率、投资报酬率、资本成本、剩余利润等指标，就像可控成本和可控利润一样，投资报酬率和剩余利润以外的指标投资报酬率和剩余收益指标（考核指标）之间具有相关关系，以便对投资中心的业绩进行全面考评。

七、本节补充说明

预算和责任预算指标可以是财务指标也可以是非财务指标，尤其是基层责任中心的预算指标往往是一些业务量指标和消耗量指标。预算也是对企业及其经营者和责任中心及其责任人的考核标准，所以考核标准无论是财务指标还是非财务指标都应该列入预算，作为考核和控制标准的指标可以是标杆、计划、定额、上年实际指标等。作为标杆的指标既可能是行业内标杆，也可能是企业内标杆或者行业外标杆。"标杆法通常有竞争性标杆、非竞争性标杆和内部标杆三类。竞争性标杆瞄准是指将公司业绩同直接的竞争者进行比较，非竞争性标杆瞄准指将公司某项具体活动放在完全不同的行业中进行比较，内部标杆则是在企业中不同工厂间、部门间或产品系列间进行比较。企业采用标杆法的主要目的是该方法能够提供内部经营的持续改进。"① 与传统的标准设置不同，标杆法是通过设立外部标准，激励本企业或各责任中心通过比较进行学习，赶超标杆，"榜样的力量是无穷的"，标杆指标比预算指标更客观、直观，也更具有激励作用。

责任预算只是预算财务报表的支撑和实现基础，预算财务报表才是整个企业的预算目标体系，企业的会计管理应该以整个企业的三张预算报表为标准，与财务会计的实际报表进行对比分析，作出纠正偏差和修订预算的建议并定期反馈。

八、小结

从预算主体角度来看，预算包括企业总预算和责任预算，责任预算是实现企业总预算的保障和基础，企业总预算是各个责任预算和各个单项预算的综合，是预算的综合反映，有时候也被称为预算，可以分为资本预算、经营预算，最后形成预算财务报表。预算财务报表主要包括三张预算报表，即预算资产负债表、预算损益表和预算现金流量表。这三张预算报表从价值角度汇总了各个专项预算和各个责任预算在预算年末和预算全年在财务状况、财务状况变动和经营情况的目标，是企业各种预算目标的集中表现，是一个企业的财务计划目标体系，是整个企业会计管理和控制的依据。

预算编制是会计人员参加的一种对未来再生产的规划活动，预算是对再生产活动进行控制的标准。"预算的编制是作为计划过程的一部分开始的，而预算本身又是计划过程的终点，是一种转化为控制标准的计划。"② 为了真正实现预算的控制职能，使预算报表与实际报表恰当对比，以便正确地确定偏差并作出合理的纠偏决策，预算财务报表的编制应该在其编制原则、准则、方法、指标内容和口径与实际财务会计报表保持一致，否则预算目标无法起到应有的作用。预算还是一种契约，预算目标是要素持有者目标集合，预算的编制也是要素持有者（利益相关者）全员参与的实践活动，但是由于要素

① 高晨. 企业预算管理——以战略为导向［M］. 北京：中国财政经济出版社，2004：176.
② 胡震. 管理学十日读［M］. 企业管理出版社，2001：87.

持有者目标存在矛盾，所以由公允代表的会计机构进行协调编制，预算的编制既有技术性也有社会性，本质上是一种实践活动，预算目标作为考核的标准，当然具有控制效应。

预算的编制与预测分析和对比分析紧密相连，一般是利用历史时期财务会计信息经过趋势分析并结合管理会计和环境信息，在预测、决策基础上编制而成，有时也通过差异分析纠正不合理的预算而成。同时，编制完成的预算也是与财务会计信息，特别是预算报表与财务报表对比分析的依据，预算、会计记录、对比分析和信息反馈的循环是会计控制的完整过程。

第二节　会计反映

会计的反映职能是通过会计核算实现的，具体说就是通过确认、计量、记录、报告、分析职能或者说通过"原始凭证—记账凭证—账簿—报告"程序实现的。再生产活动是有控制、有目标的活动，为了确保行动在标准规定的轨道内，除了要有合理的目标以外，还必须对行动进行追踪记录。如果说编制预算是确立目标的话，那么，记录、反映则是对企业实际经营活动（预算执行过程）的一种追踪记录和价值抽象，如此，方能通过实绩与目标的对比，找出差异，作为反馈信息，以影响管理者采取有针对性的行动，使企业生产经营活动按预定目标进行，实现会计管理职能。对再生产活动的反映和记录，最连续、系统、全面的莫过于会计记录，会计最基本的功能就是"观念总结"或者反映，反映的手段就是对再生产活动的如实记录，或者核算。如霍斯金（K. W. Hoskin）和迈克夫（R. H. Macve）所说，会计是一种具有规训权力的"经济书写"，目的是使得管理具有"可测算性"，因为这种"经济书写"是"管理的依据"。①

一、会计反映的概念和意义

对于反映或"观念总结"职能，马克思指出，会计是一种记录的手段，其基本的活动是记账。当把会计这种职能同生产职能相比较时，马克思说：

① 杨雄胜. 会计本质：全球性诚信危机背景下的新思考［J］. 会计研究，2002（11）：41–48.

"生产和记载生产的簿记，终究是两回事，就像给船装货和装运单是两回事一样。""生产的运动，特别是价值增值的运动……获得了反映在观念中的象征形象。"① 笔者认为，马克思的意思是，簿记是对生产的记载，是生产的反映，生产和簿记的关系是反映和被反映、记载和被记载的关系；通过会计的反映和记载，价值和价值增值运动成为"观念"中可见的实际运动。对生产的反映可以在账簿上记载，也可以通过头脑记录；可能由专职人员进行，也可能是生产的附属职能，"商品价值的计算，记载这一过程的簿记"②；"单个商品生产者仅仅用头脑记账（例如农民，只有资本主义农业，才产生使用簿记的租地农场主），或者仅仅在他的生产时间之外附带地把收入、支付日等记载下来"。③

马克思对于"观念总结"的论述，有时候使用"记录、记载"，有时候使用"反映"。作为与客观事物或"生产活动"相对应的概念，"记录"和"反映"没有本质区别，都是主观表现。但是，在具体场合中，记录往往意味着如实而不走样地进行表现，而反映包括对本质的反映，可能有所变动，是一个过程。按照《辞海》（1999）的定义，所谓反映，本意为反影，包括三层含义。一是反照、映衬，比喻把客观事物的实质表现出来；二是群众向有关部门或下级对上级的书面或口头报告；三是在实践基础上形成和发展起来的客观世界在人的头脑中的认识，能够揭示事物的本质和规律，并可以能动地改造世界。这些含义都比较深刻而丰富，在会计中都有表现，所以，作为对会计一个职能的一般表述以及对客观事物本质的揭示和表现（这是一个复杂的过程）来说，"反映"一词更准确。

会计的反映职能就是指会计能够按照会计准则的要求，通过确认、计量、记录、报告等专门的程序和方法，全面、系统、及时、准确、连续地将一个会计主体所发生的经济活动表达出来，以达到揭示经济活动的本质、为经营管理提供经济信息的目的。按照马克思的经典论述，会计具有"观念总结"和"过程控制"的职能，是认识世界和改造世界的实践活动，即对再生产过程的反映和控制活动。"观念总结"就是反映，类似于认识世界的活动，"过程控制"就是会计管理，类似于改造世界的活动。会计反映所得的"会计信

---

① 马克思恩格斯全集（第24卷）[M]．中共中央马克思恩格斯列宁斯大林著作编译局译．北京：人民出版社，1972：151．

② 马克思．资本论（第2卷）[M]．北京：人民出版社，1975：157．

③ 马克思．资本论（第2卷）[M]．北京：人民出版社，1975：151，注（12）．

息，从哲学层次讲属于意识范畴，是观念上或主观的东西"。① 会计反映或认识的对象是再生产活动或其一个部分、一个环节，是通过确认、计量、记录、报告等一系列程序和信息加工的一系列方法把再生产活动或其一部分的实质表现出来，通过报告环节把再生产活动的实质信息呈报给相关的拍板决策者，以对再生产活动进行管理和控制。会计反映职能并非被动的记录和表现，而是为了改造世界、在控制职能制约下由会计人员有选择地进行的一种能动的反映，会计的反映活动也是一种实践活动，会计的反映职能与控制职能、认识世界和改造世界是不可分的。

会计自始至终都具有反映职能，在会计的早期阶段，会计的发展主要表现为反映职能的发展，根据会计产生和发展的历史，"最早会计等于簿记，主要是对经济活动进行记录，提供一些基本上没有加工或只是初步加工的信息。簿记本身又经历一个由单式到复式的过程。之后，会计包括了比簿记越来越丰富的内容。通过加工，会计形成的信息更有助于经济管理。"② 但是，会计自始至终是以反映和记录为基本手段和职能的。被反映的对象从静止的采集和猎获物→钱粮等财产物资→资本→智力资源等；反映的载体经历了从刻画物→简陋载体（如黏土板、芝诺纸草、木板、符木、棋盘格布、竹简等）→纸张→电子载体（磁盘、光盘等）；反映或簿记的方法经历了从原始计量、记录→单式簿记→复式簿记→现代财务会计和责任会计；从头脑记忆式→刻画符号式→文字叙述式→统计表式→数据库和电子表格式；记录的方式经历了手工式→机械式→电子式。复式记账法产生后，尤其是证券市场出现以后，会计反映的程序越来越复杂，出现了多步骤的核算循环，随着会计对象和会计环境的逐渐复杂和不确定，会计记录也从简单而直接的反映和记录演变为以确认、计量、记录和报告为基本程序的复杂系统。与此相适应，人们对会计的认识也表现为对会计反映职能的认识，进而认识了会计的管理职能，在对会计本质的认识上，无论核算工具论、管理工具论、技术论、信息系统论还是管理活动论都承认会计的基本职能是反映。例如，本杰明·富兰克林·福斯特（B. F. Foster）在《复式簿记解说》一书中认为，"簿记，乃是反映全体价值及其各组成部分的价值方法"③，这里仅把会计（簿记）看作是价值反映的方法，只有一种职能；1941 年美国会计师协会（AIA）所属会计

① 王世定. 维护会计的真实性［J］. 财务与会计, 2001（9）：5－6.

② 葛家澍. 会计的基本概念［M］. 北京：经济科学出版社, 1986：18.

③ 郭道扬. 世界会计职能论研究（上）［J］. 财会月刊, 1997（2）：3－8.

名词委员会的《会计名词公报》第 1 号《复查与提要》（Review and Resume）指出，"会计是一种技术（art），是关于诚实有效和以货币形式记录、分类、汇总具有财务性质的经济业务和会计事项，以及说明其经营成果的技术"①，记录就是对具有财务特征的经济业务和会计事项的反映，分类、汇总就是在记录基础上的总结，是观念上的总结，会计已经不仅是简单的记录，还包括了信息整理和概括，虽然仍然只有反映一种职能，但是反映方法已经比较复杂；1966 年在美国会计学会发布的《会计基本理论说明书》中指出，"会计实质上是一个信息系统，更正确地讲会计为将信息一般理论运用于解决有关高效率的经济活动问题的信息系统"②，这种信息系统论把会计反映职能与解决问题联系起来；"会计管理活动"论者依据辩证唯物主义和马克思对会计职能的论述，明确提出会计的职能是反映和控制，并把反映职能与控制职能结合起来进行认识，并强调了会计的管理和控制职能，二者是基础和主导的关系，并进一步"把对会计本质的揭示与对现代会计基本职能的认定结合起来加以表述，⋯⋯明确了会计在管理中所起的作用是能动的"③。从以上可以看出，各个学派的区别主要在于对管理和控制职能及其地位认识不同，其中，"管理活动论"对反映与管理或控制的关系论述最全面，但是各学派对会计的反映职能的认识是基本相同的。

会计界对会计具体职能的认识也有以下几种观点：（1）"二职能论"（即反映或核算与监督或控制）；（2）"三职能论"（即反映、监督或控制、决策）；（3）"五职能论"（即反映、监督、预测、控制、决策）；（4）"七职能论"（反映、监督、预测、控制、决策、分析、促进）。显然，上述各种观点都认为反映是会计的重要职能。

会计反映职能及其所反映的信息对于会计管理和控制具有重要意义。（1）会计反映信息是会计预测、决策的依据。会计决策主要依赖于未来预测的数据，会计预测的主要依据就是已发生经济活动的实际记录和反映，通过对历史信息的趋势分析可以判断未来情况，从而做出合理的决策，与会计信息相关的决策既包括内部决策也包括外部决策，既有宏观的也有微观的。从宏观来看，会计反映的再生产活动信息通过投资者和信贷者的决策经由资本和信贷市场影响社会资源的流向和配置；从微观来看，会计信息通过内部管

①③ 郭道扬. 世界会计职能论研究（上）［J］. 财会月刊，1997（2）：3 – 8.

② 美国会计学会. 会计基础理论［M］. 文硕，等译. 北京：中国商业出版社，1991：72.

理决策决定着内部资源的配置和企业经营的成败。（2）会计反映和记录的信息是进行日常管理和控制的依据。预算编制完成后就要由要素持有者执行，再生产活动变成了有目标的活动，变成预算的执行过程，执行的结果如何，需要靠会计的反映和记录子系统进行全面、连续、系统地追踪记录和反映，形成真实、完整的会计信息，为了及时发现问题进行纠正，会计反映的信息要适时、实时与预算进行比较分析，并找出原因，作为反馈，影响管理者采取有针对性的行动，及时纠正，使再生产活动顺利按照预算目标进行。（3）会计反映的信息是会计分析和考评、激励的依据。会计对实际经济业务的反映信息除了作为预测、决策和日常控制的依据以外，还可以用来进行期末的会计分析，以挖掘数字背后的规律，发现企业和生产经营活动中存在的问题，以确定是修订预算还是采取纠偏措施或者决定对经营管理人员进行奖惩和激励。无论是国有企业上级主管部门对企业负责人的评价与激励还是企业内部对责任人的评价与激励以及市场对企业的评价，都是以会计所反映出来的实际执行信息作为重要依据的。会计信息除了可以作为其他信息使用者用来决策、控制、激励之外，也可以由会计人员用来直接监督控制资金拨付、财务收支、工程项目、资产存货、应收账款。总之，会计反映的信息是会计控制和管理的基础，同时，会计反映的目的也是会计决策、考评与激励，为了会计管理与控制，人类的简单计量和记录行为的产生、会计的发展和演变都是因为管理的需要，由决策需要推动的，认识世界的目的是改造世界。由于记录和反映关涉考核和激励，所以作为控制循环一个环节的记录和反映行为本身就具有控制和管理效应。

二、会计反映职能的实现

马克思除了提出"观念总结"和"过程控制"的总体表述，论述了"观念总结"和"反映"与再生产活动的关系以及"观念总结"的不同方式以外，还预测到了在将来复杂的市场经济环境下会计反映职能实现方式的曲折性："资本作为它的循环中的统一体，作为处在过程中的价值，无论是在生产领域还是在流通领域的两个阶段，首先只是以计算货币的形态，观念地存在于商品生产者或资本主义商品生产者的头脑中。这种运动是由包含商品的定价或计价（估价）在内的簿记来确定和控制的。这样，生产的运动，特别是价值增值的运动……获得了反映在观念中的象征形象。"① 在这段话中，马克思说明了会计与价值运动的关系。价值运动是抽象而客观存在的，尤其是一些需要"计算""计价""估价"的部分更加抽象而难以言说，这样的价值运动的量是靠会计来"确定"并且"控制"的。会计一个重要的职责就是价值计量，现代财务会计要经过"确认、计量、记录、报告"程序，要遵循会计准则，也需要一定的会计职业判断，价值及其运动要靠合理的会计准则和职业判断来表现，"会计在一定程度上决定了价值本身"（戴彦，2002）。即便如此，从根本意义上说，会计仍然是反映价值并作用于再生产运动的，会计准则和职业判断必须客观而科学地确认和计量再生产活动的价值。

一般认为，会计反映职能通过核算职能实现，核算就是信息加工处理，反映职能通过会计核算和信息加工处理程序和方法来实现，会计核算程序和方法构成了会计核算循环，包括：①设置会计科目及账户；②复式记账；③填制与审核凭证；④设置与登记账簿；⑤成本计算；⑥财产清查；⑦编制财务报表。面对纷繁复杂的经济活动，现代财务会计理论又提出了确认、计量、记录、报告程序，会计核算或信息加工处理程序与确认、计量、记录、报告程序是什么关系呢？

葛家澍、刘峰认为："会计信息系统包括确认、计量、记录、报告等环节。其中，记录子系统主要解决如何对经济业务所发出的数据进行记录、传递，以及在记载和传递过程中，借助什么样的信息'载体'等。习惯上，这一系统称为'复式簿记系统'。从内容上看，复式簿记系统是一个中间环节，主要解决如何将经济活动所发出的原始数据逐步转化为最终的报告信息。当然，在这一过程中，还涉及确认、计量等问题。"②

朱小平、肖镜元、徐泓（2001）认为："依照会计准则的规定法则进行确认、计量、记录、分类、汇总、加工处理，将经济信息转换为会计信息的过程就是会计核算。""通常所说的会计核算系统是指会计记录、处理的过程。""会计确认、计量的结果不仅是通过会计记录反映，而且会计确认和计量都包容在会计记录之中。也就是说，在会计处理过程中并没有单独划分出确认、计量阶段，确认和计量融合在会计记录的各种具体方法之中。会计记录是对会计对象进行记录的手段。在传统的手工记账程序下，它主要包括下

---

① 马克思恩格斯全集（第24卷）[M]. 中共中央马克思恩格斯列宁斯大林著作编译局，译. 北京：人民出版社，1972：151.

② 葛家澍，刘峰. 会计学导论 [M]. 上海：立信会计出版社，1999：123，125.

列专门方法：①设置会计科目及账户；②复式记账；③填制与审核凭证；④设置与登记账簿；⑤成本计算；⑥财产清查；⑦编制财务报表。"①

吴水澎认为："会计确认、计量、记录与报告与前述的会计循环之方法其实是从不同角度对会计基本程序与方法的概括。"②

阎达五认为二者是一致的："会计核算是指会计工作收集、加工、存储和揭示会计信息的过程，这个过程也是对各种经营行为进行确认、计量、记录和报告的过程。"③

会计确认和计量融会于会计核算尤其是融会于填制与审核凭证、登记账簿和编制财务报表工作之中，在编制记账凭证、记账和编制会计报表之前都需要按照会计准则的规定运用适当的职业判断进行确认、计量，会计记录与报告就是会计核算循环的两个环节；从另一个角度理解，会计核算程序是现实的会计信息处理程序，会计确认和计量更多的是会计准则制订和职业判断问题，是会计理论问题，类似于"硬件"和"软件"、"实体"与"程序"、行为和思想、规则和执行的关系，会计核算程序解决的是技术问题，确认、计量解决的是规则问题，二者结合起来共同解决信息传导过程中的失真或者通信的"语义"问题。

从观念总结意义上说，会计是对价值运动的反映，会计要素和会计科目是对会计对象的分类，它们之间的基本关系从静态和动态两种角度提供了企业价值运动的轮廓。一方面，会计科目的层层细分体现了会计对价值运动的深入考察，各个层次细目的关系构成了反映企业价值运动或再生产活动的网络；另一方面，会计科目也是人们对价值运动进行考察和监督、控制的手段。从根本上说，整个企业的再生产活动过程无法成为会计的对象，因为这种再生产活动几乎是无限广泛、复杂的，只能先分门别类（科目）进行反映，然后通过科目之间的关系反映经济活动的整体。本质上说，会计科目是"人"的科目，是反映产权关系的，因为任何经济活动都是人驱动的，人们为了维护自己的利益，必须在经济活动中确认自己的产权并保证不被损失，现行资产负债表左边是企业控制的资源和资产账户，右边是产权账户，损益表的数据最后也归入产权账户，报表数据本质上是反映产权关系的数据，账户体系本质上是产权契约，会计上的确认与计量本质上既是对产权的确认与计量，

① 朱小平，肖镜元，徐泓. 初级会计学［M］. 北京：中国人民大学出版社，2001：19，20，28.
② 吴水澎. 中国会计理论研究［M］. 北京：中国财政经济出版社，2000：67，72.
③ 阎达五. 阎达五文集［C］. 北京：中国人民大学出版社，2004：645.

也是对产权契约的维护和控制。经济活动的信息如此无限复杂、广泛，要对其进行反映需要进行筛选，筛选的标准就是人们的管理要求，在认识和管理可能性范围内可以准确把握、应该加以管理的经济事项就是筛选的标准。有人说，能够量化才可进行管理。目前可以认为就是 FASB 的会计确认标准，即：符合定义；可计量性；相关性；可靠性。所以，会计科目是会计反映和控制职能对立统一的产物，没有反映无法控制，控制是反映的目的。

复式簿记法实际上也是人们对现实经济活动和资金运动有来龙也有去脉关系的"观念总结"。根据复式记账法的"反映方式论"，"复式记账法是会计用来反映会计对象的手段和方法。会计反映的客体是客观存在的，而复式记账法是主观反映方法。"① 复式记账法一旦被人们发现，会计的发展就获得了巨大的推动力，采用复式记账方式把各个会计科目联系起来，就可以形成对再生产活动的全面、连续、系统、完整的描述，并且这种方法还可以用于未来的再生产活动的描述，成为预算的发展动力和基本方法。马克思说，"簿记的方法改变不了账簿所记事物的实际联系"，簿记方法是反映所记事物现实联系的方法，不同的经济形态要求用不同的簿记方法来反映，由于资金运动的线性性质，即使现在新兴的区块链技术也取代不了复式簿记方法（曾雪云，2020），但是如果反映的对象改变，那么反映的方法也会改变，如余绪缨（2004）所提出的"树形理论"所述，农业经济社会的会计，即"一维结构"的单式簿记，是一棵生长在山上或平原上的树，它的树干、树枝、树叶都是看得见、摸得着的；工业经济社会，采用"二维结构"的复式簿记，如同一棵生长在河边的树，既有岸上的本体（资产），也有水中树的倒影（负责和资本）；知识经济时期，以人的创造性知识为其核心的生产要素，知识好比生长在河边的树的根部，为整个树的发育、成长吸收和输送养分，应该由"三式簿记"来反映。另外，会计反映的方法也是受控制和管理的需要主导和决定的，因为对对象的反映不是目的，控制才是目的，如果人们不需要，也就不必要采用某种方法，控制需要是说某种反映方法可以提供更加全面、准确而相关的信息，并且，"复式簿记能从技术上有效地确定不同产权的边界"。②

经济活动发生后，对经济业务进行直接反映的是原始凭证，这是对经济

---

① 吕育康. 复式记帐论［M］. 北京：中国统计出版社，1993：2.
② 李南海. 复式簿记与资本主义的兴起：马克斯·韦伯的分析及其遗产［J］. 会计之友，2019（11）：156 – 160.

活动的"感性认识",类似于古代的原始记录。原始记录就像神经末梢一样深入业务系统的各个环节,作为感应器,不仅收集和记录货币信息,而且收集和记录非货币信息,在原始记录环节,会计系统与业务系统相互交叉,很难区分哪是业务系统,哪是会计系统。会计人员取得原始凭证后,必须认真审核,对原始凭证的审核除了可以保证会计信息如实反映经济业务事实外,还具有一定的监督和控制职能,要按照一定标准如法规、制度、预算、标准成本、定额、限额等进行审核,超出或违背以上标准的不予办理业务,这也是会计对业务执行者的直接指令。相对于业务执行来说,属于前馈控制,相对于报表数字与预算的比较分析与偏差控制,也可以看作是事中控制或者实时控制,这种控制也是一个小的控制循环,而且,作为"神经末梢",除了作为感受器和信息获取工具以外,有些原始凭证本身就是上级下达的指令器,用于实现决策和纠偏职能,具有控制职能,这里明显反映出会计反映功能与控制功能的相互交叉,有人甚至说原始数据就是为了控制而组织的(杨永平,1990)。并且,原始数据除了可以作为会计系统加工处理的对象之外,其本身也是一种有独立意义的会计记录,既可以作为会计信息输出,是第一手的信息,也可以作为业务办理者解除受托责任的依据,还可以作为基层业务决策者的决策依据。20 世纪 60 年代,索特(Sorter)、约翰逊等提出的基于计算机技术和网络技术的事项会计理论实际上就是直接以原始数据为生成财务会计报告的依据,大数据时代,原始信息可以通过各种数据采集和传输装置进入数据库。

在严格审核的基础上进入对原始信息的加工处理程序,会计是一个有目的的"人造经济信息系统,将涵盖无限数据企业'现实世界'投射到有限数据的'会计人造世界'来提供会计信息使用者的决策信息需求"(陈良华等,2012),要依照会计确认和计量准则或会计制度,结合适当的职业判断进行确认、计量,按复式记账的要求记入正确的会计科目,形成会计特有的记录方式——会计分录,这是对原始记录的第一次加工处理,是一次飞跃,所以要严格符合会计准则和会计制度。会计准则本质上是利益相关者协商制定的不完备契约(孙妮娜,2011),会计准则的制订要以对经济效益和经济利益的有效控制为目标。会计人员也要进行科学合理的职业判断,加工处理的结果要转入会计账簿。原始凭证和会计分录只反映个别的经济业务,账簿才是连续、全面和系统地反映企业(单位)的经济活动的会计记录。从凭证到账簿,是会计数据的加工转换,这种加工转换不是离开企业经济活动的真实,而是更逼近经济真实，因为它把个别的、局部的记载转换为整体的、全面的和系统的描述，也因为它省略了再生产运动的具体细节，切近了再生产活动的价值方面，把价值运动具体化了，初步达到了对再生产活动的"观念"上的"总结"。如果把经济数据转换加工过程理解为人们对客观经济过程认识的抽象，那么，正确的抽象更正确、更完全、更深刻地反映着企业（单位）的经济实际。

成本计算是对消耗的反映，对资产的计价。工业企业的产品生产成本的计算既有反映消耗和资产价值的意义，在实践中也经常与成本和消耗的控制结合起来。例如，材料、工时和其他各种消耗要按照标准执行，超出要批准，产品成本核算过程也可以按照标准成本进行核算，同时核算实际成本与二者的差异，并且随时进行差异分析，为达此目的，一般成本核算的对象与成本控制的责任单位往往是一致的。显然，这里也包含着前馈控制和反馈控制。成本计算也就是价值计量，价值计量方法的采用也要符合决策相关性原则。

账簿记录虽然完整、系统、全面，但信息却嫌太多、太详细，也太烦琐，重点不够突出，无法满足决策需要。要使账簿的记载对决策有用，还需再浓缩、分类和汇总，省略掉更多的细节，按照会计准则的确认、计量规则编成各种会计报表，基本会计报表有资产负债表、损益表和现金流量表，这些报表数字相对于原始凭证和账簿记录，一般都是财务信息，层次更高、概括性更强。这三张会计报表由于提供了企业再生产活动静态和动态各个方面的信息，又是按照公认会计准则编制的，所以基本满足了各个方面的信息需求，因此，也被称作通用财务报表。会计是"以价值抽象来总结和控制再生产活动"的，尤其在通用财务会计报表中，财务会计用"'资产＝负债＋所有者权益、利润＝收入－费用'这样两个模型来体现企业生产经营活动的过程和结果，因而是一种科学的抽象。……通过这种抽象，人们可以更深刻、更本质地理解和控制再生产过程。……是更深刻、更正确、更完全的真实"。[①] 会计报表的编制要考虑报表使用者的需求，要考虑阅读者的心理以及报表对阅读者的影响，会计报表和其他财务报告的最重要的信息质量要求就是决策相关性。对外公布的财务报表也叫做通用财务报表，因为其通用性和规律性以及对市场和企业较大的影响，报告的内容、格式、时间、期间等有披露和报告准则的制约，一个重要的信息质量要求就是决策相关性，既要具有预测价

---

① 王世定. 维护会计的真实性 ［J］. 财务与会计，2001（9）：5 – 6.

值和反馈价值，又要具有及时性，由于会计信息的这种要求以及 IT 技术和人才条件，对外会计报表的信息与内部报表的信息有重合的趋势，报表的间隔期逐渐缩短，出现了中期报表，披露的信息也越来越详细，出现了分部报告，甚至还出现了其他计量和计价方式的信息以及预测信息。企业内部经营管理也需要很多具体的内部报表，这些内部报表的格式、内容、报告间隔期等灵活多样，完全依赖内部管理者的需要，一般来说，为了及时发现问题、作出决策，报表的间隔期应该越短越好，手工会计的内部报表最短间隔期是日报。在电子计算机和网络技术支持下，内部和外部会计报告将逐渐融合，形成适时、实时披露的彩色（wallman）财务会计报告。披露内部和外部会计报表的数据主要来自账簿记录，但是比账簿记录更简练、更容易阅读，对决策的影响效果更大，从而对再生产活动控制的作用也更大，各种类型的会计报表实际上就是"十分有效的控制现代化企业经济活动的仪表"①。当然，凭证、账簿和报表是一整套完整的有机结合的核算工具，会计数字的真实性是由它们以及它们与实物、事实之间的稽核、对比关系控制的，会计所特有的对信息真实性的控制职能是有效实现会计管理职能的可靠保证。另外，账实核对也是发现账实偏差、分析原因、控制资产和债权债务的一种手段，是对信息的直接控制，同时也是对资产和债权债务的间接控制。

会计报表上的数字虽然概括地反映了企业再生产活动的整体情况，但是，相对于完整而连续的再生产活动来说，这些信息仍然是孤立的、零散的，仍然有一些内在的含义没有反映出来，需要通过分析报表相关数字之间的联系来深入分析和挖掘，确定再生产活动的实质或深层次的信息，达到对再生产活动的全面、深刻的反映和再现。这就需要计算许多比率数，即通过对报表上两个相同或相关指标之间采用除法计算相对数，相同指标之间的比率主要是指预算完成比率和动态比率，相关指标比率包括构成比率和相关比率，按照是否与时间序列有关，可划分为横向比较和纵向比较，具体包括以下几种比率：（1）预算完成情况比率。即以实际指标数字与同类预算指标数字相除得到预算完成情况比率的分析方法。（2）相关指标比率是将两个性质不同但又相关的数据相除计算得到的比率，如资产与负债相除、动态指标与静态指标相除等，这种除法比较也是一种分析方法，可以揭示会计报表数字隐含的信息，一般包括以下 3 类：偿债能力比率、营运能力比率和盈利能力比率。

---

① 高建兵. 会计控制的契约理论研究［D］. 上海：复旦大学，2001，5.

（3）构成比率是指某项经济指标的各个组成部分数额除以总体数额所得到的比率，通常叫做比重。这种除法比较也是一种比较分析方法，可以揭示整体或总体的结构。（4）动态比率是将不同时期同类指标的数值相除求出比率，是一种动态比率，可以揭示发展趋势和发展速度，包括环比比率和定比比率。

在现代分权组织中，按照不同的管理层次划分若干责任中心，以便"责任预算在执行过程中，收集和记录实际完成情况"① 以与责任预算对比分析、适时反馈，即要进行内部责任核算和报告，"随时对责任中心内的经济业务和管理工作评价、纠偏"②，实现责任会计控制。责任核算和反映职能也是责任会计控制的一个职能，"责任核算是指按责任中心建立的相应的一套……日常记录、计算、积累和报告有关责任预算执行情况的信息系统"③。这样，财务会计子系统可以看作是整个企业层面的会计系统，其下有若干层次的责任会计子系统。在分权管理企业中，责任会计核算子系统与财务会计核算子系统都是对再生产活动的反映和记录，其核算基本程序和方法、职能、目的都是一致的，但是，责任核算一般按照责任中心设置账户。"双轨制"下，责任会计可以用非货币单位计量，核算比较灵活，可以适时提供会计报告，就是说，财务会计子系统与责任会计子系统在核算对象、适用的会计标准的灵活性、计量方法、报告时间和频度、核算主体等方面又存在互补；同时，财务会计子系统统揽、涵盖了所有责任会计子系统。所以，在分权组织的整个会计管理系统中，负责会计记录和反映职能的是财务会计反映子系统和责任会计反映子系统的融合，构成整个企业各个层次、各个时间间隔的会计记录和反映子系统，显然，它们属于一个会计系统，在 IT 技术下，主要是反馈的频度不同，实时、适时和定期的反馈相结合构成了全方位的控制，适时和实时控制对整个企业来说起基础控制作用，财务会计的定期反馈对整个企业的控制起主导作用。

总之，会计的反映职能就是按照会计准则或会计人员的职业判断，通过搜集经济活动数据，进行确认、计量、记录和不断的数据加工处理一直到会计报表、报表分析和其他财务报告形成财务信息，并将信息及时报告给决策者以影响决策实现。所谓"反映"其实就是按照决策者的要求，采集原始信息进行抽取、转换、加载、传递给决策者以便决策的过程，在"大智移云物区"时代，

---

① 王世定. 我的会计观［M］. 北京：人民出版社，1995：20，232，234.

② 杨永平. 论会计控制系统［D］. 天津财经学院，1990：61.

③ 郭宝柱. 管理会计［M］. 沈阳：东北大学出版社，1999：295.

信息采取了数据的形式，会计信息的获取、加工方式的"原始凭证—记账凭证—账簿—报表—分析"或者"确认—计量—记录—报告—分析"模式转换成"大数据采集—转换—加载（extract-transform-load，ETL）—清洗—挖掘"模式。现行技术下，企业财务大数据采集包括通过与银行、税务部门、其他企业数据共享进行的交易大数据采集和通过物联网和数据库进行的事项大数据采集，数据采集量更大，数据处理和传输更为便捷，但是由于决策需要、职业判断和数据处理技术障碍，即便是大数据采集也不是一无遗漏对客观事实的全面反映，所以反映不同于记录，反映就是"观念"上的"总结"，是一个由直观反映到本质和规律性的认识的过程，包含会计准则的规范和会计人员的职业判断，"观念总结是对客观事物的认识的过程。这种认识，既是对客观事物的数量反映，又是对客观事物分析、综合的结果。会计的观念总结，不是机械的、直观的现实复写，而是一个充满会计人员主观能动作用的辩证发展过程"①。同时，"观念总结"与"过程控制"也相互联系，二者"在实际工作中水乳交融、难分难舍，不应该、也不可能截然划开"②。但是，在理论上这种联系也是可以认识的，我们可以利用前述控制标准、反映或记录、对比分析、反馈信息以及控制的有关概念如前馈控制和反馈控制加以认识。本节论述中也表明了，在会计反映实践中，存在着前馈和反馈控制，并且，整个会计反映活动作为会计控制循环的一个环节，会计反映的信息由于与评价和奖惩相连接，使得会计反映或记录过程也具有了一定的"威慑"作用，从而具有一定的监督或控制职能。

三、关于会计信息的真实性与相关性

由于会计记录和反映信息与会计决策、日常控制和考评激励存在密切关系，所以，会计的反映职能首要的要求就是真实。管理学大师法约尔曾经说，会计"是企业的视觉器官，它能够使人随时了解企业处于什么状况并向何处发展，可以对企业的经济形势提供真实、清楚而又准确的情况"③。会计反映的对象是再生产活动，会计的反映职能也应该以再生产活动为出发点和落脚

①② 杨纪琬.关于会计理论发展的几个问题［A］.杨纪琬.社会主义会计理论建设［C］.中国财政经济出版社，1988：212，213.
③ ［法］H.法约尔.工业管理与一般管理［M］.周安华，等译.北京：中国社会科学出版社，1982：4.

点；现实的再生产活动也是检验会计信息真实与否的唯一标准。"一切会计信息都来源于会计的对象。无论初始信息（会计的原始数据）还是最后形成的报表或预测等有用信息，归根到底，基本上都是会计对象（价值运动）的特征及其变化的数量反映。而从初始信息到加工生成的有用信息，则标志着上述反映职能是一个对会计对象的揭露和认识处于不断深入和由表及里的过程。要想确保会计信息的质量，从会计信息的内容看，非常重要的是：不能脱离、也不能改变作为会计对象的那些客观存在的经济现象和经济过程。"①显然，会计信息的真实性主要指的是原始信息的真实性，加工后的信息通常用可靠性来表示真实性，可靠性的具体含义各国有所不同，但一般都包括如实反映、可核性和中立性。例如，FASB 在 SFAC No. 2《会计信息的质量特征》中指出，相关性与可靠性是会计信息的首要质量特征，可靠性可由三个标准加以衡量，即如实反映、可核性和中立性；澳大利亚"会计概念公告"（SAC）对会计信息特征中的可靠性也分为如实反映、可核性和中立性（Booth，2003）；英国会计准则委员会（Accounting Standards Board）发布的财务报告的原则公告（statement of principles）将可靠性分为如实反映、实质性、中立性、谨慎性和完整性等；加拿大会计准则委员会（ASB）将会计的可靠性信息特征分为如实反映、可核性、中立性和稳健性（葛家澍、刘峰，1998）。在我国，可靠性也叫做客观性原则，具体含义主要包括如实反映、可核性和中立性。如实反映显然就是要真实，"就是要求所提供的会计信息能够实事求是地反映企业再生产过程的本来面目"；②可核性是指在以下情况下，"（1）由两个或两个以上相互无影响的，各自独立操作的计量员去验证；（2）在有几种方法可供选择时，只能采用相同的方法去验证"③，如结果基本一致，就可以判定所提供的是可以核实和验证的会计信息；"中立性是指制定和执行会计准则过程中，应以会计信息的客观性和相关性为出发点和归宿，而不应以某些特定利益集团的偏好为转移。"④显然，真实反映还与会计人员诚实和公允的态度有关。

同时，由于人的认识能力所限，"会计的真实性同摄影的情形类似。一个企业的生产经营活动，用会计报告观念总结出来，不仅需要一系列的假设，还必须依一定准则来进行。但即使如此，会计报告也不可能100%地符合。"⑤

---

① 葛家澍．会计的基本概念［M］．北京：经济科学出版社，1986：64.

②③④ 王世定．我的会计观［M］．北京：人民出版社，1995：66，68，67.

⑤ 王世定．维护会计的真实性［J］．财务与会计，2001（9）：5－6.

"会计……这面镜子其实也是人造的。会计是按照我们的想象、理念、框架（会计理论）设置认知模型（会计准则），履行再现经济活动职能。"① 况且，归根结底，认识世界的目的是改造世界，"控制论大师 N. 威纳说过，任何一种实践的结果都'必须得到对世界某一部分的理解和控制，而世界的任何实际部门都不可能这样简单以致不用抽象就能为人们所理解和控制。所谓抽象，就是用一种结构上类似但比较简单的模型来取代所研究世界的一部分'。会计作为一种管理实践，其目的是理解和控制再生产过程"，② 复式簿记及其反映的信息是为了控制再生产活动而对再生产活动的一个模拟，是一个模型。"反映是控制的基础，控制是反映的目的"③，会计的反映与控制职能是不可分割的。"观念总结"的目的是"过程控制"，会计没有必要得到绝对真实和全面的信息。虽然会计是对再生产活动的反映，其核算和反映方法要考虑核算对象，具有全面性、连续性、系统性、综合性、真实性特点，但是同时也要考虑管理的要求，有目的地、准确地、及时地反映核算对象，人们的视觉器官观察某种对象都是为了管理和控制该对象，所以即便是原始信息的采集也是有目的的，并非所有信息都要采集，采集后的信息还要根据目的进行筛选和清晰。所谓真实反映，按照国际会计准则委员会（1ASC）在《编制和列报财务报表的框架》中的解释，"真实反映其所拟反映或理当反映的交易或事项"④，会计"计量什么、如何计量不仅取决于客体对象，也取决于管理目标的要求"⑤。因为，"现实的再生产过程五花八门、纷繁复杂，出于对经济效益和经济利益的追求，会计以价值抽象来总结和控制再生产活动"⑥，也就是说，会计也做不到"真正"全面和真实的反映。所以，从根本意义上说，"控制规定反映的范围和程度。会计反映什么、不反映什么，以及如何反映，总是由会计控制的需要所决定的"⑦。本质上，会计所能反映的都是依据人类目前的认识能力和控制能力所决定的范围。按照 FASB 的说法，会计"反映是控制的基础，控制是反映的目的"⑧。科目就像人的眼睛，人们设置不同种类和层级的科目是为了控制和管理该科目对应的对象，包括要素持有者要求

---

① 杨雄胜. 会计本质问题讨论［J］. 财会月刊，2021（8）.

②⑥ 王世定. 维护会计的真实性［J］. 财务与会计，2001（9）：5 – 6.

③⑦⑧ 王世定. 我的会计观［M］. 北京：人民出版社，1995：11.

④ 王云芳，胡乐亭. 国际会计准则［M］. 济南：山东友谊出版社，1994.

⑤ 阎达五，陈亚民. 论会计管理循环［A］.（原载《财会通讯》，1988（8））. 阎达五，阎达五文集［C］. 北京：中国人民大学出版社，2004：535.

设置的产权科目和会计剩余控制权拥有者（或者管理者）要求设置的资产科目都有控制的目的和动机。反映与控制职能是不可分割的，要符合会计准则的定义，要具有可计量性，要具有相关性，要具有可靠性。定义是目前人们对会计要素的认识，不能准确计量的要素无法把握、无法控制，而能否计量也是由目前的计量能力决定的。这两条规定了会计所能反映的范围，是由人的认识能力和控制能力决定的，最终决定于控制的需要。相关性是指决策相关性，会计提供的反映信息必须与决策相关，必须是对管理有用的，这进一步说明了"控制规定了反映的范围和程度"这一说法，在决策相关的前提下，提供的会计信息还必须是可靠的。相关性和可靠性也是对会计信息的质量要求，二者既对立又统一。相关性反映了人们的决策和管理对会计信息的要求，可靠性说明的主要是客观性和真实性，体现了会计信息的反映职能，在一些具体的会计问题如资产计量属性的选择上，相关性与可靠性存在着矛盾，但是二者又是不可分割的。不具备相关性的信息，无论多么可靠也是没有意义的；同样，不可靠的信息也没有任何价值，反而引起误导。应该在可靠的基础上，尽量提供相关的信息；相关性的要求决定了可靠性的程度和范围，可靠性是基础，相关性是主导。所以，美国 FASB 所提出的财务会计概念框架是沿着"财务报告的目标→会计信息质量→财务报表要素→财务报表要素的确认与计量"[①] 的逻辑关系，而不是按照"财务会计对象→财务会计要素→财务会计科目→财务会计账户→财务会计报表"的逻辑顺序。由此看来，即使是财务会计，对外提供什么样的核算信息也取决于报表使用者的决策需要，取决于报表使用者的管理需要。并且，外部报告使用者利用财务报告信息的目的是对自己的投资进行决策和管理，以及对企业的经营业绩和经营负责人进行考核评价，这与内部的管理决策没有本质上的差别。[②] 内部和外部的决策者都需要财务会计信息进行决策。财务会计信息的决策相关性包括具有反馈价值、具有预测价值和及时性三方面含义，所以，财务会计信息应该既要能够用来预测、编制预算，也要便于与预算标准进行比较。鉴于现行财务会计准则的严肃性，而预算编制却没有相应的准则来约束，所以，预算尤其是预算所设计的财务会计科目、预算期间，以及其他一些原则应该与财务会计准则一致，财务会计信息与预算的信息应该能够对应，才可以提供

---

① FASB. FASB 财务会计概念声明书［M］. 丁文拯译. 北京：大中国图书公司，1986.

② 根据 SFAC，财务会计信息要提供企业资财、资财上的权利和它们变动情况的信息，要提供能够考核管理能力和管理责任的信息，要具有预测价值，要能够提供对投资和信贷决策有用的信息。

反馈的信息。对应于预算财务报表，年度资产负债表、年度损益表和年度现金流量表及其对比分析资料也叫做决算报表或决算报告。

随着信息的增多和环境不确定性增强，人们对会计信息尤其是财务会计信息的相关性缺失的诟病越来越多，要求对外披露的财务信息越来越多。随着"大智移云物区"时代的来临，大数据会计（丁胜红，2019）、智能会计（秦荣生，2020；王爱国，2021）、"基于物联网的会计信息系统"（李佳，2020）、区块链下复式簿记（曾雪云，2020）的研究和应用越来越多，大数据对财务数据支持作用越来越大，会计信息系统越来越趋向于业财信息融合、财务会计与管理会计信息融合，会计信息粒度逐渐细化，会计的反映职能越来越全面、精准、深入，加上网络通信技术的不断发达，会计信息的实时反馈作用逐渐增强，会计信息的真实性与相关性趋向于统一且程度增高，会计信息的决策支持和控制功能也越来越强。

总之，会计信息的真实性与相关性是对立统一的关系，真实性是会计信息的灵魂和前提，在一定认识能力和控制能力下的相关性是会计信息的必要特点，提供会计信息毕竟不是最终目的，归根结底，提供会计记录信息是为了会计管理和控制，为了实现既定的会计目标。因此，会计反映职能的实现要在会计控制的前提下有目的地、有选择地、能动地进行，全面、系统的预算与全面、系统的核算必须相互协调。

四、小结

作为会计控制循环环节之一的会计反映是一种系统的、动态的、全面的过程，既包含企业整体的反映与核算，也包含局部的责任会计的反映与核算；既包含财务指标，也包含部分非财务指标。其初级形式是最真实反映经济活动的原始记录信息，原始记录取得以后，无论企业的财务会计还是责任会计都需要对原始信息进行归类、汇总，最终表现为财务会计报表和责任会计报表。财务会计报表是责任会计报表的汇总和归结，资产负债表、现金流量表和损益表所反映的整个企业的财务状况、财务状况变动情况和损益情况综合从动态、静态方面全面反映了企业的再生产活动信息，迄今仍然是企业再生产活动完整、准确而概括的"摄影"。财务会计报表信息反映了再生产活动的价值信息，但是为了深入揭示再生产活动的规律和本质，还需要对财务会计报表进行相关比率分析，以充分实现会计的反映职能。除此之外，对财务会计报表信息的加工利用还包括为了揭示经营管理的成败得失，实现对再生产活动的控制，需要将财务会计报表和预算报表进行对比分析，揭示偏差，分析原因，反馈信息，采取对策，这属于事后控制环节的分析；为了对未来再生产活动进行控制，制订未来会计管理标准，需要利用财务会计报表信息进行趋势分析，这属于事前的规划分析。现代信息技术下，采用大数据、云计算、人工智能、互联网传输技术增强了反映的深度、广度以及数据处理和传输的速度。

　　会计记录是会计人员进行的一种实践活动，其直接对象是再生产活动，是对再生产活动的反映、再现和"观念总结"。同时，由于会计记录与会计预算目标、对比分析和考核相互联系构成会计控制循环，所以，会计记录行为也具有了一定的监督和控制作用，具有了威慑力。有人说，有人记录的活动和没人记录的活动其效果是不同的，事实的确如此。要素持有者设置科目并运用会计科目进行反映是处于对自己产权进行监控和维护的目的，会计剩余控制权设置不同种类和层次的资产科目是为了监控不同资产，会计科目系统是一种契约集合，经济业务的确认、计量是产权所有者对产权关系的确认和控制，会计核算也是对契约的维护和控制，因此，会计记录活动也含有对再生产活动及契约关系进行监督、控制的作用。另外，在现实的会计系统中，记录的某些环节也设计了一些控制职能，包括对会计信息质量的控制和对预算等标准执行的前馈控制。会计人员也可以直接利用会计信息对资金拨付进度、债权债务直接进行管理。记录过程中的控制和记录活动所起到的控制作用可以认为是基础控制。并且，会计记录或者对实际再生产活动的反映信息是规划、控制、考核的基础，没有对事实的如实反映，就无法预测未来，也无法对经营管理得失进行分析，对下级经营管理业绩进行考核。正如王世定所说："'过程控制'特别是精确的定性定量控制，需要'观念总结'提供依据。失去反映，控制的方向和强度将无法确定，从而陷入盲目性，无法达到有效控制的目的。"① 因此，会计记录和反映职能是基础职能，"观念总结"是基础，"过程控制"是主导。"大智移云物"技术既增强了会计信息反映的深度、广度和信息处理与传输的速度，也增强了会计控制的时效和准确度，在数据范式下，会计的反映职能实际上是会计人员有目的并按照一定规则地采集数据（抽取、转换、加载），清洗数据、挖掘数据、展示数据的过程。

---

① 王世定. 我的会计观［M］. 北京：人民出版社，1995：11.

第三节　会计分析与信息反馈

　　管理和控制的最终目的是提高经济效益、维护产权契约，在一定环境条件下，阶段性经济效益指标就是控制的标准。一项或一个阶段的生产活动结束后，是否达到了既定的标准，需要进行分析和总结，对不同执行者的不同活动需要进行考核和奖惩，以便总结经验教训，分析主客观原因和因素，激励人们扩大再生产的积极性。"最早的会计分析就是来自生产经营活动的失败，迫使人们分析原因，以期总结经验，求得改进。"① 现代市场经济，企业科学而规范的分析、考核需要以预算或其他标准为依据，对照执行情况的记录，计算差异，分析寻找差异的影响因素或原因，以便及时采取纠偏措施，或者修正、调整预算标准。对比分析可以事（期）后进行，也可以事（期）中进行，何时进行应该与预算所属期间和会计报告的频度联系起来考虑，并且，一般情况下，会计报表分析是与会计披露同时进行的，应该说，会计报表分析也属于会计反映和"观念总结"的范畴，是一种深层次和本质性的反映和"观念总结"，"反映是为了分析，分析才形成观念。"② 理论上说，预算期间和会计期间越短越能够提高控制的效率，反馈越及时，错误和不当的行为越容易也越迅速地得到纠正。但是，实际执行还要考虑具体情况、技术因素和成本与效益的权衡。显然，会计报表变成纠正措施，还需要进行预算与核算的对比分析、因素分析，才可以有针对性地采取措施。

一、会计分析的概念与特点

（一）会计分析的概念

　　与会计分析相关的概念还包括财务分析、财务报表分析、经营分析和经济活动分析等，要理解会计分析的概念，首先应弄清这几个概念之间的关系。樊行健（1999）认为财务分析也就是财务报表分析，来自西方，是"按照会

---

① 傅德良. 会计分析 [M]. 武汉：湖北科学技术出版社，1992：2.
② 杨纪琬. 关于会计理论发展的几个问题 [A]. 杨纪琬. 社会主义会计理论建设 [C]. 北京：中国财政经济出版社，1988：212.

计核算所提供的六大会计要素方面的资料展开分析，其内容包括以偿债能力分析为主的财务状况分析（包括资产分析、负债分析和所有者权益分析）和以盈利能力分析为主的财务成果分析（包括收入分析、费用分析和利润分析）"，经济活动分析引自苏联，内容"包括生产分析、成本分析和财务分析三部分"①，"财务分析与经济活动分析从实质上都来源于会计分析"，应该"以财务分析为主，把生产分析和成本分析作为影响财务指标的原因"②，融合构建财务经济分析，并认为"财务经济分析是以经济核算信息为起点，以财务资金分析和财务能力分析为中心，并评价生产经营过程诸要素对财务活动的影响，借以考核企业过去业绩，评估目前财务状况和预测未来发展趋势，为有关方面提供决策依据的管理活动"③。

李心合（2004）认为，财务分析包括事前财务分析、事中财务分析和事后财务分析，内容比较广泛，包括企业价值分析、投资分析、成本性态分析等，会计报表分析只指事后财务分析；会计报表分析可以站在投资者立场、经营者立场、债权人立场对会计报表进行分析，主要包括偿债能力、获利能力和资产营运效率分析。经营分析是站在经营者立场上对企业经营活动所做的全面分析，"在经营分析中，不仅涉及以会计报表为基本依据的偿债能力、获利能力和资产营运效率分析，而且包括成本费用分析，甚至包括产品产量、品种、质量等非价值形态的因素分析等"④。经营分析不仅利用会计报表资料，还利用经营内部的其他数据进行分析。经济活动分析是利用几乎所有可以利用的资料对经济活动各方面进行的分析，范围最广泛。

阎达五（2003）认为，会计分析是指以会计报表和其他资料为依据和起点，采用专门方法，系统分析和评价企业过去和现在的经营成果、财务状况及其变动情况，目的是了解过去、评价现在、预测未来，帮助利益关系集团改善决策。该定义明确了会计分析主要以会计报表为依据和起点，具有专门方法，主要职能是分析和评价，分析对象是过去和现在的经营成果、财务状况及其变动情况。

笔者认为，会计分析是会计管理的一个环节，是先通过财务报表数字的分析发现问题，然后运用经济活动分析的方法挖掘原因，寻找影响因素，揭示再生产活动真相，揭示再生产活动的规律和管理中的漏洞，从而纠正偏差，

---

①③　樊行健. 试论财务经济分析学科的构建［J］. 会计研究，1999（5）：60 – 61.

②　樊行健. 经济活动分析的改革出路［J］. 上海立信会计学院学报，2009，23（1）：11 – 14.

④　李心合，赵华. 会计报表分析［M］. 北京：中国人民大学出版社，2004：2 – 4.

改善管理，提高效益，主要运用对比分析法和因素分析法，分析价值指标和数量指标的影响程度，揭示企业经营深层次的问题，"许多研究表明，非财务指标能够有效地解释企业实际运行结果与预算之间的偏差"①。所以，因素分析应该指导经营活动的指标。

结合以上的分析，笔者认为，作为会计控制循环环节之一的会计分析概念应为：会计分析是指会计人员利用会计报表资料，结合利用统计和其他信息，按照专门的程序和方法，先将企业一定时期的财务活动过程及其结果与财务预算或其他标准进行科学的对比、解剖和总结，然后结合经济活动分析，深入挖掘根源，从而揭露矛盾，找出差距，为改善经营管理指明方向和提供措施的一种管理活动。会计分析的对象是企业的再生产活动过程及其结果，目的是揭示会计信息所反映的再生产活动的本质和规律，协助预测，揭露矛盾，纠正偏差，考核奖惩，以便改善管理、提高效益。根据上述文献，可以看出会计分析主体不同，分析指标和结果也不同：债权人主要进行偿债能力分析，投资者主要进行盈利能力分析，员工主要进行发展能力分析，管理者主要关注营运能力分析。不同层次的管理者需要的分析指标的详细和具体程度也不同，会计分析的指标也是要素持有者协商一致的结果，首先是因为会计预算是各要素持有者目标的集合，核算的科目是各要素持有者权益和利益的集合；其次，为了维护各要素持有者的权益和利益，会计分析采用的比率指标（次生指标）也是各要素持有者分析需求的集合，具体由管理层确定，会计部门进行分析，将分析结果反馈给各要素持有者决策，由于再生产活动经济效益的提高是各要素持有者的共同利益，所以，分析结果主要反馈给管理者用于再生产活动的管理和控制。本书界定的会计分析概念融合了财务报表外部使用者的分析和内部使用者的经济活动分析，融合了基于财务会计的财务报表分析和基于管理会计的经济活动分析，融合了要素持有者的需求和管理者的需求，因为二者本来就存在着密切的逻辑关系，财务指标是结果，业务指标是过程；财务会计是结果，管理会计是过程，二者融合在一起才能进行全面的分析，反映内在的逻辑和价值运动规律，分析的粒度越小、越具体，控制就越精准。

按照会计分析的定义，本书所说会计分析主要是指事后分析和事中分析，不包括事前分析，事前分析包含在会计预算一章内容之中。通常的做法是先

---

① 朱荣. 管理控制与财务控制的关系探析 [J]. 东北财经大学学报，2005 (1)：52 - 54.

以年度决算编制的利润表、资产负债表和现金流量表中所列的决算数字为依据，与企业的年度预算数或其他标准，予以分别计算比较，得出差异，然后分析差异形成的原因，进行因素分析。

（二）会计分析的特点

1. 以财务会计信息为主要依据结合业务信息。因为财务会计信息是企业一定时期再生产活动情况和结果的数量表现，主要以货币为计量单位，具有全面性、连续性、系统性的特点；会计信息是客观反映再生产活动情况和结果的主要信息，但除此之外，还有大量业务信息无法进入主要以货币计量的会计信息系统。因此，在分析财务指标数据时，除了分析财务指标之间的内在联系、揭示财务指标的内在联系和变化规律以外，还应该结合业务数据深入分析，查明它们的变化原因，寻找影响财务指标的关键因素，以实现精准控制，从而协助企业领导和经济管理部门进行经济前景的预测和决策。现行"大智移云物"技术可以融合财务会计信息、管理会计信息、业务数据，并通过大数据挖掘技术精准找到影响财务指标变化的原因。

2. 以预算为主要标准。因为预算是企业未来一定时期内生产经营活动计划的数量表现，主要以货币为计量单位，具有全面性、全额性、全程性和全员性的特点，各个方面、环节、单位的计划都包括在内，各个预算表格与会计核算账簿和内部核算报表具有相似性，其最终表现形式也是与财务会计相似的三张预算财务报表，与会计事后核算信息在结构上和规则上是相同的。以预算为标准，通过与会计核算信息对比可以准确地揭露矛盾，发现问题，从而纠正偏差，考核奖惩，挖掘潜力，改善经营管理，争取实现更好的经济效益。

3. 以改进企业管理、取得更好经济效益为目的。不断提高经济效益，应是整个企业经营管理的目标。企业是一个契约，站在不同签约人立场上，会计分析的内容、目的和选用的指标各有不同，但是无论如何，企业的经济效益尤其是创造客户价值①是各个要素持有者经济利益的源泉，是所有指标的基础性指标，当然也是企业获得要素和资源的根本，所以，作为科学管理的手段，通用的会计分析应把着眼点放在促进企业提高经营管理水平、取得较

---

① 此处价值的概念不同于马克思所说的价值概念，实际上是投入产出比，客户价值的实现是企业经济效益的源泉，但是经济效益除了客户价值外，还包括成本控制，所以本书还是用经济效益概念。

好的经济效益上面来。会计分析除了以预算为标准以外，还可以树立竞争标杆，可以是本企业内的、本行业内的或者其他行业的甚至是国外先进水平，通过会计分析，把企业的主要经济指标同本企业历史最好水平对比，同国内外同行业的先进水平对比，从而开阔眼界，明确努力方向，不断改进。

4. 会计分析是一种具有控制职能的社会实践活动。会计分析的目标是提高经济效益，直接的目标是完成预算，预算与核算科目本质上都是"人"，会计分析要实现目标最后也要将责任落实到人，并结合奖惩激励措施，所以会计分析既是为了分析再生产活动的规律、修订预算，也是为了分清责任。分析再生产活动规律是为了今后更好地编制预算、控制企业再生产活动，修订预算是为了更好地发挥预算的权威性和控制作用，分清责任的目的是激励和奖惩，所以会计分析也具有控制职能，会计分析的对象、方法和采用的指标是协商的结果，是利益相关者为了自身利益进行的一种实践活动。所以，会计分析也需要客观公允的立场，如实反映各个要素持有者的贡献和不足。

（三）会计分析的分类

按照不同的目的和划分标准，会计分析有多种划分方法。

1. 以企业为界限，按照分析主体分类。以企业为界限，按照分析主体分类，可以分为内部分析和外部分析。

内部分析是用于内部经营和管理的分析，也叫做经营分析，这种分析一般是对企业内部责任会计报表的分析，是对责任会计报表深层次问题的剖析、对责任中心经济活动的深入再现，目的是改善管理、提高效益。企业的内部管理需要对各责任中心业绩进行考核、评价、激励，各责任中心也需要利用责任中心内部分析寻找差异原因、及时采取纠偏措施等，这都需要准确的分析信息，尤其是责任预算或其他标准与实际执行结果的比较分析以及基于此基础的因素分析。由于内部核算和报告的灵活性，内部的财务或经济分析比较灵活，既可以利用责任会计报表，也可以利用财务会计报表；既可以利用数量指标，也可以利用价值指标；既可以进行财务分析，也可以进行业务分析；既可以运用会计核算资料，也可以利用统计和其他资料。

外部财务报表分析是外部投资者、债权人等或站在投资者、债权人立场上对整个企业财务会计报表进行的分析，是对整个企业财务状况和经营情况的深层次剖析和数据挖掘，以及对整个企业再生产活动的深入再现或者还原，是"要素持有者利用企业会计报表评估企业的现在和未来的一个重要工具"，① 目的是加强对整个企业的管理。按照不同的主体立场，外部分析还可以分为站在投资者角度进行的财务报表分析、站在债权人角度进行的财务报表分析等。外部分析的目的是对投资者和债权人的投资、债权和企业经营管理者的管理，作出持有还是出售、续聘还是解聘的决策，即作出"用脚投票"和"用手投票"的决策。

内部分析还是外部分析只是理论上的相对划分，在实践上，对整个企业的会计分析不仅对于外部投资者、债权人，而且对于企业管理者也具有重要意义，他们需要通过分析了解整个企业的运行情况，发现问题，及时纠正。理论上，无论是对外的分析还是对内的分析，无论是对财务信息的分析还是对经营信息的分析都是为要素持有者决策提供信息的，"分析的基本目标或其特殊使命，便是及时而有效地为各种决策者提供他们所需的决策信息"，是"为有关方面提供决策依据的管理活动"②。内部和外部决策以及所需要的分析信息没有根本的界限，分析信息可以直接或间接地转化为纠正偏差的决策和指令；并且，分析的目的都是揭示同一个再生产活动的规律和深层次的原因。实践中，经济生活的复杂化和多元化使得对外提供的分析与对内提供的分析信息有趋同趋势，都趋向于财务分析基础上的经营分析；虚拟公司、战略联盟、集团公司和"内部人控制"的出现使内外披露的界限逐渐模糊。在现代信息技术条件下，信息集成和信息与管理的集成使是外部分析还是内部分析的这种划分变得没有必要了，大数据财务分析完全可以基于需求导向提供不同的指标分析结果。

2. 按照分析的内容和范围分类。按照分析的内容和范围划分，会计分析可以分为全面分析和局部分析。

全面分析，又叫综合分析，是指对整个企业财务活动进行的全面的分析，主要针对财务会计报表上所涉及的主要财务指标的完成情况信息进行全面的比较，揭示矛盾和问题，查找主要环节和责任部门存在的问题。全面分析可以对企业财务状况和再生产活动作出整体评价，寻找带全局和战略性的问题，以作出通盘决策，保证企业战略和根本目标的实现。全面分析一般只能定期进行，主要利用财务指标。

---

① 张先治，张明燕. 企业财务分析理论与实务［M］. 北京：兵器工业出版社，1998：4.
② 樊行健. 现代财务经济分析学［M］. 成都：西南财经大学出版社，2004：5.

局部分析，又称为部分分析，是对企业财务活动中的某一方面、某一专题和项目、某一部门进行的分析。例如，企业各个职能部门对自己分管的业务活动情况的分析，如生产科对某种产品生产情况进行的分析，销售科对产品销售情况进行的分析，以及企业总部对经营过程中的某一专门问题进行的分析（如成本分析、利润分析等），也包括企业各个责任中心对本中心标准实现情况的分析。局部分析，能够对企业经营过程中的某一方面或某一专题进行系统的、详细的分析，问题集中、明确，分析深入，便于抓准矛盾、对症下药；责任中心的分析依据信息反馈情况可以经常进行，便于及时纠偏。局部分析是全面分析的重要补充。

大数据财务分析可以按照需要适时提供整体和某个局部乃至某个指标的会计分析信息。

3. 按照分析的时间分类。按照分析的时间划分，包括事中分析和事后分析。

严格地说，这里所讲的会计分析都是事后分析，事中分析也是对已经执行完部分的事后分析，之所以称为事中分析主要是指对过程较长的生产经营活动进行人为的期间划分，由基层的责任中心进行的及时反馈，如每天都可以进行的生产情况分析等。这种"过程中"分析可以及时发现偏差，查找原因，并采取措施纠正偏差。事后分析是在事情完结或过程结束后的分析，将执行结果与标准进行比较，查找原因和责任人，提供反馈，进行考核和评价，对责任中心和责任人进行奖惩或采取措施（如修改标准、采取纠正偏差），并对下一期再生产进行预测。

另外，关于事前分析，可以认为包括事情开始之前的分析和会计期间开始之前的分析，后者指的是通常所说的预测分析，预测分析不在本节讨论范围；前者包括事前控制分析，如费用和领料业务发生之前的对比分析，以决定是否允许发生费用和消耗，是一种事前控制分析，前文已经有所涉及，在此不做赘述。并且，这种对比分析主要是对比，不需要系统的方法，也不符合会计分析的定义，所以，本节内容把事前分析屏除在会计分析概念之外。

按照分析的时间划分，还可以考虑分析是否定期进行，分为定期分析与不定期分析。

定期分析，一般是按月、按季或按年定期进行的分析，属于常规分析。不定期分析，可以根据需要随时进行分析，如突发事件分析和基层单位的日常分析，它可以发现和研究解决工作中的问题，可以促进经营活动按照经营目标顺利进行。

二、会计分析方法

　　会计分析的基本方法是在收集整理各种数据资料、评价预算执行和完成情况、分析差异原因的过程中使用的方法。差异分析方法的种类很多，主要有定性分析法和定量分析法两大类。

　　定性分析法就是通过调查、经验等依靠主观判断对企业财务活动进行分析的方法，这种方法不进行确切的计量，只能定性地估计经济活动的发展趋势和优劣程度，包括调查分析法和经验分析法。调查分析法又分为典型调查法、抽样调查法、直接调查（如实地观察、座谈调查）、间接调查（如调查问卷法等）和定性计量分析法（如因素评分法）。经验分析法包括专家意见集合法、历史类比法和直觉测定法等形式。通过以上定性分析法达到收集资料、了解情况、查询问题、判断原因的目的。

　　在实际的分析工作中，需要根据分析的目的和要求灵活选择并结合运用不同的分析方法。会计管理是一种数量化的科学管理，会计分析主要是指定量分析，定量分析法应用范围广，也便于理解运用，定量分析法包括比率分析法、比较分析法、因素分析法、结构分析法和趋势分析法。除此之外，随着现代信息处理和传输技术的进步，会计人员可以结合各种数据挖掘技术，深入分析再生产活动的内在规律和潜在的各种问题。如会计人员可以利用信息技术结合财务数据、业务数据与市场数据通过聚类分析实现企业信用评估和绩效评价，通过因子分析对绩效、竞争力和应收账款质量进行评价，通过数据包络法进行经营效率评价。但是这都是局部分析，现实中尚不太常用，所以本书仍然强调传统分析方法并结合现代信息技术深入分析。本书认为，通常所谓比率分析本质上仍然属于通过对"观念总结"的会计报表反映的信息进行深入挖掘以揭示再生产活动的实质，是会计"观念总结"功能的延伸，是财务报表分析；而趋势分析是对未来的分析，可以在预测、决策和预算中起作用，是为了预测、决策和编制预算进行的分析，实际上属于事前的预测分析；结构分析法实质上也是一种因素分析法。所以，作为控制环节之一的事后会计分析主要是指比较分析和因素分析。

　　1. 比较分析法。比较分析法也叫对比分析法，是一种最基本的差异分析方法，通过指标相减，从数量上确定差异。一般用于实际数字与标准指标的比较，主要作用是揭示与标准指标客观上存在的差距。在预算执行中，一般是通过实际与预算之间的比较来揭示实际与预算之间的数量关系和差异，分析预算执行过程中存在的问题和差距，为进一步分析原因指明方向。

从理论上说，比较分析法包括绝对数比较、相对数比较和平均数比较，会计上常用的是前两种。最常用的是绝对数的比较，即对实际情况与预算目标（或其他标准数字如标杆、计划、定额、标准成本、上年实际等）进行数量、金额的比较，揭示二者之间绝对数额的差异，如实际产量与预算产量的比较、实际利润额与预算利润额的比较等。

相对数比较即比率数比较，即以实际比率与标准或预算比率比较，采用减法计算，是一种综合数字的比较。这种相对数的计算实际上属于财务报表分析，在前面已经分析，在此不再赘述。比率数比较，就是以实际比率数字与标准或预算比率数字比较。为了考核和评价，预算或其他标准在设定的时候除了要设定报表上的绝对数字以外，还需要设定一些相对数（或比率数）；有的虽然没有设定相对指标预算数字，但是因为相对数的重要性，也可以在预算会计报表上计算出来，与在实际会计报表上计算得到的相对数进行比较；并且，这些相对（或比率）数的比较比绝对数字比较更能够说明问题。所以，需要计算这些相对（或比率）数与预算或其他标准设定的同类相对（或比率）数进行比较，即采用减法计算差额，为进一步的因素分析指明方向。具体包括以下：

相关指标比率比较，即以相关指标比率实际数与标准数比较计算差额。例如，投资中心可以设定投资报酬率预算数字，比较分析时可以对比实际和预算的投资报酬率了解企业当期投资报酬率指标的预算完成情况。

构成比率比较，即以构成比率实际数与标准数比较计算差额，说明标准实现情况。例如，将实际的成本构成比率和预算成本构成比率对比，通过观察成本构成的变化，掌握企业实际生产经营的情况，找出超标成本和节约成本，并分析原因。

动态比率比较，即以动态比率实际数与标准数比较计算差额，说明发展速度标准实现情况。

应用比较分析法时要注意所比较的指标必须具有同质性才是可比的，比较指标的时期、核算内容、计算基础、计算方法、计算口径等都必须一致。

2. 因素分析法。因素分析法是一种分析影响因素、计算各种因素影响程度的方法，是比较分析后的进一步分析。在预算执行中，造成实际业绩与预算标准之间差异的因素很多，有的是主要因素，有的是次要因素，为了对各种因素的影响程度进行度量，就要采用因素分析法。

因素分析法根据计算方法和程序的不同，主要有以下几种：

（1）差额分析法。实际上是连环替代法的简化形式，它是利用各个因素的实际数与预算数之间的差额，同时保持其他因素不变，直接计算各个因素对综合指标差异的影响数值的一种方法。例如，生产成本中折旧费用增加的原因分析，可以分解为计提折旧的固定资产数量增加和单台固定资产计提折旧额增加两部分，考察两部分对总折旧差额的不同影响以及总影响。马克思在《资本论》中分析产品价值的变动时，把产品价值分解为工作日长度、劳动强度和生产效率三个因素，在分析各个因素的影响程度时就是采用了一种更为复杂的差额分析法，"这三个因素可以有各种各样的组合或者是其中一个因素不变、其他两个因素可变或者两个因素不变、一个因素可变或者三个因素同时变化"①。马克思用了相当的篇幅分析得到了各个因素和因素组合的影响程度。

（2）指标分解法。这种方法要求将一个综合指标细分为几个具体指标，以方便分析和查找原因。典型的如杜邦财务分析体系，先将权益净利率分解为销售净利率、资产周转率和权益乘数等指标的乘积，再将销售净利率分解为销售额和净利额，资产周转率分解为资产平均余额和销售额，权益乘数分解为资产和权益……将企业总的经营情况不断向下追溯，以便对不同指标的影响采取不同措施。这只是一种定性的因素分解，具体每个因素的影响程度还需要结合差额分析法和连环替代法。

（3）连环替代法。这种方法是用来计算相互联系的几个因素对预算差异影响程度的一种分析方法。在计算中，先以预算数作为基础，然后按照公式所列因素，按照由数量指标到质量指标、先外延指标后内涵指标、先基础指标后派生指标的顺序，依次以实际值替代预算值，"只要顺次地把其中一个因素视为可变，把其他因素视为不变，就会得到任何一种可能的组合的结果"②，从而测定各因素对预算差异的影响程度。在计算时，加、减、乘、除、乘方、开方算式都可以采用连环替代法，只是加减算式不需要考虑替代顺序，加减算式的因素分析属于结构分析。现代信息技术下，可以应用爬虫（Python）技术结合大数据进行深层次的数据分析，直至落实到具体责任人和具体作业，结构分析可以采用各种可视化图形展示。

---

①② 马克思恩格斯全集（第23卷）［M］. 中共中央马克思恩格斯列宁斯大林著作编译局译. 北京：人民出版社，1972：567 – 568，576.

通过对影响差异形成要素的分解和追踪，可以发现差异形成的主要原因以及影响程度的大小，进而针对预算责任单位区分哪些因素是可控的，哪些是不可控的，在此基础上确定预算责任单位的业绩，并为采取改进措施提供依据。

会计分析比较和因素分析法进行的时间与反馈时间有关，一般来说，下层责任报告时间较短，反馈较频繁，与此相对应，比较分析也应如此。

作为会计控制循环环节之一的会计分析，其直接目的一是确定偏差，二是寻找产生偏差的原因。如果是预算偏高或偏低，就要修订预算；如果是执行中的问题，就要采取纠正偏差措施，改善经营管理。采取纠偏措施是通过将会计分析结论传递给其他经营管理部门，由其他经营管理部门进行的。具体作用机制包括两种：一是在过程中先将会计分析结论传递给其他经营管理部门，由后者再进行群众或经济活动分析，深入挖掘出现偏差的具体、直接的原因，然后采取相应的纠偏措施，由执行部门执行，从而改进再生产活动；二是在期末或过程结束后，通过会计分析对有关责任中心进行考核、评价并进行激励，激励相关经营管理者强化或纠正现有的经营管理措施，以实现预算目标。

三、会计信息反馈

经过会计比较分析，如果偏差在合理或警戒区间内，一般可不予理会；反之，要根据因素分析的结果来纠正偏差。如果是预算目标不太合理，过松或过紧，应当重新审视控制标准的影响因素，制定"严格而可实现"的控制标准，会计分析的结果就作为修订预算的依据；如果因素分析发现是执行的问题，可以定期、适时、实时反馈给有关的经营管理部门或有关经营管理者，以使他们直接或通过进一步的经济活动分析发现具体的问题，作出准确的判断和恰当的决策，发出指令并交由执行部门进行执行，以纠正生产经营过程中的偏差，使其所负责的再生产活动按照预定的方向、轨道运行，实现既定的预算目标。

会计鉴定、计量和传递经济信息的目的是使信息使用者作出可靠的判断和决策，会计的管理和控制职能主要是通过对信息使用者决策的影响而实现的。因此，为了实现会计的管理职能，完成会计控制循环，会计对比分析的结果必须先反馈给各级经营管理部门，再作用于再生产活动过程。有人说，

"从控制论分析，信息的输入、处理、输出、反馈、控制，正与会计信息的流动过程相吻合，更为关键的就在于信息的反馈和控制"①。这是很有道理的，会计信息的处理是会计管理的基础，会计信息的反馈是实现会计控制的关键；会计信息反馈沟通了会计信息使用者和会计信息供给者的联系，实现了会计的决策职能，进而实现了会计的控制职能。因此，会计信息反馈既是会计信息供求双方的纽带，也是会计的分析信息与指令信息之间的纽带，还是会计决策与管理者决策的纽带；会计信息反馈使会计系统和会计信息间接作用于再生产活动，实现对再生产活动的控制。因此，反馈也是会计系统与再生产活动之间的纽带。

要真正了解反馈的概念，首先应了解控制论的有关概念。控制论是研究生命体、机器和组织的内部或彼此之间的控制和通信的科学，控制论的奠基人、美国数学家 N. 维纳（Norbert Wiener）1948 年为控制论所下定义是"研究动物和机器中控制和通信的科学"。控制论把生命系统、机械系统与社会系统联系起来考察，发现他们既都是控制系统，也都是信息系统。控制论、信息论与系统论由于其研究范围的广泛性和普遍的方法论意义，使其得到广泛的应用，现代社会的许多新概念和新技术往往与控制论有着密切的联系。反馈（feedback）是控制论的基本概念，反馈原理也是控制论的基本原理，所谓反馈，就是把受控对象在控制信息作用下产生的输出信息返回传送给控制器（施控主体），经过对比分析确定调整控制的方向和力度，是一种依据受控主体的信息来调整施控作用的机制。按照有无反馈机制，控制系统分为开环控制系统和闭环控制系统，开环控制系统（open-loop control system）是没有反馈回路的控制系统，这种系统的输入直接控制着它的输出，它的装置简单、成本低，但是，它的抗干扰能力差，控制作用受到限制，如红绿灯对交通的控制就是一种开环控制。反之，闭环控制系统（closed-loop control system）是带有反馈回路的控制系统，它的输出不仅由输入，而且要由输出的回输来共同控制，装置复杂，成本较高，但可以依据输出信息来调整输入，抗干扰，作用较强。严格说来，开环控制系统并不属于控制论的研究范围，而属于自动控制理论的研究范围，控制论一般只研究带有反馈回路的闭环控制系统，称为控制论系统。社会系统的控制都是带有反馈回路的，具有反馈的闭环控制系统的作用是检出偏差，纠正偏差，以达到控制目标。按照反馈

———————
① 李晓艳. 关于会计本质的认识 [J]. 冶金财会. 2000（8）：14-16.

作用的方向不同，反馈又分为正反馈和负反馈。如果反馈信息作用的方向与
输入信号的作用方向一致，称为正反馈（positive feedback）；反之，如果反馈
信号的作用方向与输入信号的作用方向相反就称为负反馈（passive feed-
back）。负反馈通过输入、输出之间的差值作用于控制系统的其他部分，这个
差值就是目标输出和实际输出之间的差别，控制器的控制策略是不断减小这
个差值，以使差值变小，负反馈系统的控制精度高，系统运行稳定。正反馈
在控制系统中的作用主要是用来对小的变化进行放大，它在一些情况下会破
坏系统稳定性，但可强化控制作用或产生所需的增益。特别是社会经济系统
要求有好的经济效益，则需正反馈。具体问题具体分析，正反馈和负反馈应
该联系具体情况，灵活应用。由于控制效果的滞后性，如果负反馈掌握得不
好，负反馈也有可能转变为正反馈，过度的正反馈有可能破坏系统，所以，
正反馈和负反馈应该配合使用。由于反馈控制的事后性以及受控装置的惯性
和滞后性，"必然影响到检出偏差、纠正偏差的时效与作用，由此影响到系
统的控制性能。因此，有必要出现前馈这种回路。这就是不等扰动影响到输
出量时，只要这种扰动是可以测量出来的，就把它预先测量出来，通过一定
的前馈装置送到系统中去进行调节，使得在输出量变化之前就尽可能地克服
或减小扰动的影响。总之，就是尽可能在系统发生偏差之前，根据预测的信
息，采取相应的措施，这就是前馈"。为了更好地达到控制效果，可以"把
这种前馈回路与反馈回路耦合起来，构成前馈—反馈控制系统"，① 前馈
（feed forward）实际上也是一种负反馈。另外，自动控制原理还按照所依据的
输出信息的性质不同，将反馈分为输出反馈与状态反馈；按照反馈信息通道
的多少不同，将反馈分为单路反馈与多路反馈。经典控制理论都是输出反馈，
但是由于控制的事后性和时滞，还应该设计状态反馈系统，以随时进行反馈，
适时、实时控制；对于复杂的系统，尤其是组织系统，既要有输出反馈又要
有状态反馈，既要有单路反馈又要有多路反馈，单路或多路反馈可以构成多
级闭环控制系统。

　　前文曾经提到，企业是一个控制系统，作为对再生产活动的控制，制定
控制标准、反映实际执行信息和进行对比分析并影响各级经营管理者决策的
会计系统是施控系统的重要构成部分，这种控制包括前馈控制和反馈控制，
前馈是在事前采取预防发生偏差的措施，如各种支出入账前的审核控制。实

---

① 王雨田. 控制论，信息论，系统科学与哲学 [M]. 北京：中国人民大学出版社，1988：50 – 52.

际上，从控制的方向上来说，前馈控制也是反馈控制。反馈控制是会计控制的重点，只有反馈才可以使会计对比分析信息真正影响到各级经营管理者的决策。反馈是把会计对比分析偏差和原因信息反馈到各级管理部门，变成指令信息作用于再生产活动。会计信息的反馈在理论上也包括正反馈和负反馈，最常用的是负反馈，理论上，会计信息的反馈也可以分为单路反馈和多路反馈、输出反馈和状态反馈。与全面的、全过程的、全员的预算目标项对应，并与企业各层级组织相结合，在现代 IT 技术下，会计信息系统既可以提供财务报表信息，也可以适时提供各种内部报表和报告。因此，会计信息反馈是以上反馈方式的综合或者融合，既有单路反馈又有多路反馈；既有输出反馈也有状态反馈；既有通过企业会计系统，利用财务会计报表信息与财务预算报表信息的偏差及其对比分析信息进行的输出信息反馈，又有在核算中利用过程和状态信息进行的日常信息反馈。无论什么情况，会计信息反馈都是将预算与实际的对比分析信息反馈给各级管理人员以影响管理者的思想和行为，后者既可以直接利用此信息发出指令，也可以进一步调查分析，确定具体原因，发出纠正偏差的指令，由执行部门执行，实现对再生产活动的控制和管理，达到预定目标。

例如，当会计人员核算后，发现某产品单位固定成本高于预算目标，这时，会计人员并不能直接对该产品的生产过程进行干预，但可以将此信息反馈给主管生产的经理，该经理经过调查，发现单位固定成本升高是生产效率降低所致（这种原因分析也可以由会计人员利用会计核算资料进行），进而发现，该产品生产线的职工对奖金发放不满。经过调整奖金发放办法和一定的政治思想工作，职工积极性调动起来，生产效率大为提升，单位产品固定成本自然会降下来，使整个生产过程按照预定目标进行。在这个例子中，会计人员的作用在于将核算出的成本与预算进行比较分析，并将不利差异信息反馈给管理人员，进而影响了管理人员的思想和行为，促使他们对再生产过程进行直接的干预，使之按照预定目标进行。这就是杨纪琬所说的"会计什么都管又什么都不管"的一个写照。

在技术上，会计信息的反馈渠道是通过各种会计报表和分析报告达成的，一般应包含预算信息、实际信息、差异信息和分析信息，差异信息要表明是有利差异还是不利差异，分析信息也可不列入会计报表，而是单独报告。对比分析的信息影响到纠偏的力度和方向，所以，反馈的信息应符合相关性、可靠性和及时性。及时性是反馈的重要原则，即使是真实并且相关的信息如果不能及时提供也会失去价值，甚至造成相反调节导致破坏性的正反馈。及时性主要包括反馈频度和收到报告的时间间隔两方面。不同信息反馈频度要求不同，一般来说，基层经营分析的信息应该及时反馈，上层财务信息可以定期反馈，由于 IT 的发展，网络化的会计可以实现适时、实时反馈。另外，按照例外管理原则和行为理论，报表的设计应该考虑信息的特性、信息使用者的偏好和成本效益关系，其内容应包括关键业绩指标（KPI），应该把最重要的差异信息和原因信息醒目地揭示出来，使管理人员能够准确把握，引起注意，及时采取措施。

在适时的会计管理中，负反馈是主要的反馈方式（如前例），通过负反馈影响各级生产经营管理人员，作用于再生产活动，缩小甚至消除不利偏差，完成了会计控制循环。

另外，如果实际执行结果超出预算目标，经过分析确定是执行好导致的有利差异，会计也可以利用正反馈来扩大和强化这种有利差异。正反馈的方法主要是对生产经营管理人员通过评价而进行的物质与精神激励，这种激励也是对适时控制和管理循环的强化，是对再接再厉的鼓励。但是，正反馈不能造成"鞭打快牛"的效应，导致人力、财力、物力资源、能源难以为继，或者造成比例失调、资金短缺、资金链断裂，从而使系统崩溃。

四、绩效评价与激励

期末会计分析的结果还可以作为绩效评价和激励的依据，提请上级或人力资源管理部门对有关经营管理人员作出经济的、行政的、荣誉的激励决策，以强化或纠正原有的管理措施，使企业沿着既定的战略轨道和方向运行，实现既定的战略目标，这也可以看作是一种间接的纠偏，是对下期控制系统运行的反馈。

（一）绩效评价

绩效评价是指评价主体运用科学的方法，采用特定的指标体系，对照统一的评价标准，按照一定的程序，通过定量定性对比分析，对一定客体在一定时间的生产经营效率、效益和经营管理者业绩，做出客观、公正和准确的评定和估价的过程。其作用是以评价为基础，进行激励，从而强化会计管理职能。绩效评价是一个系统，主要包括评价的主体、客体、指标、标准和方法等要素。

　　绩效评价的主体主要有以下几个方面：（1）股东。股东随时都会对公司及公司经营者的绩效进行评价，上市公司的股东还可以采用"用手投票"和"用脚投票"两种方式来表达自己的评价意见，后者会通过股价形成市场评价，股东评价的信息大部分也是来自企业的会计信息，既可以由企业会计人员进行分析和评价，也可以是市场中介或代理机构进行的分析和评价。（2）债权人。债权人在借贷时要对债务人企业的效益进行评价。（3）董事会。董事或董事会负有监督经理人和决定其报酬的责任，对经营者管理的依据就是对他们的评价信息。在健全的市场经济中，董事会或董事长还可以利用其所掌握的过去业绩评价信息通过在经理人市场上的出价来对经理人进行市场评价。（4）经理层。经理层负责对公司下属各单位、部门和员工的业绩进行评价并实行激励。在分权组织中，对下级责任中心及其责任人的业绩评价是由其上级责任人进行的。（5）国有企业的管理部门。国有企业的管理部门要定期对其所管辖的国有企业及其负责人的绩效进行评价并进行激励。（6）集团公司的母公司或总公司。集团公司中母公司或总公司为了加强对各子公司、分公司的管理，对子公司、分公司的业绩表现进行评价，以实现集团整体战略。（7）企业会计部门居于客观公允立场对各个要素持有者要素贡献的评价。

　　评价是对管理效果的评价，管什么就评价什么，会计反映和控制的对象包括两个方面：一是再生产活动；二是组织契约。所以会计评价的对象也是这两个方面：一是再生产活动方面的效率、效益和效果；二是契约履行的结果，也就是各要素持有者投入的要素及其获得的回报是否达到了预算目标。前者属于预算损益表，后者属于预算资产负债表，总之，就是预算指标的完成情况。预算指标是由人力资本提供者完成的，所以评价的客体和对象是人力资本提供者，包括各级组织的经济效益和效率，如企业和各级分支机构或各级责任中心；产者、管理者、经营者个人的业绩，如经营者、高中低级管理人员和普通员工。实践中，对这两类客体的评价是不能完全分开的，对个人业绩的评价是通过对其所管理的组织效益、效率的评价来实现的，只是个别指标和个别计算方法有所不同，简单地说，组织的绩效扣除生产、经营、管理人员不可控因素就是生产者、管理者、经营者个人的业绩。与预算指标的下达相反，各个层级的业绩评价一般都由其上一个层级进行，各个层级的业绩评价所使用的评价指标、标准和方法都有所区别，一般地说都是采用定性或定量比较的方法，比较科学、客观的是定量比较的方法，建立在会计管理基础上的绩效评价方法主要是预算指标完成情况的评价。

　　绩效评价指标包括很多，既可以采用财务指标，也可以采用非财务指标，越往下层，越适合采用非财务指标。预算和核算的科目都可以作为评价指标，但是对于不同性质、不同层次的组织和个人，对于不同时期、不同行业的再生产活动，考虑到绩效评价的成本—效益关系，应选择和设计不同的关键指标，通常叫做关键业绩指标（KPI）或关键成功因素。关键成功因素指标在各个层级、各个环节是不同的，越往上其指标综合性越强，财务指标也越多；越到下级，指标也就越具体，非财务指标也就越多；对企业和各级经营管理者个人的绩效评价还包括一些定性指标或者叫做评议指标。我国对于企业的评价比较权威和具有指导意义的是国家有关部门对国有企业的评价。1999 年6 月，财政部、原国家经贸委、人事部及原国家计委联合出台了《国有资本金绩效评价指标体系》及《国有资本金绩效评价操作细则》，标志着企业评价制度在我国初步建立。本套企业绩效评价指标体系通过四个部分分别反映企业的财务效益状况、资产营运状况、偿债能力状况和发展能力状况，具体通过净资产收益率、总资产报酬率等 8 项基本指标和资本保值增值率、销售利润率等 16 项修正指标及领导班子基本素质等 8 项评议指标 3 个层次对企业绩效进行深入分析，以全面反映企业的生产经营状况和经营者的业绩，综合绩效通过对以上 4 项内容各种指标赋予一定的权数采用综合评分方法。2002 年 2 月 22 日，财政部等五部委联合印发了《企业绩效评价操作细则（修订）》。修订后的评价内容与修订前的大致相同。修订后的指标体系对第 2 层次的修正指标进行了一定的增减和修改，对评议指标以及各指标权重进行了修正，提高了对企业偿债能力和发展创新能力的评价，使该评价体系更符合当前的实际，这套绩效评价体系是以投资报酬率为核心，"以工商类竞争性企业为评价对象设计的"①。除此之外，一些高校、科研机构和证券机构也提出了各自对于不同企业的评价指标体系，一些市场中介和代理机构的评价指标可以作为市场评价的依据。对于企业内部有关部门和负责人的评价指标由各个企业自行设计，内部关键评价指标一般都是影响该部门、该环节发展的"牛鼻子"或薄弱环节。例如，销售环节采用销售收入、销售回款、应收账款周转率指标，具体地还可以细分为销售量、价格折扣、回款天数等；成

---

　　① 刘亚莉．论自然垄断企业的会计责任及财务报告的改进——以电力企业为例［J］．会计研究，2003（8）：27 – 30.

本控制包括各种成本和废品率；等等。一项评价既可以利用单个指标，也可以利用综合指标进行综合评分，一般来说，层级越高，所需要的评价指标越多。

评价标准是进行分析评判的标尺和规范，会计管理的目的是实现预定的目标，所以绩效评价的标准主要是既定的目标，最全面、科学、系统的目标体系是预算，因此，绩效评价的标准主要是指预算的相关指标，预算要能够发挥会计控制作用也要求将预算管理与会计反映、绩效评价结合起来，以预算及所涵盖的相关责任预算指标作为评价标准与会计反映的数据进行比较，分析差异形成的因素，剔除不可控因素，作出可靠的管理绩效评价。但是，要想对企业绩效作出全面的判断和评价，还需要与历史最好水平、行业平均水平、行业最佳水平和竞争对手水平等所谓"标杆"水平进行全面的、全方位的比较，并分析差异的原因，确定预算本身是否存在问题，并确定自己企业所处的坐标位置。

绩效评价方法是各个评价要素的结合和关系，主要是评价标准和评价指标的结合和关系，对于个人和组织、对于不同性质和层级的组织和个人、对于不同的生产经营活动，其绩效评价方法都是不同的，所以，评价方法可以做多种分类。例如，可按不同的评价主体分为上级评价法、下级评价法、平级评价法、第三方评价法、自我评价法等；按照不同的评价客体分为个人评价法、项目评价法、单位评价法等；按照评价指标的计量基础不同又分为会计计量基础评价指标、市场计量基础评价指标和经济计量基础评价指标等；从评价依据的指标个数上看有单指标评价方法和多指标综合评价方法，对企业绩效的评价最重要也是最关键和常用的是综合指标评价，该类方法的关键是指标的选取和评分方法。国际上通行的评价方法主要包括杜邦分析法、沃尔综合评分法、EVA 评价法、目标管理绩效评价法（MBO）、关键业绩指标评价法（KPI）、平衡记分卡绩效评价法（BSC）、全方位绩效评价法（360）等。杜邦模式是杜邦公司的一个财务执行官安迪·韦特（Andy Waite）于 1919 年创造出来的，它是以权益报酬率（ROE）为核心，逐层分析而形成的一个财务指标体系；沃尔综合评分法是由亚历山大·沃尔（Alexander Wall）先采用流动比率、自有资本对负债比率、自有资本对固定资产比率、存货周转率、应收账款周转率、固定资产周转率、有资本周转率这七个财务比率指标，与标准比率（一般通过行业统计数据，以行业标准为标准）进行比较评出每项指标的得分，然后求出总评分的方法；如果说，以上两种方法都是基于会计价值的评价方法，那么，EVA 评价法即经济增加值模式可以认为是基于市场价值的绩效评价模式。经济增加值是扣除了包括股权成本在内的所有资本成本后的利润，即股东财富的净增加值，这是基于股东利益和市场价值的评价指标，是"市场价值增加值（市值－总资本）的最优替代指标"①，但是相关数据也可以在会计报表中找到。通常认为，最具有科学性的评价方法是平衡记分卡法，可以看作是基于经济价值的评价方法，综合考虑了财务指标和非财务指标、过程指标和结果指标，是由罗伯特．S. 卡普兰和大卫．P. 诺顿于 1992 年创造出来的，在一份完整的平衡记分卡中，除财务方面的评价外，它还涵盖了对顾客、企业内部业务流程和创新学习三个方向的业绩评价指标，通过对四方面指标进行综合评分来进行评价。

绩效评价可以分为资本市场、借贷市场和经理人市场对企业和经理人的市场评价方式和股东大会、董事会、监事会、经理层以及国有企业管理部门和母公司、总公司等对下级（公司、责任中心和经理人）的行政评价方式，采用的标准、指标和评价方法也多种多样，但是，由于会计预算和反映信息的全面性、完整性、连续性和系统性，无论何种评价方式、方法，预算报表和决算报表数字都是非常重要的标准和指标，预算指标完成情况都是核心的绩效评价内容。会计预算、决算和会计分析尤其是财务预算报表、财务决算报表以及预算完成情况的分析也都是绩效评价的主要依据和理论、方法、框架。

科学的绩效评价体系有利于及时发现和有效解决企业管理过程中出现的问题，实现对经营管理人员的有效激励，实现预定的战略和战术目标。

（二）激励

控制是使再生产活动实现既定目标，预算提供了会计管理和控制的全面标准，为实际再生产活动的全面、连续、系统的反映提供了预算执行信息，会计分析和在分析基础上的绩效评价提供了预算完成情况的判断和适时、实时的反馈以及时采取纠偏措施。要实现既定战略目标，除了日常的动态反馈以及时纠偏以外，还需要定期的总结，并在业绩评价基础上对相关的责任人员进行激励，以强化和纠正原有的管理措施。有人说，"绩效评价是连接预算管理和薪酬管理的纽带。一方面与预算考评指标相联系，对预算执行结果

① 王化成，等．企业业绩评价［M］．北京：中国人民大学出版社，2004：141.

进行更全面的评价，为预算作出客观的总结；另一方面为薪酬管理提供基础数据，使薪酬管理更能体现企业的价值追求。企业可以依据评价结果对经营管理者和一般员工实施奖惩，引导经营管理者采取有效措施弥补差距，争创先进，促使企业快速、健康发展。企业只有把绩效评价管理与预算管理、薪酬管理有机地结合起来，才能使评价工作不流于形式，才能把评价结果转化为企业发展的动力和压力，才能更好地迎接未来的挑战，使企业保持长期的竞争优势"①。绩效评价的意义主要在于对个人的业绩评价，并由此对个人进行激励。业绩评价与激励结合起来才使得预算具有了控制职能和协调职能，也使得会计记录、计量行为具有了监督和控制含义，会计计量、记录具有了行为影响价值。"人们……总结出一个简单而重要的基本原则：管理者倾向于将他们的注意力集中在业绩被计量的领域和他们的业绩对报酬产生影响的领域。"②所以，会计预算、会计核算、会计分析、绩效评价和激励必须结合起来，才能形成完整、科学、有效的会计管理。

虽然绩效评价包括对个人和组织的评价，但是任何组织都是由人组成的，人是认识世界和改造世界的主体，任何经济活动都是由人执行的，如果实际执行过程和结果与目标出现偏差，除了不可控因素以外，都是人的生产、管理和经营等各种要素投入行为造成的。所以，基于业绩评价基础上的激励本质上是对人的激励，应具体落实到个人，包括外部的产权激励和内部的利益激励，产权激励归根结底来自企业内部劳动、管理、知识等人力资本要素持有者创造的经济效益，所以激励通常指的是对生产、经营、管理人员的激励。如果说绩效评价标准包括预算、行业平均水平、历史水平和竞争对手水平的话，那么，会计控制和管理基础上的激励的标准和依据应该只能是预算指标的完成情况，即对个人的激励应该以会计预算完成情况的差异和因素分析为基础，剔除不可控因素，对其业绩标准的执行情况和结果进行激励。另外，对管理人员和生产操作人员、对高层管理人员与中低层管理人员、对复杂劳动者和简单劳动者、对人力资本所有者和智力资本所有者的激励应该有所不同。按照马斯洛和其他需求理论，对于不同的人员，应该采用物质上的和精神上的各种不同的激励办法。从物质上来说，被雇佣的工人和低层管理者的报酬有契约的规定，激励方式不难确定。比较复杂的是高层管理者的报酬，

---

①②　冬伯文．预算＋绩效评价＋薪酬管理：开滦管理控制模式研究［M］．北京：煤炭工业出版社，2005：26，69．

按照阿尔钦和德姆塞茨的"队生产"理论，企业监督人应该获得剩余索取权；按照代理理论，作为企业实际控制者的经营管理者具有信息优势和自利动机，有可能损害委托人利益，所以需要设计有效的激励——约束机制；按照王化成的研究，对高层经理的激励措施包括行政激励、财务激励和机会激励。行政激励包括职位升迁激励和精神激励，具体如职位升迁、评奖、评优、评先进等，财务激励分为短期激励和长期激励。短期激励应当包括基薪和奖金两部分；长期激励主要是远期利润分红的问题，目前较为通行的做法是股票期权，同时，我们在这几年的实际工作中还探索出了虚拟股票、限制性股票、业绩股份、股票增值权、延期股票及以多年度会计业绩为基础的长期激励计划等有效激励方式，并在实践中得到不断的完善。除了行政激励和财务激励外，还可以通过为高级管理人员提供发展机会和知识更新机会进行激励，叫做机会激励。概而言之，可以归为物质激励和精神激励两类激励方式。对一般员工可以采用固定工资和与预算完成业绩挂钩的浮动工资、奖金、福利等方式进行激励。

总之，"管理的本质是通过别人使活动完成得更有效的过程"①，会计作为一种鉴定、计量和传递经济信息的活动，"通信的目的，是借以影响一个人的思想和行为，这与管理一词的基本含义（设法要别人完成管理者要做的事）是极为相近的"②。会计是一种间接的管理、全面的管理。在日常生产经营活动中，通过会计分析和绩效评价形成的适时、实时分析结论和反馈意见，督促有关部门和个人及时采取纠偏措施是一种"通过别人使活动完成得更有效的过程"（罗宾斯）③，是一种管理活动；建立在会计分析基础上的绩效评价是为了对生产者、经营者、管理者个人进行激励，激励的目的是从人事安排、宏观和长期发展方向上鼓励坚持或纠正原有的行为、措施和轨道，使再生产活动过程实现既定的战略目标，是一种更为间接但更为有效的纠偏措施和更为准确的"通过别人使活动完成得更有效的过程"，是会计管理的构成部分。

这样，会计控制循环也可以用图 5 - 1 表示：

---

① 冬伯文. 预算 + 绩效评价 + 薪酬管理：开滦管理控制模式研究 [M]. 北京：煤炭工业出版社，2005：9.
② 王世定. 我的会计观 [M]. 北京：人民出版社，1995：7.
③ 罗宾斯论管理的定义. http：//www. manage9. com/type. asp? news_id = 139.

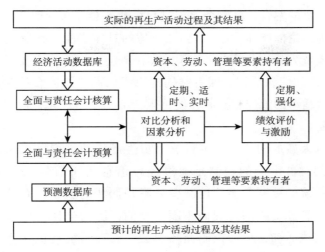

图 5 - 1　会计控制循环模式

五、小结

　　会计分析，目的是确定预算与实际的偏差，以采取措施纠正偏差或者修订预算，主要是将预算财务报表与实际财务会计报表的绝对数或比率数进行对比分析，对比分析所得的偏差和因素分析信息是用来反馈给有关部门继续进行经济活动分析以纠正偏差或者直接作为纠正偏差的依据，会计对比分析信息的反馈是实现会计控制职能的关键，主要采用负反馈方式纠正执行中的偏差。对比分析信息还是进行评价、激励的依据，评价和激励的目的也是激励有关人员延续或纠正原有的政策和措施，实现既定的目标。对比和因素分析的信息还是修订原有预算的依据。

　　总之，会计分析是会计人员从事的一种管理活动，其对比分析是会计控制的重要环节，对比分析的结果通过直接反馈信息或通过评价、激励影响相关人员的决策，进而作用于再生产活动实现其管理和控制职能。同时，会计分析的结论也用于纠正不合理的预算目标，对未来再生产活动的趋势分析也为下期预算目标的制订提供信息，使整个会计控制循环不断进行下去。

　　综合全文所述，会计管理不仅是预算报表、决算报表和对比分析的融合，还包括与责任会计制度（包括责任预算、责任核算和责任分析与考核等）、绩效评价与激励的融合，是整个簿记过程、财务会计与管理会计的系统对接与融合，作为理论框架和"纲"，会计管理的具体职能包括制定标准（会计预算，主要表现为预算报表）、进行反映（或会计核算，主要表现为决算报表）、会计分析和信息反馈，四者共同构成了周而复始的会计控制循环，实现了对再生产活动的管理和控制，使再生产活动不断优化，以满足人类生存和发展的需要。

会计是有人参加的按照预定目标对再生产活动进行反映和控制的一种实践活动，其对再生产的控制是通过经济信息"通信"而间接进行的全面、连续、系统的控制。会计控制循环不是僵死的教条，而是伴随着再生产活动和会计管理实践的发展而不断发展的，因为会计管理是一种面向再生产的管理实践活动，会计控制循环和会计管理系统是包含管理主体与客体、管理客体与管理方法、理论与实践、决策与信息等矛盾的对立统一体，会计系统还受到环境的影响，各种矛盾及矛盾双方的对立与斗争、相互作用与相互影响推动了会计系统的不断发展。这种发展包括会计管理标准、反映职能的准则、方式、方法和会计分析的理论与方法、会计控制循环各环节以及会计信息与决策的结合方式等方面。会计是一个人造系统，会计控制循环的设置和运行与文化、政治、经济、技术等会计环境密切相关，应该具体问题具体分析，在规模、行业、领导者的素质不同的企业中可以采用"权变"或者简略的方式，例如，有些企业只编制预算损益表，日常比较重要的项目再由会计部门经过预测、决策分析编制专门决策预算；有些企业会计部门平常只反馈差异信息，因素分析由部门或中心会计进行；有些企业只编制费用预算等。

作为我国现实的会计工作，杨时展认为应通过账证相符、账实相符阶段达到账计相符阶段，中国会计现代化的最后落脚点是实现会计对全盘经济活动的控制。① 笔者认为，会计本来就是一种管理活动，会计反映的信息、准则、方法等都受制于决策和控制，现实会计一开始就应以是否能够提高经济效益、合理调整经济利益为标准判断会计管理的效果，同样以会计管理或控制职能来决定会计反映的广度和深度，而不是相反。否则，如果仅将会计概括为信息系统，"从信息系统的特点出发去规范安排信息的产出，而不是从

---

① 徐锡洲. 杨时展先生的学术思想［A］. 沈如琛. 杨时展论文集［C］. 北京：企业管理出版社，1997.

实际控制的需要出发收集、处理并提供信息，导致会计信息与控制目标严重脱节，会计工作从理论到实践都落入繁琐哲学的窠臼，难以与现代经济社会飞速变化的需求相适应"①。会计信息受制于决策需要，决策是因为控制和管理的需要，控制和管理的目的是经济效益和经济利益，我国会计的改革与发展以及一个企业和组织的会计系统设计都应在此思路下进行。

---

① 宋小明. 会计控制系统功能及对未来会计发展的启示［J］. 财会研究 . 1999（2）：15 – 16.

第六章　案例分析：经验检验与理论完善

第一节　组织契约、会计契约与剩余控制权：
一个大学培训班的例子

一、案例简介

2017 年 8 月 28 日~30 日，H 高校商学院会计系接受委托承办一期会计人员培训班，培训人员 100 人，学员缴纳学费、住宿费、餐费 400 元/人/天，总收入为 120000 元。实际支出住宿费 42000 元（70 人 ×3 天 ×200 元/人/天）、餐费 24000 元（80 人 ×3 天 ×100 元/人/天），场地租金 9000 元（3 天 ×3000 元/天），讲义、证书印制装订费用 2200 元（100 份 ×22 元/份），教师酬金 9000 元（其中，外聘专家酬金 5000 元 =1 人 ×1 天 ×5000 元/人/天，本系教师酬金 4000 元 =2 人 ×1 天 ×2000 元/人/天），外聘专家差旅费 2000 元，H 大学管理费 2000 元，会计系及相关人员按照收入的 15% 计提报酬共计 18000 元，收支见表 6 – 1。

表 6 – 1　　　　　　　　　培训班收支

项目	金额（元）	要素持有者报酬性态	单价或单位变动成本
收入	120000		1200（元/人）
支出			
学员住宿费	42000	变动报酬	600（元/人）
学员就餐费	24000	变动报酬	240（元/人）
场地租金	9000	固定报酬	

续表

项目	金额（元）	要素持有者报酬性态	单价或单位变动成本
讲义证书装订费	2200	变动报酬	22（元/人）
教师酬金	9000	固定报酬	
专家往返差旅费	2000	固定报酬	
H大学管理费	2000	固定报酬	
会计系及相关人员报酬	18000	变动报酬	收入（15%）
支出合计	114200		
盈余	11800	剩余报酬	

注：除了剩余报酬外，对应于成本性态，要素持有者报酬性态也是按照报酬额与业务量的关系定义的，下面案例分析的三、（三）部分有具体说明。

收入是培训班结束后委托方汇款到H高校账号上，各种服务供应商的报酬都是在学校财务处报销后汇入该供应商账户或者付给对方现金。会计系和管理人员获得总收入15%的报酬，其余归商学院所有。除了财务收支以外，培训班管理和服务人员共4人，2人（会计系主任和副主任）现场负责，商学院院长对重大支出项目进行决策并签字审批各项支出。

本培训项目属于盈利性质，从筹办到结束除了相关人员的交流、服务活动之外就是会计管理行为，但是凸显出来的问题是财务分配关系影响到组织结构并进而影响到会计控制权的配置，还有会计管理的服务对象问题，因此，下面从财务分配关系与组织结构、会计服务对象、培训项目中会计管理活动过程三个方面对本案例进行分析，以深化对会计管理活动论的研究。

二、剩余报酬获得者拥有会计契约签约权和会计剩余控制权

本案例中的虚拟组织是利益相关者的若干组契约，包括培训班承办者与任课教师、宾馆、酒店、打印社、市图书馆（教室提供者）、会计系、H大学等签订的若干组契约，以上利益相关者分别投入教学、学员住宿、就餐、讲义证书打印装订、教室、管理、品牌等服务和要素，并据此获得相关报酬，按照获得的报酬额与培训人数或营业额（业务量）的关系，可以分为固定报酬获得者、变动报酬获得者和剩余报酬获得者。按照商学院与会计系的初步协议，会计系及相关服务人员获得15%的变动报酬，商学院获得剩余报酬，商学院成为中心签约人，会计系相关人员作为签约执行人或代理人。市图书

馆提供的场地租金是 3000 元/天，与学员人数无关，属于固定报酬获得者；任课教师所得报酬也只与上课时间有关，属于固定报酬获得者；H 大学只得到规定的管理费收入 2000 元，也是固定报酬获得者；其他如宾馆、酒店、打印社都是变动报酬获得者。

会计是为剩余报酬获得者服务，变动报酬获得者协助进行业务量管理，但变动报酬和固定报酬获得者既不需要会计信息也不需要会计管理。剩余报酬获得者确认、计量、记录相关费用（或制订相关确认、计量、记录、报告准则并要求会计人员按照该准则执行），制定费用预算和开支标准，并实际控制成本。例如，商学院制订外聘专家的接待标准、打印装订标准，学员食宿标准等。如果存在多个剩余报酬享有者，且利益函数不一致，则协商确定会计准则。本例中如果商学院作为剩余报酬获得者，则商学院确定哪些费用该确认计量入自管经费账户并审核预算；如果商学院与会计系利润分成，则二者共同商讨预算和费用列支内容和标准；如果会计系是剩余报酬获得者，则会计系可以自行确定，无须汇报，也无须报送报表。而教室提供者这种固定报酬获得者既不关心培训班总的收入，也不关心费用列支问题，但是酒店、宾馆、打印部的收益也是变动报酬（但不是剩余报酬，会计也不需要向他们负责），其应得报酬额与食宿人数、打印数量和价格有关，供应商的开支明细单需要付款人审核后签字，并且他们也比较关注业务量多少，愿意协助培训项目管理人员把培训班办好，愿意给予一定的优惠，协助进行业务量管理，但是项目会计既不向他们报送信息和预算，也无须其决定会计准则和预算，他们也没有动力和压力协助进行成本控制和其他会计管理。然而，商学院作为剩余报酬获得者，却需要详细审核每一笔开支，而且事中和事前要确定费用开支项目和标准、编制和审定预算报表，事后要进行会计确认、计量，报送财务（决算）报表，进行分析、考核和激励，从以上意义上来说，商学院院长既是财务会计人员，也是管理会计人员，同时还是管理人员，会计实际上成为管理人员的一个职能，办公室人员和学校财务处只是具体执行管理人员会计标准的技术人员，是会计技术环节的代理。

事实上，在经济人假设下，无论什么专业、信仰和偏好，每个人都是决策者，也都是自身利益的会计核算和管理人员。经济人都会为自己计算，确认账户，计量金额，计算剩余，进行权衡决策。但是加入企业后，经济人就放弃了一部分主权和会计权，交给管理人员和会计人员进行，会计应该为每个利益相关者服务。但是剩余报酬获得者所得的剩余与每笔收支及其会计信息相关，所以剩余报酬获得者最关心各项收支、资源消耗以及各个利益相关者的报酬（即剩余报酬获得者的成本）和会计信息，需要对收支、消耗、成本进行管理和控制，并对会计信息的确认、计量、报告制定准则，而固定报酬获得者和变动报酬获得者只关注自己的收入到达时间和金额，变动报酬获得者也关注业务量的持续和增加，协助进行业务量的管理，这种情况下，会计当然主要为剩余报酬获得者的管理提供信息和计算服务。在没有相关会计人员或者会计人员不提供相关信息服务的情况下，剩余报酬获得者会自行或委托其他代理人担当财务会计（包括准则制定和准则执行）和管理会计职责（决策分析等）。本例中，担当财务会计职责的有商学院院长、商学院办公室人员、学校财务处，担当管理会计职责的有商学院院长、会计系两位责任人。可见，为剩余报酬获得者服务的会计是财务会计与管理会计的统一。事实上，剩余报酬获得者就是管理者，其任何管理决策都需要依据会计信息，但提供会计信息、利用会计信息进行决策分析、根据决策分析结果进行决策三项职能既可以由剩余报酬获得者独自承担，也可以把前两项职能分别交给不同部门承担，所以，会计专业化只是管理分工的产物。

三、项目实施过程就是一种会计控制循环过程

（一）会计预算

培训项目具体负责人根据委托方预估人数、预算和基本要求，预测参加人数、吃住人数、总收入和相关费用，初步确定是否接受委托办班。决策是否办班的依据，主要考虑利润（销售收入－变动成本－办班带来的固定成本），不能考虑销售收入和变动成本之差即所谓边际贡献，相对于商学院的沉没成本来说，所谓利润也是边际贡献。商学院院长和会计系具体负责人根据商学院和会计系往年办班数据（包括记忆的数据和账面记录）以及预测数据，基本可以判断是盈利的，因而其决定接受委托。可见，预测不仅是为了制定控制标准，预测本身就是管理活动，决策更是如此，这种管理活动是为了事前控制和规避（战略偏差风险）。

为了在事前控制成本并使培训取得较好效果，项目负责人还要进行相关服务自供还是外购以及外购供应商选择等具体决策。

1. 开课内容的决策。这是专业问题，与成本无关，但与培训效果直接相关，主要考虑对方需求，但委托方不懂专业问题，所以由对方提出培训的目

的和指导思想，项目负责人（会计系两位主任）根据专业理解提出主要教学内容和课程意向，与委托方多次协商后确定"财务分析及 Excel 应用""税务会计与纳税筹划""最新财务会计准则"三门课，根据内容容量，确定每门课讲授 1 天。

2. 任课教师是用本系教师还是外聘的决策。首先，考虑专业水平和授课水平；其次，在专业和授课水平相当的情况下优先考虑锻炼本系教师；最后，还要考虑外聘教师的成本，在同等成本下优先聘请专业和授课水平高的教师，采用两两权衡比较的方法决定外聘 1 位教师，采用 2 位本系教师。外聘教师是一位比较有名气的博导，工作生活在外地，除了讲课酬金按照学校规定标准确定以外，还需要支付必要的食宿和接待费用。食宿、接待标准由商学院院长根据未来服务潜力的评估确定。

3. 学员食宿供应商的选择按照惯例、价格以及学员方便确定。住宿人数和用餐人数也可以根据保本点和保利点公式计算得出，作为预算数和实际执行时的控制标准。例如，商学院院长要求盈利 10000 元，在本例中，销售收入是 120000 元，其他变动成本总额是 44200 元，固定成本总额 22000 元，住宿费标准 200 元/天·人，则保利点住宿费总额 = 120000 − 44200 − 22000 − 10000 = 43800（元），保利点住宿人/天数 = 43800/200 = 219（天/人），每天平均住宿 73 人才能保证实现 10000 元利润。盈利额是考虑市场利润率和正常的成本确定的合理利润，既要考虑自身获利需求，也要维持契约关系，并非是靠压榨其他利益相关者的报酬实现的最大利润。

4. 教室是用自己的会议室还是租赁？由于是暑假期间，商学院自有会议室处于闲置状态，使用不会发生机会成本，没有租赁费，但是距离学员食宿地点较远，会影响办学声誉和后续培训，与学员食宿地点距离最近的教室租金 4000 元/天，较近的市图书馆租金 3000 元/天，权衡结果确定利用市图书馆多功能厅作为教室，对方提供音响、多媒体、拍照和学员饮用水服务。按照保利点测算，销售收入是 120000 元，变动成本总额是 86200 元，其他固定成本是 13000 元，则盈亏平衡点教室租金 = 120000 − 86200 − 13000 = 20800（元），盈亏平衡点每天租金 = 20800/3 = 6933（元），如果商学院要求盈利至少 10000 元，则保利点的租金 = 20800 − 10000 = 10800（元），保利点每天租金 = 10800/3 = 3600（元），每天 3000 元租金是可以接受的。

5. 打印装订店的选择，考虑方便、价格和长期业务往来，选择了 HY 打印社。

6. 根据决策情况编制预算利润表和预算资产负债表（包括货币资金、人力资源资产提升、社会资本和资产的增加等），并报请商学院院长批准，批准后的预算作为事中控制的标准。但是，由于缺乏经验，事先不了解商学院和会计系的收益分成办法及管理结构，也由于缺乏会计预算管理专业素养，所以具体负责人没有编制预算表，有关开支事项也没有事先向领导汇报，在费用发生报销时出现被动。实际上，如果有足够的专业素养，即使会计系是剩余报酬获得者，也应该编制预算，以便内部相互沟通、作为今后的备查依据和费用控制的标准。

（二）会计核算

各种供应和服务确定以后，培训班按计划开班，在 3 天培训过程中，管理和服务人员的工作包括邀请领导讲话，主持开班和结班典礼，运送、发放证书和讲义，为任课教师尤其是外聘教师的授课和学员的学习提供后勤保障，同时，按照商学院院长的要求做好成本控制。会计系具体负责人尽量控制学员食宿人数，鼓励当地学员回家就餐和住宿，控制发放讲义和证书的数量，控制纯净水的领用量，鼓励学员尽量饮用免费开水，对领用过多纯净水的学员表露批评性态度，按照既定标准负责接待外聘教师和委托方检查人员，采取多种方式督促委托方尽早汇款等保证收入及时到账，控制收支发生额。培训过程中的成本是从剩余报酬获得者角度考察的，而对于其他利益相关者来说则既是他们的报酬，也是学员的效用和需求的满足，所以成本不是越低越好，应控制在合理范围内。但是，由于没有科学编制预算表，导致控制没有准确的标准，失于主观。另外，如果采用物联网和财务信息联网方式，那么，这种中层或基层管理人员的控制可以由高层或者财务部门集中进行，而技术的落实导致财务部门或高层的控制改由中层或基层管理人员通过自身感官确认、计量、记录、输出信息进行控制，导致代理链拉长，增加了代理成本。

事后具体办事人员先到各个供应商处获取各种费用凭证到商学院领导处签字，商学院领导审核凭证的合法性、合理性，决定是否给予签字报销并决定在哪个科目中报销，这实际上就是财务会计人员的确认（计入何科目）、计量（报销金额），然后在商学院办公室进行记录，最后到财务部门报销并计入学校大账。报销完成后，商学院办公室人员编制一个简单利润表，为了更全面地反映培训班的收益，也可以编制资产负债表决算报表。该流程如果采用联网报销和会计核算系统，则既可以实现实时报销、实时确认、计量、记录、报告，也可以实现对成本费用的实时控制，缩短代理链。另外，由于没有事先编制、审批预算报表或者事先汇报相关开支事项，所以事后的报销成了既成事实的审核，尽管也有部分原始凭证审批不通过，但是仍然有一些金额超标（商学院标准）的支出在账户中报销了。

（三）会计分析与反馈

事后根据决算报表分析支出较大的项目及原因。例如，接待费用、租赁费用超出预期，有的是客观原因如后者，有的是主观原因如前者，都是由于没有事先编制预算并请领导批准所致，对当事人作出批评，当事人引以为戒。根据决算报表的偏差或者根据在费用报销过程之中发现的疑点决定要不要审计。期末再对当事人作出考核激励措施。由于缺乏预算，使得事后分析、评价和考核缺乏量化标准。

整个过程包括事前控制、事中控制和事后控制都是商学院、会计系几位责任人从事的各种活动的集合。事前控制过程应包括预测、决策、预算编制以及预算审批等环节，缺少任何一个环节都不能满足精益化管理的要求，容易出现纰漏，例如，本例中没有编制预算，没能把计划和决策做得更精细并量化到预算表上就使得最后报销环节出现被动。事中控制是指现场控制各项活动的集合，由于缺乏预算导致事中控制缺乏量化标准使之盲目，出现过度控制或者控制不足的情况。事后控制包括相关信息的确认、计量、记录、报告、分析、考核、评价、激励过程的集合，分析环节应将决算报表与预算报表对照进行，但是本例中，由于没有预算报表的编制，导致分析及其后的考核、评价、激励缺乏量化标准，同时，如果采用先进的信息技术，事后的确认、计量、记录、报告可以实现实时进行、成本费用的发生也可以实现实时控制。可见，每个环节相互独立又前后衔接，缺一不可，共同构成完整管理控制循环，最终实现全过程的控制和管理。预测的目的是决策，决策完成后就要编制预算，预算是控制的标准……可以看出以上管理循环既有财务会计也有管理会计，是管理会计与财务会计的融合，称为会计管理循环，是一系列会计管理活动的集合。

四、结论

通过以上案例分析可以看出，财务分配关系对组织管理结构具有重要影响，并非所有要素持有者都拥有会计契约剩余控制权，只有剩余报酬获得者才拥有剩余控制权，固定和变动报酬获得者是组织的被管理者，不关心会计控制问题。组织里的会计是为剩余报酬获得者服务的，剩余报酬获得者既可以制订财务会计和管理会计标准，利用财务会计信息、决策分析信息进行决策，也可以亲自确认、计量、记录经济业务，进行决策分析以作出合理决策。无论哪种情况，会计都是一种管理活动或管理活动循环的必要构成部分，包括预测、决策、预算、控制、确认、计量、记录、报告、分析、考核、评价、激励活动或其一部分，其目的是实现剩余报酬的合理化。

第二节　管理会计、财务会计与内部控制的融合
——来自 L 市交通运输局的案例

一、案例简介

L 市交通运输局主要负责全市交通运输方面的政策拟定与监督实施、建设规划、大中型交通工程建设的组织实施、交通运输市场监管等工作，内设办公室、政治处、机关党委（离退休干部处）、财务审计处、综合计划处、政策法规处、安全监督处、科技信息处、综合运输处、交通战备办公室、工会、团委 12 个处室和公路管理处（下辖路政支队市区大队、公路收费服务中心、公路网管理与应急指挥中心、超限检测站）、航道管理处（下辖 3 个船闸管理所）、运输管理处（下辖道路稽查大队、汽车维修行业管理处和 5 个运管所）、地方海事局、铁路建设办公室、交通工程质量监督局 6 个下属单位，行政编制 31 名，设局长 1 名、副局长 5 名。

2017 年，L 市交通运输局全面推进内部控制建设工作。在执行《单位内部控制规范》之前，L 市交通运输局管理上存在内部控制意识不强；预算编制不够科学，预算执行约束不够严格；会计处理和财务管理效率不高；不能及时获得决策和控制信息；财务和业务信息交换"孤岛"现象存在；资产管理制度执行不严；绩效考核覆盖不全等问题。借助信息化手段加强内部控制建设，可以将重点支出事项管理、资产管理、合同管理、政府采购等业务和预算管理、财务管理等整合到统一的平台，确保财务记录、财务报告信息和其他管理信息的及时、可靠、完整，强化对绩效的考核和监督，进一步提升单位内部管理水平。

二、内控建设的总体思路

(一)指导思想

1. 坚持全面推进。确保内部控制覆盖单位经济活动全范围,贯穿决策、执行和监督全过程,规范单位全体人员。

2. 坚持科学规划。合理界定岗位职责、业务流程和内部权力运行结构,将制约内部权力运行嵌入内部控制的各个层级、各个方面、各个环节。

3. 坚持问题导向。针对内部管理薄弱环节和风险隐患,合理配置权责,细化权力运行流程,明确关键控制节点和风险评估要求,提高内部控制的针对性和有效性。

4. 坚持共同治理。充分发挥内部控制与其他内部监督机制的相互促进作用,形成监管合力;鼓励第三方参与单位内部控制建设,形成内控建设合力。

(二)实施步骤

1. 建立工作领导小组,制订实施方案,召开部署会议,广泛宣传组织专题培训。

2. 组织开展"以评促建"基础性评价,找出单位内控薄弱之处。

3. 定岗定责,梳理职权列出"职权清单",流程"再造"。

4. 开展风险排查,提出强化监督的防控措施,修改完善规章制度。

5. 修改业务流程,提出风险管控措施,制定内部控制手册。

6. 启动并开展内控信息化系统建设,开展系统操作培训,上线运行。

7. 成立评价与监督工作领导小组,开展评价和监督,提出检查意见和建议,督促整改。

8. 根据监督与评价报告和风险评估报告,修改制度和流程"再造",完善内控信息化系统。

(三)主要内容

市交通运输局内部控制的主要内容包括风险评估、单位层面内部控制规范、业务层面内部控制规范、评价与监督等。具体如图 6-1 所示。

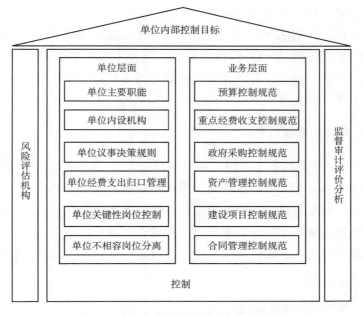

图 6 - 1　L 市交通运输局内部控制内容

三、具体做法

(一) 利用信息化管控手段

为了让各项管理制度落地生根，2018 年起，市交通运输局启用了用友 GRP-U8 内控信息化管控系统，建立和完善了预算管理、经费申请、网上报销、财务核算、资产管理、合同管理等子系统，将各项管理规章制度和内部审核审批流程等关键控制环节和控制要求及标准嵌入管控系统，实现内部控制的程序化、标准化和常态化管理，减少人为自由裁量权，有效防止权力滥用。同时按经济事项、归口业务、支出金额建立了分级授权网络审批制度，加强对公务出差、公务接待、会议、培训、政府采购等重点经费支出和资产管理、合同管理等重点业务活动进行全面管控，严格"事前申请、事中控制、事后分析"管理，从而实现单位内部管理信息化的全面管控。

(二) 预算执行管控

建立事前申报制度，各处室发生经济事项支出时，事前需在年初批复的预算项目和额度内，通过用友 GRP-U8 内控经费申请子系统的"公务接待申请""公务出差申请""会议费申请""培训费申请""政府采购申请""一般经费申请"六个功能系统进行网络申请，建立预算执行和管控的第一道防线，将管控的关口前移，有效杜绝无预算、超预算等现象的发生，全面加强预算执行的管理和控制。

（三）严格制度执行管控

GRP-U8 信息内控系统运用"制度 + 科技"手段，通过将各项管理制度标准和要求嵌入管控系统，实现对公务接待标准、陪同人数、公务出差分地区住宿标准、伙食补助和交通补助标准、培训及会议定额标准、工作人员数、通用设备采购限额标准等进行系统表单化管控，降低人为控制风险，将管控标准关口前移，进一步加强事前管控和监督，有效防止超标准支出等违规违纪现象发生。

（四）加强审批流程管控

GRP-U8 内控信息化管控系统按照单位内控手册具体业务流程图，在经费申请和网上报销设置了严格的审批流程，按支出经济事项和支出金额的不同，分岗设权、分级授权，进一步规范内部流程控制，同时审批节点和痕迹公开透明，资金支付时限明确，形成相互制约和相互监督体系，防止权力滥用，切实把权力关进制度的笼子里。

（五）提升国有资产管控

完善《L 市交通运输局固定资产管理暂行规定》，启用固定资产管理系统，对固定资产采用条码扫描信息化管理，实现资产全生命周期动态管理，实现预算和财务的双重管理，有效地贯彻了"价值管理与实物管理"的资产管理思想。对资产实行条码管理，经条码枪扫描到系统中的资产自动进入资产盘点表，定期与系统台账进行盘点比对，大大减轻资产盘点的工作量，系统提供的与移动终端的数据接口大大加强了资产管理系统的易用性，实现资产购置、调剂和资产处置全过程信息跟踪，实现对国有资产财务和实物双重管控，进一步防止国有资产的流失，全面提高国有资产的管理水平。

（六）加强合同管理控制

合同信息管理系统可以解决采用手工管理合同的众多问题，如文档管理困难、进度控制困难、信息汇总困难及缺少预警机制等。合同管理系统包括合同编辑、审核和查询合同内容，处理合同收付款和生成统计报表，涵盖合同起草、合同审批、合同文件、结算管理、实际进度、合同变更、预警系统、报表等功能，实现对单位合同归口统一管控，细化了款项结算时间节点和比例，自动扫描并对所有快到期的结款、付款等关键节点或事项进行预警，帮助单位提前做好财务规划和分析决策，既保证按时守信，又合理充分利用资金，有效避免超付款项等现象发生，进一步降低合同执行风险。

（七）满足信息公开要求

GRP-U8 内控管理系统具有强大的分析统计功能，通过设置项目、功能科目、部门经济科目、财政拨款种类、部门等进行辅助核算，全面适应《政府会计制度》会计核算要求。同时，对公务接待费批次、人数、陪同人数、标准及会议费、培训费参加人数、标准、部门等进行明细辅助核算，全面满足预决算信息公开要求和"三公"经费等费用的公开要求，增强了我局财务管理和会计核算的透明度及规范性，推动了财务信息公开，促进该局公开、透明、规范的财务监督机制的建立。

通过信息系统特有的权限约束、自动控制、动态分析、综合评价等机制，并通过信息化管控建立与实施内部控制要求贯穿单位经济活动的决策、执行和监督全过程，实现对经济活动的全面控制，实现预算、执行、财务、决算无缝对接和信息集成，实现经费支出事前、事中、事后的全程高效流转和监督管理，这样才能更好地发挥内部控制在提升内部治理水平、规范内部权力运行、促进依法行政、推进廉政建设中的重要作用。

四、主要创新

（一）财务会计、管理会计与内部控制无缝衔接

单位层面内部控制既成为业务层面的控制环境，也是管理会计和财务会计的运行环境；业务层面内部控制融合了预算、核算（财务会计核算和预算会计核算）、报告（决算报告和财务会计报表）、分析（财务指标分析和非财

务指标分析）；预算、核算指标包括"经济分类""功能分类""财政拨款种类""预算项目""基本支出""项目支出"等，既有财务会计指标，也有管理会计指标，并与绩效考核指标同时下达。既有事前的预算制定与下达、用款计划、经费申请、费用报销等，也有事中的实时记录、分析、监控，还有事后的分析评价和反馈。具体如图 6-2 所示。

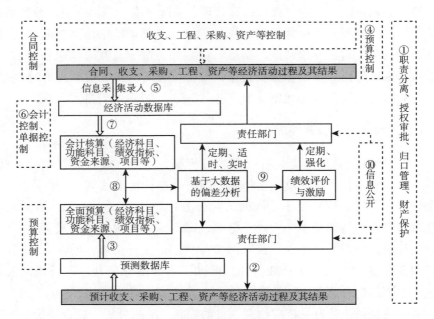

图 6-2　L 市交通运输局内部控制与财务会计、管理会计融合模型

（二）建立了统一标准的信息系统并与移动互联网、物联网链接

2018 年起，市交通运输局启用了用友 GRP-U8 内控系统，建立和完善了预算管理、经费申请、网上报销、财务核算、资产管理、合同管理等子系统，将各项制度、标准、职责分离、授权、审核、审批嵌入信息系统，实现内部控制的程序化、标准化和常态化管理。对固定资产实行条码管理，经条码枪扫描到系统中的资产自动进入资产盘点表，定期与系统台账进行盘点比对。系统与移动终端的数据接口大大加强资产管理系统的易用性，实现资产购置、调剂和资产处置全过程信息跟踪。查询、审批、签字等几乎所有可以在电脑上操作的也都可以在手机上操作，实现了与移动端的链接。

第三节 普通企业传统会计电算化下会计管理
——新世纪纺织有限公司的案例

一、案例单位简介

新世纪纺织有限公司是一家专业从事各类横机针织品设计、生产和销售为一体的针织服装生产企业。公司包括掘港总部、滨房分部、上海徐汇分部。本次调研对象为掘港总部。

公司成立于 2003 年 12 月，占地面积 64454 平方米，固定资产 2 亿元，现有职工 1350 余人。公司拥有世界最先进的德国 STOLL 电脑横机 118 余台，国产慈星电脑横机 100 台，合计全自动电脑横机 218 台，针型齐全，各类针型的半自动横机 700 余台，各类针型的缝合机 500 多台，并有完整的后整理配套设备。一流的管理、一流的设备、一流的产品质量赢得国内、外客商的信赖，成为日本、美国、欧洲等客商的定点生产厂家，客户有丽诗加邦（LIZ）、美特斯邦威等，2010 年羊毛衫产量将达到 360 万件。因发展需要，2007 年公司拓展内销市场 ODM 商务男装针织产品设计开发和男装品牌开发事业，在上海设立办事处，有设计部、营销部、外贸部、工艺部和展示厅。

公司设有董事长 1 人、总经理 2 人、部门经理（副经理）3 人、各部门主管 8 人，分设品管部、采购部、产品开发部、车间生产部、市场开发部、财务部、人事行政部共 7 个职能部门。该企业内部多位中高层管理人员都与企业创始人有亲戚关系，考虑到这一点，是因为它可能会影响到企业内部的人员选拔及企业管理中的某些方面。

目前该企业财务部门会计核算形式采用手工填制与电算化相结合的方式，企业目前使用的是金蝶财务软件，正在组织培训用友 ERP 软件的操作使用。财务部门的工作可浓缩概括成六个方面的内容：（1）信息控制；（2）财务制度控制；（3）资产、费用日常控制；（4）经济效益控制；（5）参与制度制定、决策制定；（6）办理财务业务。管理会计人员分工与主要职能权限具体见表 6-2。

表 6 – 2　　　　　　　　　管理会计人员分工与主要职能权限

会计人员	职位	具体职责
黄总经理	财务部门负责人	1. 建立公司会计核算的制度和体系； 2. 组织编制财务收支计划，检查执行情况； 3. 组织编制成本计划和费用预算，下达、检查计划指标； 4. 审核各部门资金使用计划，对资金使用情况实施监督； 5. 随时清理、督助相关部门及时催收款
陈主管	财务主管	1. 审核验证部门收支计划明细，编制财务收支计划； 2. 组织实施经审批的财务收支计划； 3. 编制成本计划和费用预算； 4. 设计台账分析、反馈预算执行情况； 5. 对影响计划指标的问题定期或不定期地分析比较； 6. 编制销售应收款报表，督促收款； 7. 建立部门物资财产登记簿，半年进行清点一次
蒲会计	普通会计	1. 建立低值易耗品台账； 2. 设计下发清查明细表，定期对各项资产盘点清查； 3. 专项报告盘盈、盘亏、报废毁损、坏账损失原因； 4. 控制财务收支不超出资金预算，费用支出不突破规定的范围； 5. 拟定成本核算办法，编制成本、费用计划； 6. 编制成本、费用报表和利润计划，办理销售款项结算业务、销售和利润的明细核算
季会计		
王会计	出纳	办理现金收付和银行结算业务

　　财务部门所参与的工作各个模块之间的逻辑关系如图 6 – 3 所示。

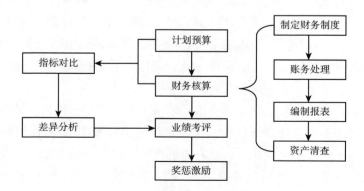

图 6 – 3　财务部门工作流程

二、案例企业会计管理基本情况

（一）会计循环及人员分工

图 6 - 3 既列示出财务部门的工作范畴及工作流程，也展示出管理会计各个职能在该企业财务部门的日常工作中的应用框架。这是财务部门与管理会计应用体系的结合，细化到各个职能环节的参与、执行人员，厘清该企业管理会计体系中各个模块与该模块具体参与、执行人员之间的对应关系，以销售业务为例，见表 6 - 3。

表 6 - 3　　　　　　管理会计循环人员分工（以销售业务为例）

事项	参加人员/部门
预测	企业内部各部门、黄总、沈总
决策	部门决策由部门制定； 公司决策一般由各部门经理和主管、财务部人员、黄总、沈总、董事长参加
预算	财务部为主，其他部门为辅
事中监督	财务部人员、执行人员、被执行对象
分析差异	财务部人员、产生差异环节的相关执行人员
事中控制	当事人所在部门及其部门经理、主管人员、财务部人员、董事长
绩效考评（事后控制）	各部门协助、人事行政部门考核
奖励惩罚（事后控制）	人事行政部门、财务部门出纳

（二）会计控制循环实践

1. 预算报表编制方法。公司 2013 年正式开展预算管理工作，但基本处于财务预算阶段，尚未开展全面预算管理工作。

公司预算报表的编制是根据中央企业预算报表模板及编制说明建立的。预算报表涵盖了企业经营管理的各个方面，包括资产负债表预算表、利润预算表、现金流量预算表、企业年度预算报表附表（主要指标表）、主要业务损益预算表、产品销售预算表、制造费用预算表等，在发生成本管理、薪酬支出等预算业务时，需相关职能部门参与编制，并针对不同的业务活动设置专用的业务账号，且只能由该业务部门登录进入，完成填报、审核等工作。

各个业务部门仅需填写并上报各类业务基础数据及审核，报表之间及报表内部设定好了相应编号及自动运算公式，输入数据后预算结果表将自动计算得出结果。

该企业以销售为起点编制预算，该公司的预算管理流程是依据1~3季度的销售情况及生产情况制定下一年的预算方案，编制流程是：成本会计先根据公式确定预算期销售目标，再根据既定的销售目标确定预算期的生产目标，材料会计根据预计生产量计算出预计材料需要量，成本会计根据得出的材料需要量确定生产成本，然后根据1~3季度的费用（管理费用、销售费用、财务费用）利用公式得出下年的预计费用，投资活动预算基本不变。财务总监汇总得到销售量预算、材料预算、成本费用预算、投资预算报副总经理审批，审批完成后在本年12月份公司大会（每月24日）上宣布并把预算明细发放到各个部门，由车间主任在部门会议（每月25日）上告知每位员工，使员工能够清楚明细。在根据预测结果进行决策时除了参与相关会议外，也要做出方案合理性测算，例如，曾经接受销售部门委托测算几种影响策略的合理性，做预算时要计算经济存货量。

目标销售量 =（第一季度实际销售量 + 第二季度实际销售量 + 第三季度实际销售量）/3 ×4 ×（1 + 增长率）

生产目标 = 销售目标 + 预算期期末存货（经济存货量）- 预计本期末存货量

成本预算 = 生产目标 × 单位生产成本 + 制造费用（为生产成本的2.8%）

公司在各路线的利润测算表主要是采用了边际贡献中的本量利分析方法，首先测算单位变动成本，然后测算分客户、分产品、分销售区域、分销售员边际贡献，最后再扣除共同费用测算利润，涉及的预算表格主要包括变动费用明细表、生产成本核算表、分客户边际贡献测算表、分产品边际贡献测算表、分销售区域边际贡献测算表、分客户边际贡献测算表、固定费用测算表。

2. 信息处理与传递。通过在企业中的现场观察、问卷调查、文字、录音等实例佐证、实地研究方式，遵从客观反映的研究态度，将新世纪纺织有限公司的日常经营运作流程列述于下，尽量做到真实完整，以便知悉、分析该企业内部管理会计应用状况。选择企业的日常经营活动，是为了更全面详尽地观察、了解企业在日常经营活动中使用的是哪些信息，有哪些具体环节。管理信息传递流程具体见表6-4。

表 6-4 管理信息传递流程

业务活动		序号	具体环节	执行部门/执行人	业务单证
签订销售合同（接单）、样品管理		①	接受客户询价，以电话、传真、邮件、网络聊天工具等形式	市场开发部经理	无固定格式
		②	核算价格并向客户报价（超出报价范围口头请示总经理）	市场开发部经理	无固定格式
		③	通告样品制作的计划	市场开发部经理或主管	样品计划表
		④	制作、加工样衣	产品开发部	制成样衣与样衣质检之间无交接单据
		⑤	根据样品制作过程，核定样品工序定额	样品间工艺定额员	样衣制作工序定额测定表
		⑥	向客户寄送样衣并报价确认后，签订售货合同（接单）	总经理（黄总）	售货合同
采购各种面料、辅料	国内	①	根据订单和指示书，得到颜色、规格数量搭配后，向负责采购的人员发出面辅料采购计划要求	市场开发部经理	面辅料采购清单
		②	根据清单分类汇总所需采购的面辅料	采购部采购人员	面辅料订购明细表等
		③	与面料加工厂签订面料采购合同、向辅料厂发出采购通知	采购部采购人员	面料：产品购销合同。辅料：电子订单等
	进口	①	售货合同签订后，将客户进口来料的面辅料清单和其他所需单证交财务部报海关	市场开发部经理	来料清单、通知等
		②	办理进口来料备案和进口报关手续	财务部蒲会计	备案和进口报关所需所有单证
		③	根据颜色、规格数量搭配计算面辅料用量，与对方发货数量核对，不足时要求对方补供	市场开发部主任	面辅料用量明细
材料入库和质检		①	面辅料到货，仓库验收入库	车间生产部仓库管理员	面辅料入库单
		②	面料质检（外观、质量等）	品管部检测人员	面辅料质检报告（面辅料质地检验测试报告）

业务活动	序号	具体环节	执行部门/执行人	业务单证
材料入库和质检	③	对于不合格需退换的原辅料，仓库管理员手工写退条退货出库	品管部仓库管理员	无固定格式的退条
	④	采购结账时，原料发出方定时开出发票，采购人员和仓库管理员确认之后，报经总经理（黄总）批准后付款	采购员、仓库管理员都要确认	付款发票
制定生产计划（生产过程控制）、面辅料的领用	①	在签订售货合同之后，市场开发部的业务人员提供成品订单和面辅料采购情况，便于生产计划部门安排生产计划	市场开发部主任	订单汇总表、面辅材料领用单
	②	安排生产进度计划	车间生产部计划员	月生产计划（无固定格式）
	③	根据生产计划向生产车间发出生产通知	车间生产部计划员	生产通知单、生产计划通知单等
	④	根据生产要求和面料情况电脑排版，为生产发料提供领用依据	品管部 CAD 电脑房	裁剪定额汇总表
	⑤	根据生产用料领用率、面辅料到货情况制订发料计划	车间生产部计划员	生产发料计划表
	⑥	生产车间领料生产	仓库管理员、生产车间领料人员	领料单
包装作业管理、运输计划安排	①	生产过程中，按客户或产品开发部的要求提前下发装箱	车间生产部计划员	预装箱单据
	②	装箱过程中，如果与预装箱单的要求有出入，需作出改箱说明	车间生产部计划员、装箱人员	改箱单（无固定格式）
	③	根据实际装箱情况，制作正式装箱单	车间生产部单证员	装箱单
	④	根据生产计划、预装箱单和生产情况向市场开发部提交出运计划	车间生产部计划员	出运货物表
产品交付及收款流程	①	按销售合同上的要求发出货物	仓库管理员	发货单（无固定格式）
	②	将发货单交送财务部门进行核对保管，由财务部人员开出发票并签字	仓库管理员、财务部蒲会计和季会计	销售发票

续表

业务活动	序号	具体环节	执行部门/执行人	业务单证
产品交付及收款流程	③	财务部根据发票填制记账凭证，形成公司的应收账款	财务部蒲会计和季会计	记账凭证
	④	由出纳及市场开发部销售人员按月向客户寄发对账单，督促收款	出纳、市场开发部销售人员	对账单
财务部门的作用（包括跟单）	①	黄总签订销售合同后，财务部需保存一份销售合同	财务部	销售订单、合同
	②	采购请款环节，财务部需核对采购人员提交的请购单与对应经济业务的销售合同上的单价、数量、总价款等信息	采购员；财务部会计人员、总经理、出纳	请购单；付款申请单
	③	采购结账时，原料发出方定时开出发票，采购人员和仓库管理员确认之后，报经总经理（黄总）批准后付款	采购员；仓库管理员；财务部负责人	付款发票
	④	生产进程用料控制	财务部相关人员；仓库管理员等	生产车间领料登记簿和仓库领料情况登记簿的手工本与电脑记录；生产车间废料记录、产品损耗记录等
	⑤	收到销售货款	出纳人员	对方付款单据；对账单；银行转账单

（1）财务部工作关于采购的说明：

①采购一般不会超出预算，因为签订合同前的请价、询价、定价以及各部经理或主管报送的成本费用汇总表总额，已附加上以往销售经验及目前市场行情预测出的不确定数额。

②若超出预算，财务部会计人员需收集所有本次采购的原始单证，逐笔核对费用额，确定差异产生环节，定位到执行该环节的具体人员，明确并分析差异原因，退回原成本费用汇总表，告知相关部门差异产生原因并要求其重新预算上报，若差异金额非因人为因素产生，应及时续拨采购款；否则就要要求相应人员按照岗位职责权限负责弥补或赔偿。

③若再次拨付采购款造成此笔销售业务亏本或无利可偿，则需由合同谈

判人市场开发部经理、合同最终签订人黄总经理与客户方进行沟通交涉。

（2）财务部工作关于生产过程用料控制：

若生产环节未完成、材料短缺、超出生产计划的用料数量、需再次拨款采购材料时，必须明确用料超出计划的原因，核对各生产车间领料登记簿和仓库领料情况登记簿的手工本与电脑记录、查阅生产车间废料记录、产品损耗记录等，查清原因后作出相应处理，类同采购环节的说明。

（3）财务部工作关于收款：

收到对方付款通知、银行转账单据及开户银行收到款项通知，查验银行账号实有款项后才会确认收款。

由此可知，财务部门在整笔订单的发展流程中发挥着反映、核算、监督、独立控制的管理会计职能。

3. 差异分析方法。差异分析有具体业务或事项的差异分析、各年度预算总额之间的差异分析等。年度之间的差异分析包括主营业务收入、主营业务成本、期间费用、利润总额等项目的差异原因说明。如果投资、筹资、人工成本等实际发生额与年初预算存在重大差异的，也要一并说明。本书所指的差异分析是针对具体业务或事项的差异分析。

差异分析内容包括原因分析、数据分析。财务部主管需根据不同的情况采用不同的方法进行分析。原因分析主要追溯到工作流程、人员等，查明差异产生的原因，采取相应的措施。因为该企业的主营业务是销售自制、加工服装，所以以销售业务为例探讨财务主管对数据的差异分析，经询问财务部陈主管，我们了解到企业销售业务的差异主要是价格差异和数量差异，将各种变动因素（如采购价格、工人小时工资、销售价格、采购数量、工时、销量等）与预算标准相比较（这里指的预算标准并不实际存在，因为只是以某一次销售业务为例，不同销售业务销售的货物材料、款式、工序、适用季节等不同，就没有可比性。实际工作中，企业是按月、季度、半年、年来进行总的销售业务的分析，若分析月销售额，售价以月内所有销售售价的平均售价来确定。书中仅以某一次销售业务为例，便于作者解说和读者理解），最常用的是因素分析法中的连环替代法、差额分析法。

销售收入的预算完成情况分析：新世纪纺织有限公司预算的制定都是以销售量为基础的，在该公司单价既定的情况下，销售量的增长即销售收入的增长，该公司 2019 年 6 月 ~ 12 月预计销售收入 55000000 元，实际销售56236240.08 元，完成率为 1.02。在 6 个月中该公司的价格水平都保持一致，销售收入的增长即销售量的增长。该公司自实行预算管理以来，严格遵守预算管理制度，销售人员在考核奖金的激励下，大施拳脚采用销售优惠、赠送礼品等手段使得销售收入在 6 个月中有了 2% 的增长。

成本费用预算完成情况分析：新世纪纺织有限公司 2019 年后 6 个月主营业务成本目标是 42000000 元。但 7 月 ~ 12 月的实际成本为 43258646.15 元，与目标相比多花了 1258646.15 元，成本控制结果不理想，经深入分析，发现成本没完成任务的原因如下：首先是由于生产工人操作不当，造成次品率达到了 2% ；其次，在深入了解后，发现有个别工人将成品偷偷带回家；最后，预算管理没有宣传到位，奖惩制度不太明确，存在浪费现象。因而应加强对生产车间员工的培训、教育和现场监督，改进奖励惩罚措施，加大奖励和惩罚力度。

费用预算：新世纪纺织有限公司 2013 年 7 月 ~ 12 月预计销售费用 7000000 元，实际发生销售费用 7118511.41 元，实际销售费用比预算多了 118511.41 元。自实行预算管理以来，该公司采取销售优惠、赠送礼品等优惠方式来加大销售量，预计销售费用忽略了以此带来的销售折扣等带来的销售费用，因而导致了实际大于预计这种现象。该公司 2019 年 7 月 ~ 12 月预计管理费用 1278500 元，实际发生 1432040.74 元，实际比预算多花了 153540.74 元。实行预算管理以来，公司的业务招待费，公司经费也随着销售量的增加而增加，制定的预算目标只是根据前 5 个月的实际情况而定，因而忽略了可变的管理费用。该公司在 2013 年 6 月 ~ 12 月预计财务费用 100000 元，实际发生 98098.21 元，完成率为 98% ，公司业务量虽然有所增加，但是公司有相当多的储备资金存在，财务费用的使用没有大的变化。

新世纪纺织有限公司预算管理考评分由以下两部分组成：①财务指标。新世纪纺织有限公司财务指标共有 60 分，因为公司的主要目标是盈利，所以将财务指标的分数定位 60% 。②安全环保考核占 40 分。

新世纪纺织有限公司预算管理财务指标考核具体见表 6 - 5，基层部门考核指标（以采购部为例）具体见表 6 - 6。

表 6 - 5 新世纪纺织有限公司预算管理财务指标考核

指标	考核差额	实际得分值
销售收入（标准分值 10 分）	差额 = 实际收入 - 目标销售收入	10 + 考核差额/目标销售收入
生产成本（标准分值 10 分）	差额 = 标准成本 - 实际成本	10 + 考核差额/标准成本

续表

指标	考核差额	实际得分值
管理费用（可控部分）（标准分值10分）	差额＝标准费用－实际费用	10＋考核差额/标准费用
销售费用（标准分值10分）	差额＝标准费用－实际费用	10＋考核差额/标准费用
财务费用（标准分值10分）	差额＝标准费用－实际费用	10＋考核差额/标准费用
边际贡献考核（标准分值10分）	差额＝实际边际贡献－预算边际贡献	10＋考核差额/预算边际贡献

表6-6   **基层部门考核指标（以采购部为例）**

部门	绩效考核项目	项目说明	权重	资料来源
采购部	头缸采购完成率	准时回合格头缸的缸数/头缸总缸数	15	跟单组、品控部、布仓
	齐布采购完成率	准时合格齐布磅数/订布总磅数	40	跟单组、品控部、布仓
	下栏采购准时性	每次不准时扣2分（超过4天以上扣5分）	15	跟单组、品控部、布仓
	辅料交货准时性	每次不准时扣2分（超过4天以上扣5分）	10	跟单组、品控部、辅料仓

新世纪纺织有限公司预算奖励由财务部计算出结果报总经理室批准，一般在12月22日批复完成（每月25日发工资），具体公式：预算奖金＝奖励基数×实际得分/参加考核人员总分数。该公司的奖励基数是这样得来的，公司年销售收入为2亿元以内，奖励基数为50万元；年销售收入2亿元到3亿元，奖励基数增加20%；年销售收入每增长1亿元奖励基数增加20%；人员实际得分＝财务考核分数＋安全环境考核分数，参加考核人员总分数＝每位人员分数总和。

（三）会计控制循环效果

以上控制循环应用效果研究，我们采用问卷调查的方式进行，主要分两个方面。第一，会计信息有用性调研；第二，预算管理效果调研。

1. 会计信息有用性调研。会计信息对决策是否有用，主要是通过调查各级管理部门决策需要的信息类型进行的。

本书调研所用的资料主要是调查问卷中的调查结果。调查问卷按照高层管理者、中层管理者、基层人员的分类标准分别设置，该企业有高层管理者（董事长，总经理）3人、中层管理者（部门经理，部门主管）11人、基层人员若干（>30人）。关于本次调查的基本情况可作如下描述。

本次发放问卷按照5：4：3的比例发放，共发出31份问卷，实际收回有效问卷29份，有效回收率为94%。考虑到实际发放的可行性、各层人员的数量，原定对该企业中高层管理人员按100%的比例调查，但调查期间产品开发部经理职位空缺，还有一位部门主管不在岗，中层管理者只调查了实有人数的80%。因为该企业基层人员众多，包括生产工人等体力工作者，他们的工作基本是简单的重复操作，不需要用到预测、决策等管理会计职能，所以不调查这一类基层人员。还有一部分基层人员如采购员、仓库管理员、车间组长等，这部分基层人员有可能涉及管理工作中的某些细节，他们的工作重复性较高，例如，不同的采购员都是负责采购，工作流程、环节类同，所以只选取基层人员中这部分人员，按60%的比例调查。

问卷统计按选项所选人数占实际调查总人数的比率的比例分析法进行统计，如实际调查10人，某一选项有6人选择，则这一选项调查结果为60%。

（1）高层问卷调查情况。高层管理者共有3人，实际调查3人，结果如下。

① 在日常经营活动中主要参与哪些决策（多选）："企业投资"100%，"企业融资"100%，"设立分公司"100%，"制订营销方案"67%，"制订预算标准"100%，"价格决策"67%，"人员设置"67%，"其他"0。具体如图6-4所示。

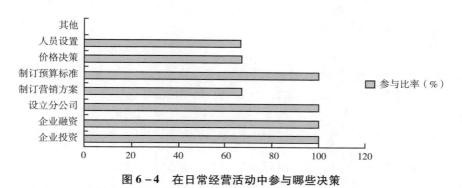

图6-4　在日常经营活动中参与哪些决策

分析图6-4可知，该企业高层管理人员参与决策的情况较为理想，他们在日常经营活动中主要参与企业投资、企业融资、设立分公司、制订营销方案、制订预算标准、价格决策、人员设置。

② 决策时主要需要哪些决策信息（多选）："内部各部门信息" 100%（3 人都需要），"外部市场信息" 100%，"财务会计信息" 100%，"人事管理" 67%，"技术开发" 33%，"综合数据统计信息" 100%，"其他信息" 33%。具体如图 6 - 5 所示。

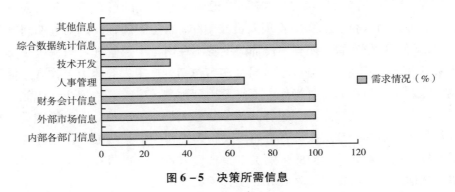

图 6 - 5　决策所需信息

分析图 6 - 5 可知，该企业大部分高层管理者决策时需要用到内部各部门信息、外部市场信息、财务会计信息、综合数据统计信息。

③ 决策时主要依据哪种模式（多选）："经验" 100%，"会计信息" 100%，"市场信息" 100%，"专家咨询" 33%，"个人偏好" 0，"会议讨论" 100%，"其他" 0。具体如图 6 - 6 所示。

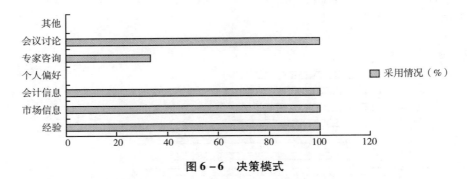

图 6 - 6　决策模式

分析图 6 - 6 可知，企业内部高层管理人员在进行决策时参照最多的模式是以往的决策经验、会计信息、市场信息、会议讨论，而依据个人偏好决策的高层管理者为 0，不按个人偏好进行决策，这是一种理智决策的表现。个人认为该企业高层管理者在进行决策时对专家建议的参照程度偏低，为了使企业更好地适应社会发展的趋势，这部分信息的参照量应逐步增加。

④ 您认为会计内部信息对决策是否重要："非常重要"100%，"一般"0，"不重要"0。这说明企业高层管理人员对内部会计信息十分重视，这是一种有益的管理意识。

⑤ 决策时主要利用哪些会计内部信息（多选）："资金成本报告"67%，"资产利用程度报告"100%，"营业收入报告"100%，"商品销售价格报告"67%，"成本费用报告"100%，"制造费用报告"33%，"废品、废料情况报告"67%，"其他"33%。具体如图 6-7 所示。

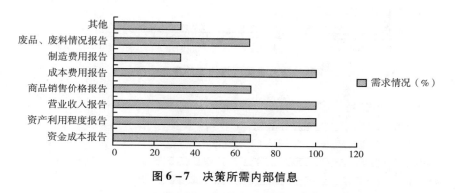

图 6-7　决策所需内部信息

分析图 6-7 可知，在高层管理者决策时使用的会计内部信息中，使用人数最多的是资产利用程度报告、营业收入报告、成本费用报告，使用最少的是制造费用报告。

⑥ 您认为财务部门提供的会计内部信息是否欠缺："完善"33%，"较详细"33%，"欠缺"33%。由此可知，3 位调查对象中，有一人认为财务部门提供的会计内部信息完善，一人认为信息较完善，还有一人认为信息有所欠缺。

（2）中层问卷调查情况。中层管理者共有 11 人，实际调查 8~9 人，结果如下。

① 决策需要的信息来自哪些部门（可多选）："财务部"91%，"市场开发部"27%，"车间生产部"36%，"品管部"27%，"采购部"27%，"产品开发部"27%，"人事行政部"9%。具体如图 6-8 所示。

分析图 6-8 可知，中层管理者决策时所使用的信息大多来源于财务部，对人事行政部的信息需求最少，说明财务部门的信息在该企业内的重要性。

② 财务部门为您提供信息的形式（可多选）："工资条"70%，"各种财务报表"100%，"各种预算报表"100%，"差异分析表"100%，"年终奖"

70%，"人员调动" 60%，"其他形式" 10%。具体如图 6 - 9 所示。（此题财务部门不作答）

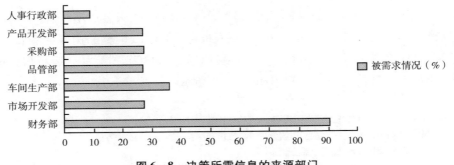

图 6 - 8　决策所需信息的来源部门

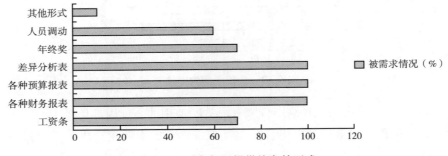

图 6 - 9　财务部门提供信息的形式

　　分析图 6 - 9 可知，财务部门为中层管理者的决策提供信息最多的是各种财务报表、各种预算报表、差异分析表，其次是年终奖、工资条、人员调动。由此可以看出财务信息对企业中层管理者决策的重要性。

　　③与财务部人员接触的频率是："每天" 10%，"每周" 20%，"每月" 0，"不固定（需要时才接触）" 70%。由直观数据可知，10 位中层管理人员中，有 1 位每天都与财务部人员接触，有 2 位每周都与财务部人员接触，其余 7 位需要时才与财务部人员接触。（此题财务部门不作答）

　　④财务部门对整个公司是否重要："很重要" 100%，"一般" 0，"不重要" 0。由直观数据可知，该企业的 10 位中层管理者都认为财务部门对企业有很重要的作用。

　　⑤采购部是如何在众多供应商中选定合适的厂家采购的？采购部李经理：以往合作厂家、市场价格、比价、质量等。

⑥ 市场开发部进行对外销售时如何制定合理的价格？一般参考哪些资料？市场开发部王经理：一般在确定订单前会经过询价、议价、定价的环节，在议价环节，产品开发部会先制作样衣送样给客户确定样衣，然后根据样衣制作流程由专业定价人员定价，再结合各个部门的报告数据向客户报价，最后定价、接单。各部门的报告数据包括产品开发部的生产技术指标、机器使用情况等；采购部的材料费、运输费、装卸费、差旅费等；品管部的保管成本、质检过程所需成本等；车间生产部的生产计划、参与生产的工人数量、所需工时等；人事行政部的职工工资、餐饮费、水电费、房屋租赁费、管理费等。

（3）基层问卷调查情况。计划调查基层人员 18 人，实际调查 19 人。该企业所调查的基层员工几乎无须进行决策，他们只需按照要求完成上级下达的任务，保证完成效率和效果即可。所以他们的日常工作中用不到与决策相关的各种信息，说明该企业的管理会计职能并未渗透到基层员工中，管理会计体系建设不完善，管理只局限在中高层管理人员，基层员工缺乏参与管理意识和管理意识。

2. 预算管理满意度调研。预算管理知晓率为 62%，其中，总经理知晓率为 100%，高管知晓率为 100%，一般管理人员知晓率为 95%，工人知晓率为 47%，因而认为实施预算管理对企业经营有效度为 57.25%，其中，总经理为 1.75%，高管为 7%，一般管理人员为 14%，工人为 34.5%。18% 的被调查者认为实施预算管理最大的影响是成本下降，其中，总经理为 50%，高管为 12.5%，一般管理人员为 2.5%，工人为 11%；17% 的被调查者认为实施预算的最大影响是费用下降；9% 的被调查者认为预算的最大影响是员工更有积极性；另有 18% 的被调查者认为预算的最大影响是效益下降；36% 的被调查者认为今后的预算管理需要改进。

三、新世纪纺织有限公司会计管理情况总结

通过调研，新世纪纺织有限公司尽管采用了较为落后的会计信息系统，财务人员也比较少，但是仍然应用了预算管理，而且将传统的账务处理与预算管理较好地结合起来，并且起到了一定的作用，同时在奖惩措施的引导下，营销部门和仓储部门主动委托会计人员测算最佳营销方案和最佳存货量，这也说明了在实践中，会计信息的提供与会计信息的使用是难以分开的，会计

人员参与管理是很自然的。但是由于企业会计管理信息技术较为落后，财务会计人员主要时间和精力仍然限于传统核算工作，预算管理比较粗糙，参与决策分析较少，激励和奖惩措施不够合理，预测也较为简单，今后应更新会计信息系统，提高会计工作效率，增强会计管理力度。

第七章 结 论

　　本书系统梳理了会计本质研究的相关文献，研究了财务会计与管理会计融合、会计的通信系统构成，从会计通信系统和契约理论视角，将组织的要素持有者作为各自要素的决策者，论证了会计也是一种不完备契约、会计剩余控制权匹配企业剩余控制权、会计作为通信系统影响决策作用于再生产活动、会计契约维护和控制企业契约，进一步将会计信息与通信系统与再生产活动融合起来，进而研究了会计的控制系统各环节，从而将组织与会计的契约属性、财务会计与管理会计、会计对再生产活动的控制与对契约的维护、会计信息提供与会计信息使用结合起来，概括起来主要有以下创新。

　　1. 详细梳理了从 1980～2018 年关于会计本质研究的相关文献，对"会计管理活动论""会计信息系统论""会计控制系统论"的发展演变脉络进行了细致的总结。

　　2. 基于契约理论分析了会计预算、核算，分析系统的契约属性及其对组织契约的维护，分析了会计剩余控制权及管理会计系统对再生产活动的管理，并分析了二者的联系。

　　3. 基于通信理论认为会计通信系统是通过各个要素持有者的决策和执行实现要素流动、变动从而实现整个企业再生产活动过程的波动、变化，解释了企业再生产活动、契约维护以及经济效益产生的原因。

　　4. 基于控制理论认为会计通信系统是会计提供规划性、历史性和分析性信息给决策者，从而通过决策者的决策形成会计预算、决算、评价报告，形成标准制订、执行、分析、反馈的会计控制循环实现对再生产活动和契约的维护和管理。

　　5. 基于实践观点和行为科学理论认为会计是一种人设计、人参与的管理活动，包括规划活动和控制活动，具体包括预测、决策、预算编制、确认、计量、记录、报告、分析、反馈、考核、激励等活动，各种直接决策和间接决策贯穿始终，会计人也是具备有限理性的人，需要审计和内部控制对其行为进行监督和控制，会计人与决策者相结合的会计管理活动也受到社会文化、企业文化和会计文化的影响。会计信息系统说和会计控制系统说是其中两种形式化的抽象。实践观也认为会计实践不断发展，对会计的本质认识也在不断发展。本书的结论总结如图7-1所示。

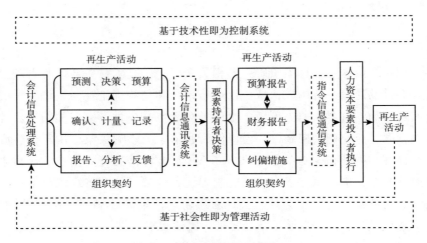

图7-1 本书结论总结

由于作者水平局限，导致本书逻辑尚欠严谨，会计通信系统作用于会计控制系统实现经济效益的主线仍不够突出；会计作为通信系统对决策的影响作用机理尚需要进一步细化和深化研究；在后续研究中还需要进行详细的案例分析和解剖，但这需要花费大量的时间来进行。

主要参考文献

［1］［德］汉斯·克里斯蒂安·波夫勒. 计划与控制［M］. 北京：经济管理出版社，1989.

［2］［德］马克思·韦伯. 韦伯文集（上）［M］. 韩水法，编译. 北京：中国广播电视出版社，2000.

［3］［法］H. 法约尔. 工业管理与一般管理［M］. 周安华，等译. 北京：中国社会科学出版社，1982.

［4］［美］C. T. 霍格伦. 管理会计［M］. 中国电子工业会计学会，译. 南京：南京大学出版社，1988.

［5］［美］D. 詹姆斯，G. H. 塞伯特. Oracle Financials 使用手册［M］. 刘晓霞，等译. 北京：机械工业出版社，2000.

［6］［美］FASB. 财务会计概念声明书［M］. 丁文拯，译. 北京：大中国图书公司，1986.

［7］［美］R. M. 哈吉茨. 企业管理：理论·程序·实务［M］. 许是祥，译. 北京：中华企业管理发展中心.

［8］［美］爱德华·J. 布洛切. 成本管理——经营控制与管理控制［M］. 李萍莉，刘全雷，译. 北京：华夏出版社，2001.

［9］［美］贝尔·李. 管理会计［M］. 赵玉洁，译. 北京：人民邮电出版社，2002.

［10］［美］贝克奥伊. 会计理论（第4版）［M］. 钱逢胜，等译. 上海：上海财经大学出版社，2004.

［11］［美］彼得·德鲁克，［日］上田惇生. 卓有成效的个人管理［M］. 北京：机械工业出版社，2019.

［12］［美］财务会计准则委员会. 论财务会计概念［M］. 娄尔行，译. 北京：中国财政经济出版社，1992.

[13]［美］查特菲尔德．会计思想史［M］．文硕，董晓柏，译．北京：中国商业出版社，1989．

[14]［美］戴维·马歇尔，韦恩·麦克马纳斯．会计学——数字意味着什么［M］．沈洁，乔奕，译．北京：人民邮电出版社，2003．

[15]［美］霍格伦，森德，斯特拉顿．管理会计［M］．北京：北京大学出版社，2002．

[16]［美］霍格伦．成本管理会计［M］．季泽临，译．北京：冶金工业出版社，1985．

[17]［美］雷·H. 加里森，埃里克·W. 诺伦．管理会计（影印版）（第8版）［M］．大连：东北财经大学出版社，1998．

[18]［美］罗伯特·N. 安东尼，戈文达拉扬．管理控制系统（第11版）［M］．赵玉涛，等译．北京：机械工业出版社，2004．

[19]［美］罗伯特·W. 英格拉姆．财务会计：为决策提供信息［M］．黄慧馨，伍利娜，主译．北京：中国社会科学出版社，1997．

[20]［美］罗伯特·F. 迈格斯，简·R. 威廉姆斯，苏珊·F. 哈卡，马克·S. 贝特纳．会计学——企业决策的基础（财务会计分册）［M］．冯正权，译．北京：机械工业出版社，2000．

[21]［美］美国会计学会．会计基础理论［M］．文硕，等译．北京：中国商业出版社，1991．

[22]［美］美国注册会计师协会．论改进企业报告［M］．陈毓圭，译．北京：中国财政经济出版社，1997．

[23]［美］齐默尔曼．决策与控制会计［M］．邱寒，等译．大连：东北财经大学出版社，2000．

[24]［美］托马斯·约翰逊，罗伯特·卡普兰．管理会计兴衰史：相关性遗失［M］．金马工作室，译．北京：清华大学出版社，2004．

[25]［美］维纳．控制论：或关于在动物和机器中控制和通信的科学［M］．北京：北京大学出版社，2007．

[26]［美］西蒙．管理行为（第4版）［M］．北京：机械工业出版社，2004．

[27]［美］詹姆斯·G. 马奇．决策是如何产生的［M］．王元歌，章爱民，译．北京：机械工业出版社，2007．

[28]［日］北原贞辅．现代管理系统论（修订本）［M］．于延方，等

译. 北京：中国人民大学出版社，1987.

[29] ［日］番场嘉一郎. 新版会计学大辞典［Z］. 司徒淳，译. 武汉：湖北会计学会，1981.

[30] ［日］小川冽. 经营分析的理论与实务［M］. 吉林财贸学院《经营分析的理论与实务》翻译小组，译. 长春：吉林省财政学会出版社，1978.

[31] ［日］中小企业诊断协会编. 工业企业诊断基础 第5篇 财务诊断［M］. 李丕菊，姚永璞，译. 北京：《企业技术进步》杂志社，1990.

[32] ［英］R. R. 阿罗. 剑桥商务管理百科全书［M］. 韩枫，编译. 北京：光明日报出版社，2002.

[33] ［英］安东尼·J. 阿诺德. 财务会计与管理会计的统一［J］. 傅新根，译. 会计之友（上），1990（4）：26 – 27，31.

[34] ［英］大卫·密道尔顿. 财务与会计决策［M］. 黄乃圣，等译. 上海：上海远东出版社，2003.

[35] ［英］斯蒂芬·布鲁克森. 预算管理［M］. 张显东，译. 上海：上海科学技术出版社，2001.

[36] 敖小波，李晓慧，谢志华，何华生. 管理会计报告体系构建研究［J］. 财政研究，2016（11）：91 – 102.

[37] 鲍芳，王志庆，王耕，干频，高文庆. 建立财务会计与管理会计融合模型初探［J］. 财会通讯，2001（2）：10 – 12.

[38] 北京商学院会计系. 企业预算管理的构造与运行［M］. 北京：中国人民公安大学出版社，1999.

[39] 伯纳德·考克斯，杨继良. 管理会计的新定义［J］. 会计研究，1982（5）：57 – 59.

[40] 财政部企业司. 企业预算管理的理论与案例［M］. 北京：经济科学出版社，2004.

[41] 财政部统计评价司. 企业绩效评价问答［M］. 北京：经济科学出版社，1999.

[42] 蔡立新，李彪. IT 视角下管理会计与财务会计的融合研究［J］. 会计之友，2016（9）：42 – 46.

[43] 车永恩. 浅议企业绩效评价［J］. 会计之友（中），2007（1）：39.

[44] 陈今池，现代会计理论［M］. 上海：立信会计出版社，1998.

[45] 陈晓红，邹韶禄，刘宣瑜. 预算管理理论与实务 ［M］. 长沙：湖南人民出版社，2001.

[46] 陈晓红. 预算管理理论与实务 ［M］. 长沙：湖南人民出版社，2001.

[47] 陈贻正. 会计分析技巧与训练 ［M］. 广州：广东经济出版社，2002.

[48] 陈志斌，李敬涛. 政府善治目标的实现与政府会计治理效应 ［J］. 会计研究，2015 （5）：13 – 20.

[49] 程杰，李延峰. 基于信息系统论的我国政府财务报告体系的构建初探 ［J］. 商业会计，2012 （11）：17 – 18.

[50] 程平，陈珊. 基于云会计的财务共享服务中心货币资金管理 ［J］. 会计之友，2016 （12）：129 – 132.

[51] 程平，赵敬兰. 大数据时代基于云会计的财务共享中心费用管控 ［J］. 会计之友，2016 （12）：134 – 136.

[52] 程艳. 新形势下财务会计与管理会计的融合 ［J］. 财会研究，2011 （2）：52 – 54.

[53] 代宏坤. 经营计划与预算制定原理 & 全景案例 ［M］. 北京：中国言实出版社，2006.

[54] 戴德明. 会计事前反映与控制 ［M］. 大连：东北财经大学出版社，1994.

[55] 戴彦. 《会计学：一门学科规训》一文有感 ［J］. 财务与会计，2002 （7）：47 – 49.

[56] 丁平准. 工业企业会计管理学 ［M］. 北京：中国财政经济出版社，1986.

[57] 丁胜红. 大数据会计核算理论体系创新与核算云端化流程重构 ［J］. 中南大学学报（社会科学版），2019 （9）：99 – 107.

[58] 冬伯文. 预算 + 绩效评价 + 薪酬管理：开滦管理控制模式研究 ［M］. 北京：煤炭工业出版社，2005.

[59] 杜栋. 管理控制论 ［M］. 徐州：中国矿业大学出版社，2000.

[60] 樊行健，卢贤光. 工业企业经济分析 ［M］. 长沙：湖南师范大学出版社，1990.

[61] 樊行健，颜志元. 商业银行经济分析研究 ［M］. 成都：西南财经

大学出版社，2001.

　　［62］樊行健．财务报表分析［M］．长沙：湖南出版社，1993.

　　［63］樊行健．现代财务经济分析学［M］．成都：西南财经大学出版社，2004.

　　［64］方慧．管理会计与财务会计在网络经济时代的趋同分析［J］．财会月刊（会计），2005（12）：11－12.

　　［65］费伦苏．论财务会计与管理会计的融合［J］．当代经济管理，2006（1）：101－103.

　　［66］费文星．西方管理会计的产生和发展［M］．沈阳：辽宁人民出版社，1990.

　　［67］冯巧根．财务会计与管理会计——谈现代会计的发展趋势［J］．黑龙江财专学报，1996（2）：31－34.

　　［68］付永水，秦中甫．预算管理［M］．北京：经济科学出版社，2005.

　　［69］傅德良．会计分析［M］．武汉：湖北科学技术出版社，1992.

　　［70］傅元略．智慧会计：财务机器人与会计变革［J］．辽宁大学学报（哲学社会科学版），2019（1）：68－78.

　　［71］高晨．企业预算管理——以战略为导向［M］．北京：中国财政经济出版社，2004.

　　［72］高建兵．会计控制的契约理论研究［D］．上海：复旦大学，2001.

　　［73］葛家澍，陈少华．改进企业财务报告问题研究［M］．北京：中国财政经济出版社，2002.

　　［74］葛家澍，刘峰．会计学导论［M］．上海：立信会计出版社，1999.

　　［75］葛家澍．财务会计的本质、特点及其边界［J］．会计研究，2003（3）：3－7.

　　［76］葛家澍．会计的基本概念［M］．北京：经济科学出版社，1986.

　　［77］葛家澍．马克思的簿记理论与现代会计［J］．中国经济问题，1983：72－77，83.

　　［78］广东、广西、湖南、河南辞源修订组、商务印书馆编辑部．辞源（修订版）［Z］．北京：商务印书馆，1979.

　　［79］郭宝柱．管理会计［M］．沈阳：东北大学出版社，1999.

　　［80］郭道扬．二十世纪会计大事评说（六）管理会计的产生与演进［J］．商业会计，1999（7）：24－27.

[81] 郭道扬. 二十世纪会计大事评说（五）二十世纪财务会计的发展——兼评财务与会计关系 [J]. 财会通讯, 1999（5）: 3 - 6.

[82] 郭道扬. 管理基础论 [J]. 会计之友, 2013（27）: 4 - 10.

[83] 郭道扬. 会计控制论（下）[J]. 财会通讯, 1989（8）: 6 - 11.

[84] 郭道扬. 会计史教程: 历史现实未来（第一卷）[M]. 北京: 中国财政经济出版社, 1998.

[85] 郭道扬. 论产权会计观与产权会计变革 [J]. 会计研究, 2004（2）: 8 - 15.

[86] 郭道扬. 论会计职能 [J]. 中南财经大学学报, 1997（3）: 5 - 10.

[87] 郭道扬. 人类会计思想演进的历史起点 [J]. 会计研究, 2009（8）: 3 - 13.

[88] 郭道扬. 世界会计职能论研究（上）[J]. 财会月刊, 1997（2）: 3 - 8.

[89] 郭道扬. 世界会计职能论研究（下）[J]. 财会月刊, 1997（3）: 3 - 8.

[90] 郭道扬. 中国会计史稿（上册）[M]. 北京: 中国财政经济出版社, 1982.

[91] 何雪锋, 薛霞. "大智移云"下管理会计驾驶舱的构建与应用 [J]. 财会月刊, 2019（24）: 100 - 104.

[92] 贺颖奇. 管理会计概念框架研究 [J]. 会计研究, 2020（8）: 115 - 127.

[93] 侯龙文, 侯岩, 何瑛. 现代预算管理 [M]. 北京: 经济管理出版社, 2005.

[94] 胡春晖. 人本会计理论体系研究 [D]. 青岛: 中国海洋大学, 2011.

[95] 胡良才, 彭家生, 郭晓曦. 财务会计与管理会计一体化 [J]. 云南财贸学院学报, 2002（S2）: 90 - 114.

[96] 胡玉可. 论企业要素持有者之间的利益冲突的会计治理 [J]. 当代财经, 2006（11）: 126 - 128.

[97] 胡玉明. 21 世纪管理会计主题的转变——从企业价值增值到企业核心能力培植 [J]. 外国经济与管理, 2001（1）: 42 - 48.

[98] 胡玉明. 论资本成本会计 [M]. 北京: 中国经济出版社, 1997.

［99］胡玉明. 中国管理会计理论研究：回归本质与常识［J］. 财务研究，2017（3）：14－21.

［100］胡玉明. 资本成本会计是协调财务会计与管理会计的桥梁［J］. 财会月刊，1996（8）：5－7.

［101］胡震. 管理学十日读［M］. 北京：企业管理出版社，2001.

［102］黄曼远. 浅析管理会计与财务会计的融合［D］. 北京：财政部财政科研所，2014.

［103］黄振丰，王美兰，乐梅江，等. 管理会计理论与应用［M］. 台北：五南图书出版有限公司，1996.

［104］江明太. 管理会计与财务会计在企业预算管理中的融合［J］. 现代国企研究，2016（3）：35.

［105］孔祥祯，胡文义，王志超. 会计管理学［M］. 武汉：武汉大学出版社，1986.

［106］劳秦汉. 会计管理方法刍论［J］. 四川会计，1997（10）：7－10.

［107］雷光勇. 会计契约论［M］. 北京：中国财政经济出版社，2004.

［108］李春友. 价值链会计研究综述［J］. 湖南冶金职业技术学院学报，2005（6）：127－130.

［109］李佳. 基于物联网的会计信息系统研究——以联发纺织为例［J］. 财会通讯，2020（7）：138－142.

［110］李家连. 现代企业经营分析［M］. 北京：经济管理出版社，1998.

［111］李敬涛，陈志斌. 国家治理现代化视阈下的政府会计治理效应［J］. 西安交通大学学报（社会科学版），2016（3）：40－46.

［112］李琳. 管理会计和财务会计不宜融合［J］. 中国农业会计，2006（9）：14－15.

［113］李孟顺. 论企业会计的回归［J］. 会计研究，1995（6）：13－16.

［114］李南海. 基于不完全契约视角的财务会计概念框架剖析［J］. 财会月刊，2017（13）：8－14.

［115］李萍. 基于系统控制论的管理会计与财务会计的集成思考［J］. 会计之友（B），2005（7）：14－15.

［116］李树林. 系统论，信息论和控制论与现代会计［J］. 天津理工学院学报，1999（9）：39－40.

［117］李天民．管理会计研究［M］．上海：立信会计出版社，1994.

［118］李天民．现代管理会计学［M］．上海：立信会计出版社，1996.

［119］李闻一，李栗，曹菁，等．论智慧财务的概念框架和未来应用场景［J］．财会月刊，2018（5）：40-43.

［120］李锡都．企业预算管理与会计核算有机结合的探讨［J］．西南科技大学学报（哲学社会科学版），2005（9）：54-56.

［121］李心合，赵华．会计报表分析［M］．北京：中国人民大学出版社，2004.

［122］李旭．现代会计的两大分支——财务会计与管理会计在企业管理中的结合应用［J］．云南财贸学院学报，2000（S1）：149-151.

［123］李玉丰，王爱群．管理会计与财务会计的融合——基于会计价值评价的视角［J］．长春大学学报，2012，22（5）：522-525.

［124］李志斌．预算管理研究：现状、评价与展望［J］．电子财会，2006（7）：1-4.

［125］林钢．试论管理会计与财务会计的融合［J］．财务与会计，2019（20）：48-55.

［126］刘慧凤，盖地．公司会计治理与公司治理：同构、嵌入还是交叉？［J］．会计研究，2006（6）：16-21.

［127］刘继茂，等．管理会计［M］．北京：中国纺织出版社，2000.

［128］刘金星，赵学梅．价值链会计：信息论与管理活动论的融合［J］．价值工程，2006（1）：46-48.

［129］刘丽娜．会计人员角色定位研究——基于契约视角的分析［J］．山东社会科学，2008（8）：103-105.

［130］刘明．工程项目财务管理与内部会计控制规范实务全书［M］．广州：广东海燕电子音像出版社，2004.

［131］刘思宇．财务会计与管理会计的融合问题研究［J］．东南大学学报（哲学社会科学版），2016（S1）：26，32.

［132］刘亚铮，蒋振威．论ERP管理系统对财务会计和管理会计合二为一的影响［J］．湖南商学院学报，2006（4）：61-64.

［133］刘英辉．财务会计与管理会计融合的理论与模型构建［J］．中国商贸，2013（5）：51-52.

［134］刘昱含，周密．会计计量演进：基于契约理论的视角［J］．湖南

科技大学学报（社会科学版），2013，16（5）：111－113.

［135］刘运国. 论管理会计定义的变迁［J］. 内蒙古财会，2003（7）：6－8.

［136］刘仲文. 会计理论与会计准则问题研究［M］. 北京：首都经济贸易大学出版社，2000.

［137］陆正飞，姜国华，张然. 财务会计与资本市场实证研究——重点文献导读［M］. 北京：中国人民大学出版社，2009.

［138］吕育康. 复式记帐论［M］. 北京：中国统计出版社，1993.

［139］罗莉，施飞峤. 从系统论看关系型会计信息系统［J］. 会计之友，2008（6上）：86－87.

［140］马克思. 资本论（第2卷）［M］. 北京：人民出版社，1975.

［141］马克思恩格斯全集（23卷）［M］. 中共中央马克思恩格斯列宁斯大林著作编译局，译. 北京：人民出版社，1972.

［142］马维华. 谈财务会计与管理会计两种报告的协同性［J］. 广西会计，1998（5）：21－23.

［143］毛伯林，阎德玉. 会计大典第3卷：财务会计（上）［M］. 北京：中国财政经济出版社，1999.

［144］毛付根，王光远. 管理会计国际惯例［M］. 北京：中国人民大学出版社，1997.

［145］孟天恩，张炎兴，李生校. 会计管理与经营分析［M］. 上海：上海财经大学出版社，2005.

［146］闵泽豪，乔永波，任艳丽. 会计准则的社会契约属性分析［J］. 财会通讯，2010（28）：31－33.

［147］明雄. 财务会计与管理会计融合的可行性分析［J］. 西南金融，2006（11）：58－59.

［148］潘爱香，高晨. 预算管理：整合"四流"，创造"一流"［M］. 杭州：浙江人民出版社，2001.

［149］潘飞. 中国会计学会. 管理会计应用与发展的典型案例研究——预算管理与绩效评估案例［M］. 北京：中国财政经济出版社，2002.

［150］潘晓江，莫启欧. 国际会计标准委员会关于编制和提供财务报表的框架［J］. 会计研究，1991（2）：59－61.

［151］庞元正，李建华. 系统论控制论信息论经典文献选编［C］. 北

京：求实出版社，1989.

[152] 祁金祥. 云会计下企业全面预算管理构建探究 [J]. 财会通讯，2019 (14)：91–95.

[153] 秦荣生. 人工智能与智能会计应用研究 [J]. 会计之友，2020 (18)：11–13.

[154] 秦裕林. 认知心理学与计算机科学的研究与教学——介绍西蒙的认知心理学讲学 [J]. 心理学动态，1984 (1)：50，65–66.

[155] 商思争. 不完备契约、剩余控制权与管理者的会计 [J]. 财会通讯，2015 (31)：52–56.

[156] 商思争. 试论财务会计的管理职能 [J]. 中国总会计师，2007 (2)：12–16.

[157] 商思争. 作为记录的会计：会计管理活动论的历史分析和逻辑证明 [J]. 财会通讯，2006 (11)：9–12.

[158] 尚君凤，王冰. "大智移云"背景下的会计创新探析 [J]. 财会月刊，2019 (19)：64–70.

[159] 沈艺峰，郭晓梅，林涛. CIMA《全球管理会计原则》背景、内容及影响 [J]. 会计研究，2015 (10)：37–43.

[160] 史习民. 预算管理 [M]. 上海：立信会计出版社，2003.

[161] 司景丽，胡少忠. 现代会计的"同源分流"及延伸 [J]. 黑龙江财会，2003 (5)：23–25.

[162] 宋建波. 企业会计控制原理及应用 [M]. 北京：中国财政经济出版社，2001.

[163] 宋小明. 会计控制系统功能及对未来会计发展的启示 [J]. 财会研究，1999 (2)：15–16.

[164] 苏寿堂. 以目标利润为导向的企业预算管理 [M]. 北京：经济科学出版社出版，2001.

[165] 孙茂竹，姚岳. 管理会计学 [M]. 北京：中国人民大学出版社，2003.

[166] 孙茂竹. 管理会计的理论思考与架构 [M]. 北京：中国人民大学出版社，2002.

[167] 孙晓民. 论财务会计与管理会计的融合——会计目标变迁的视角 [A]. 转型经济下的会计与财务问题国际学术研讨会论文集（下册） [C].

厦门：厦门大学会计发展研究中心，2003（7）：1006－1012.

［168］孙铮．国外管理会计与财务会计的异同观［J］．新会计，1988（10）.

［169］谭函梅．大数据＋云会计视角下企业全面预算管理构建［J］．财会通讯，2018（29）：88－91.

［170］田昆儒．再论会计契约：基于产权理论的会计本质考察［J］．企业经济，2012，31（6）：5－10.

［171］王斌，任晨煜，卢闯，焦焰．论管理会计应用的制度属性［J］．会计研究，2020（4）：15－24.

［172］王斌．论管理会计知识与管理会计应用［J］．财会月刊，2020（3）：3－8.

［173］王斌．企业预算管理及其模式［J］．会计研究，1999（11）：20－24.

［174］王德发．财务报表分析［M］．北京：中国人民大学出版社，2004.

［175］王海波．浅析管理会计与财务会计在企业财务管理中的结合［J］．现代商业，2012（30）：207.

［176］王海洪，肖洋洋．大智移云技术对会计影响的文献综述［J］．会计之友，2018（24）：63－66.

［177］王化成，等．预算管理［M］．北京：中国人民大学出版社，2003.

［178］王化成，刘俊勇，孙薇．企业业绩评价［M］．北京：中国人民大学出版社，2004.

［179］王化成，佟岩，李勇．预算管理［M］．北京：中国人民大学出版社，2003.

［180］王开田．现代会计角色论——从企业的性质看会计的地位与扮演的角色［J］．会计研究，1998（2）：25－29.

［181］王世定，徐玉德．IT环境下会计系统重构：一种融合理论及模型构建［J］．会计研究，2004（9）：42－46.

［182］王世定．管理活动论的哲学基础［J］．会计研究，1993（4）：34－39.

［183］王世定．维护会计的真实性［J］．财务与会计，2001（9）：5－6.

[184] 王世定. 我的会计观 [M]. 北京: 人民出版社, 1996.

[185] 王勇志. 中美财务会计本质观的比较与评价 [J]. 科技创业月刊, 2005 (8): 124 – 125.

[186] 王云芳, 胡乐亭. 国际会计准则 [M]. 济南: 山东友谊出版社, 1994.

[187] 王在春. 财务会计与管理会计合二为一的商榷 [A]. 张凤生, 刘广生主编. 讲究理财, 搞活经营 [C]. 北京: 北京邮电学院出版社, 1993.

[188] 文善恩. 会计控制系统论 [M]. 北京: 企业管理出版社, 2008.

[189] 文硕, 汤云为. 会计审计知识更新 [M]. 北京: 中国财政经济出版社, 1992.

[190] 吴井红. 财务预算与分析 [M]. 上海: 上海财经大学出版社, 2005.

[191] 吴水澎. 经济效益会计论 [M]. 成都: 西南财经大学出版社, 1992.

[192] 吴水澎. 中国会计理论研究 [M]. 北京: 中国财政经济出版社, 2000.

[193] 席龙胜. 会计目标重构: 基于企业利益相关者契约理论 [J]. 财会通讯, 2013 (12): 15 – 17, 57, 129.

[194] 夏玺琳, 张月仙. 浅谈公司治理结构和会计控制观 [J]. 黑龙江对外经贸, 2005 (8): 92 – 93.

[195] 肖丽芳, 邱莉. 浅析管理会计与财务会计的融合 [J]. 时代金融, 2016 (6): 187.

[196] 谢德仁. 会计规则制定权合约安排的范式与变迁——兼及会计准则性质的研究 [J]. 会计研究, 1997 (9): 23 – 29.

[197] 谢志华, 敖小波. 管理会计价值创造的历史演进与逻辑起点 [J]. 会计研究, 2018 (2): 3 – 10.

[198] 辛茂荀. 会计信息化 [M]. 北京: 经济科学出版社, 2003.

[199] 辛鑫. 浅析管理会计与财务会计的融合 [J]. 鸡西大学学报, 2016 (4): 92 – 93.

[200] 熊楚熊. 增值会计学 [M]. 北京: 中国财政经济出版社, 1996.

[201] 徐锡洲. 杨时展先生的学术思想 [A]. 沈如琛. 杨时展论文集 [C]. 北京: 企业管理出版社, 1997.

［202］徐玉德．财务会计与管理会计融合的理论基础［J］．会计研究，2002（8）：50－53.

［203］徐玉德．论财务会计与管理会计融合的 IIMS 模型［J］．财政研究，2004（3）：48－50.

［204］许云．预算管理研究：历史、本质与预算松弛［D］．厦门：厦门大学，2006.

［205］阎达五，陈亚民．论会计管理循环［A］．阎达五，阎达五文集［C］．北京：中国人民大学出版社，2004.

［206］阎达五，李百兴．会计管理学基础［M］．北京：首都经济贸易大学出版社，2003.

［207］阎达五，龙涛．责任会计单独成科刍议［J］．财政研究，1987（11）：16－22.

［208］阎达五，于玉林．会计学［M］．北京：中国人民大学出版社，2003.

［209］阎达五，张瑞君．会计控制新论——会计实时控制研究［J］．会计研究，2003（4）：3－8，65.

［210］阎达五．对会计基本理论问题的几点看法［A］．阎达五文集［C］．北京：中国人民大学出版社，2004.

［211］阎达五．会计准则财务通则实用大全［M］．沈阳：辽宁大学出版社，1993.

［212］阎达五．价值链会计研究：回顾与展望［J］．会计研究，2004（2）：3－7，96.

［213］阎达五．论核算型会计向核算管理型会计转化的问题［A］．阎达五．阎达五文集［C］．北京：中国人民大学出版社，2004.

［214］阎达五．阎达五文集［C］．北京：中国人民大学出版社，2004.

［215］颜敏．管理会计学［M］．北京：中国农业大学出版社，2002.

［216］杨纪琬，等．会计原理［M］．北京：中国财政经济出版社，1998：5，6.

［217］杨纪琬，阎达五．论会计管理［A］．杨纪琬．社会主义会计理论建设［C］．北京：中国财政经济出版社，1988.

［218］杨纪琬．社会主义会计理论建设［M］．北京：中国财政经济出版社，1988.

[219] 杨秋风. 中国特色的会计理论是管理活动论 [J]. 广西会计, 2001 (7)：3 - 5.

[220] 杨时展. 会计信息系统说二评：反映论和控制论的论争 [J]. 财会通讯, 1992 (5)：13 - 16.

[221] 杨时展. 会计信息系统说三评 [J]. 财会通讯, 1992 (6)：6 - 11.

[222] 杨时展. 会计信息系统说一评：会计的属概念问题 [J]. 财会通讯, 1992 (4)：3 - 6.

[223] 杨雄胜. 会计本质：全球性诚信危机背景下的新思考 [J]. 会计研究, 2002 (11)：41 - 47.

[224] 杨雄胜. 追寻会计学术灵魂召唤会计理论良知——为《会计研究》创刊 30 周年而作 [J]. 会计研究, 2009 (12)：32 - 37.

[225] 杨永平. 论会计控制系统 [D]. 天津：天津财经学院, 1990.

[226] 杨周南. 关于智能会计概念的讨论 [C]. 武汉：中国会计学会第十九届全国会计信息化学术年会, 2020.

[227] 姚文韵, 崔学刚. 会计治理功能研究：分析与展望 [J]. 会计研究, 2011 (2)：31 - 96.

[228] 叶康涛. 会计管理活动论的当代意义 [J]. 会计研究, 2020 (1)：5 - 15.

[229] 于海燕, 戴军, 高金龙. 恒鲜源公司基于云会计的成本管控 [J]. 财务与会计, 2017 (12)：56 - 57.

[230] 余恕莲, 吴革. 管理会计的本质、边界及发展 [J]. 经济管理, 2006 (6)：68 - 73.

[231] 余恕莲, 吴革. 论资本市场框架下的财务会计本质与边界 [J]. 国际商务, 2005 (1)：76 - 81.

[232] 余绪缨, 汪一凡. 管理会计学（第 3 版）[M]. 北京：中国人民大学出版社, 2010.

[233] 余绪缨. 对管理会计师的职能及综合素质的认识 [J]. 财会月刊, 1998 (3)：3.

[234] 余绪缨. 管理会计 [M]. 北京：首都经济贸易大学出版社, 2004.

[235] 袁广达. 大数据技术与会计工作关系探究——基于"老三论"视

角 [J]. 会计之友, 2020 (19): 2 - 9.

[236] 曾雪云. 会计管理活动论的理论涵义——回顾、重述与展望 [J]. 上海立信会计学院学报, 2011 (6): 48 - 55.

[237] 曾雪云. 区块链分布式账本技术下的复式簿记——基础概念、运行机制与应用前景 [J]. 会计之友, 2020 (16): 155 - 160.

[238] 张朝宓, 卓毅, 胡春香. 当代西方预算管理研究综述 [J]. 外国经济与管理, 2003 (12): 18 - 22.

[239] 张朝宓. 管理会计若干问题的思考 [A]. 中国会计学会编, 管理会计与应用专题: 1999 [C]. 北京: 中国财政经济出版社, 2000.

[240] 张继德, 朱浩云. 会计是一种战略管理活动 [A]. 中国会计学会2006 学术年会论文集 (下) [C]. 2006.

[241] 张林云. 契约理论下会计本质的探讨 [J]. 南京财经大学学报, 2007 (4): 53 - 55.

[242] 张琼. 财务会计与管理会计的融合性研究 [J]. 会计之友 (上旬刊), 2009 (10): 24 - 25.

[243] 张蕊. 企业战略经营业绩评价指标体系研究 [M]. 北京: 中国财政经济出版社, 2002.

[244] 张瑞君. 网络环境下的会计实时控制研究 [D]. 北京: 中国人民大学, 2002.

[245] 张硕, 张俊民. 管理会计与财务会计的融合——基于研发支出与沉没成本的分析 [J]. 财务与会计, 2016 (7): 66 - 67.

[246] 张为国. 会计目的与会计改革 [M]. 北京: 中国财政经济出版社, 1991.

[247] 张维达. 现代经济管理辞典 [M]. 长春: 吉林大学出版社, 1988.

[248] 张伟康. 企业会计管理基础 [M]. 上海: 上海教育出版社, 1999.

[249] 张文贤. 企业管理的新模式: 会计中心论——鞍钢的启示 [J]. 会计研究, 1996 (8): 18 - 21.

[250] 张先治, 张明燕. 企业财务分析理论与实务 [M]. 北京: 兵器工业出版社, 1998.

[251] 张先治. 论管理会计的内涵与边界 [J]. 会计研究, 2019 (12):

28 – 33.

[252] 张新民. 从控制论的角度看"信息系统论"——兼谈会计控制 [J]. 会计研究，1988（5）：59 – 62.

[253] 张雪伍，李艳平. 大数据时代基于云会计的中小企业投资决策 [J]. 会计之友，2019（8）：125 – 129.

[254] 张尧庭. 信息与决策 [M]. 北京：科学出版社，2000.

[255] 张兆国，杨淑贤，彭光东. 会计理论研究中的若干问题——兼论"会计管理活动论"[J]. 中南财经大学学报，1994（3）：63 – 68.

[256] 赵晶晶. 业财融合视角下企业预算管理优化研究——以 W 公司为例 [J]. 会计之友，2020（19）：75 – 78.

[257] 赵序海. 基于多维会计的财务会计与管理会计融合研究 [J]. 财会通讯，2015（15）：3 – 8.

[258] 郑春美. 公司治理中的会计治理对策研究 [D]. 武汉：武汉大学，2005.

[259] 郑汉中. "会计"一词源流考 [J]. 财会月刊，1994（11）：37 – 38.

[260] 知识经济：中国企业管理信息化布道十人 [EB/OL]. http://www. yesky. com/homepage/219001881366626304/20040125/1763845_1. shtml.

[261] 中国会计学会. 中国会计研究文献摘编（1979—1999）会计基础理论卷 [M]. 大连：东北财经大学出版社，2002.

[262] 周才堂. BPR 与 ERP 的理性集成应用 [J]. 电子商务世界，2004（4）：29 – 30.

[263] 周其仁. 市场里的企业：一个人力资本与非人力资本的特别合约 [J]. 经济研究，1996（6）：71 – 80.

[264] 周三多，陈传明，鲁明泓. 管理学——原理与方法（第三版）[M]. 上海：复旦大学出版社，1999.

[265] 周卫华. 信息技术对会计理论与实务影响的演变与发展 [J]. 会计之友，2019（5）：120 – 124.

[266] 周祖培，谢新明，谢立生. 会计管理 [M]. 北京：中国商业出版社，1990.

[267] 朱荣. 管理控制与财务控制的关系探析 [J]. 东北财经大学学报，2005（1）.

[268] 朱小平，肖镜元，徐泓. 初级会计学 [M]. 北京：中国人民大学出版社，2001.

[269] 朱学义，侯晓红，黄国良. 责任会计应用研究：三条线管理与核算办法具体设计 [M]. 北京：中国税务出版社，1997.

[270] 邹韶禄. 基于战略导向的企业预算管理体系研究 [D]. 长沙：中南大学，2004.

[271] Barbara E. Weißenberger, Hendrik Angelkort. Integration of Financial and Management Accounting Systems：The Mediating Influence of a Consistent Financial Language on Controllership Effectiveness [J]. Management Accounting Research, 2011 (11): 160 – 180.

[272] Billie M. Cunningham, Loren A. Nikolai, John D. Bazley. Accounting：Information for Business Decisions [M]. Issues in Accounting Education, 2000.

[273] Charles T. Horngren, Grey L. Sundem, William O. Stratton. Introduction to Management Accounting Chapers 1 – 19, 12th ed [J]. Pearson Schweiz Ag, 1987, 95 (December): 174 – 175.

[274] C. Richard Baker and Mark S. Bettner. Interpretive and Critical Research in Accounting：A Commentary on Its Absence from Mainstream Accounting Research [J]. Critical Perspectives on Accounting, 1997 (8): 293 – 310.

[275] Glenn, A. Welsch. Budgeting：Profit Planning and Control, 5 edition [M]. Prentice Hall. 1988.

[276] James M. Fremgen. Accounting for Managerial Analysis [M]. R. D. Irwin, 1972.

[277] Jane Broadbent. Critical Accounting Research：A View from England [J]. Critical Perspective on Accounting, 2002 (13): 433 – 449.

[278] Jani Taipaleenmäki, Seppo Ikäheimo. On the Convergence of Management Accounting and Financial Accounting-the Role of Information Technology in Accounting Change [J]. International Journal of Accounting Information Systems, 2013 (14): 321 – 348.

[279] Robert W. Ingram. Financial Accounting：Information for Decisions. South-Western College Pub, January 6, 2007.

[280] Takashi Oguri. Functions of Accounting and Accounting Regulation：Alternative Perspectives Based on Marxian Economics [J]. Critical Perspective on

Accounting, 2005 (16): 77 - 94.

　　[281] Yoshiaki Jinnai. Towards a Dialectical Interpretation of the Contemporary Mode of Capitalist Accounting [J]. Critical Perspectives on Accounting, 2005 (16): 95 - 113.